ウェーバー研究の諸論点

経済学史との関連で

田中真晴［著］

未來社

ウェーバー研究の諸論点

――経済学史との関連で――

目次

第一部　ウェーバー研究の諸論点

第二部　経済思想史論考

付・書評三篇

第一部　ウェーバー研究の諸論点

第一章　因果性問題を中心とするウェーバー方法論の研究

「われわれの意味での文化科学的認識は、われわれが文化的意義を認める事象に対して、なんらかの——どんなに間接的であっても——関係があるような現実の構成部分のみにかかわる点において、『主観的な諸前提』に結びついている。しかしながら、文化科学的認識はもちろん、質的な性質をもつ有意味な個々の自然現象の認識とまったく同じ意味で、純粋に因果的な認識である」（マックス・ウェーバー『学問論集』、一九二二年、一八二ページ）

Ⅰ　序説

ウェーバーの学問的生涯はほぼ前後二期に分けられる。Zur Geschichte der Handelsgesellschaften im Mittelalter, 1889. に始まって一九〇〇年不眠症のためにフライブルク大学を辞するにいたる期間においては、Der Nationalstaat und die Volkswirtschaftspolitik, 1895. が経済政策の価値判断基準を論じた方法論的労作であるほかはすべて内容的労作である。これに反して一九〇二年に始まる後期においては、方法論的研究と内容的研究が相互浸透的に進められ、後者は前者の成果を構成原理とすることによって「ウェーバー的」と呼ばれる諸特徴を著しく帯びてくる。(1)

わたくしは本稿において、ウェーバーの方法論的研究にとって底礎的な問題であった因果性の概念、とりわけ因果帰属 kausale Zurechnung に視点を定め、第II節においてはウェーバーの方法論における因果性概念展開の前提となる若干の命題を概括し、第III節においては因果帰属の方法論的構造を、第IV節においては主著のひとつである『宗教社会学』*Religionssoziologie* における因果帰属の具体的適用を述べて、ウェーバーの具体的因果連関把握の輪廓を明らかにし、第V節においては以上と連関しつつウェーバーの方法論的構想の素描を試みて展望的考察部分としたい。このことは言いかえれば、先に「ウェーバー的諸特徴」と曖昧に名づけたところのものを、具体的因果連関把握の面から解明する企てであるともいえよう。ウェーバー的諸特徴とは普通に「ウェーバー後期」の内容的労作に対してなされる性格づけであり、それら諸特徴の成立がウェーバーの方法論的研究によるものであることは、漠然たる観念としてはつとに学界の常識であり、またそれら諸特徴は没価値性理論と理念型理論に集約されて、ウェーバー方法論の批判と反批判の論稿を数多く産んで来たし、また現に産みつつある。因果性理論についても今まで論じられていないわけではない。しかしこれをウェーバー方法論の中核的な、あるいは底礎的な理論として論じたものは決して多くない。それはむしろ、没価値性・理念型両理論の背後におしやられてきたといえる。わたくしは本稿において、因果性理論を中心にしたウェーバー方法論のわたくしの理解の仕方を述べたいと思う。この目的のためにも、また、ウェーバーの方法論がかれの内容的労作に与えた影響を、常識的な、部分的には固定観念的な想念から、明瞭な認識にまで規定するためにも、本節においてはウェーバーの前期（方法論的研究が本格的には始まらぬ時期）の著作中から „Die Sozialen Gründe des Untergangs der antiken Kultur," 1896. を取上げて、後論への前置きとする。

まずこの論文の内容を概述しよう。(2)

ローマ文化は帝国瓦解の約一世紀前にすでに没落していた。問題はローマ文化黄昏の由来である。専制主義、奢侈と頽廃、人種的変質等を原因と考える従来の説明に対立して、ウェーバーは経済的基礎から説明する。

古代文化は元来沿岸文化であり、国際的商業を有する都市が文化の担当者であった。しかしそれとともに自然経済的農村が地方的下部構造をなしていた。この自然経済的基礎のうえに立つ流通の根は浅く、継続的取引の対象となったものは高級品の薄い層だけであった。国際的流通に関係するのは大衆ではなく、所有階級である。所有階級はすなわち奴隷所有者階級であり、国際的流通はかれらの財産の増大に依存するのであるが、奴隷所有者階級の繁栄＝奴隷労働の増大は自給経済的下部構造の増大を意味し、流通の extensiv な進展は、その Intensität の喪失であらざるをえない。中世から近世への発展においては、まず都市の地方的経済領域の内部において自由な分業が intensiv に進行し、ついで地方際的分業とともに問屋制度・マニュファクチュアが、大衆の需要充足を商品流通圏に捲きこみつつ発展する。しかるに奴隷労働の不自由分業に立脚する古代においては、国際的交易がオイコスを成長せしめ、それは地方的流通経済からその母胎を剝奪するという過程をとる。

ローマは貴族の奴隷獲得への欲望を基軸として紀元前三世紀以後海外へ発展する。さらに内陸への進出によって人口の重心は内陸に移り、奴隷所有と不自由分業にもとづく土地貴族が文化の担当者となり、奴隷労働の組織が帝国の経済的下部構造として決定的な意義をもつにいたる。都市に居住して政治的に活動し、投機的利得を渉猟する大土地所有者は vilici（不自由人たる奴隷監督人）をして土地を管理させる。経営形式は、穀物生産は少くとも一部は coloni（元来は自由民で土地を喪失せるもの）に小作せしめ、直営地は奴隷労働をもって高級作物の販路生産をおこなう。奴隷は奴隷兵舎 Kaserne に起居し、軍隊的組織に編成されて、私有財産のみならず家族の私有も許されない。それゆえ奴隷隊は自己の労働力を再生産しえず、労働力の維持は征服戦争によって豊富かつ廉価に供給される奴隷市場に依存する。かくて、ティベリウス・ハドリアヌス両帝における侵略戦争の停止＝ローマ拡大の終止符は、古代文化＝奴隷文化の基礎に重大な転換を強制せざるをえぬ。侵略戦争の停止は奴隷市場を急速に枯渇せしめ、奴隷は労働力再生産の必要上、奴隷兵舎より引出されて家族の所有を許され、それとともに私的所有を容認せられて世襲的隷民となる。他方、元来は自由民であった coloni は、労働力欠乏の補塡のために労働関係を強化されて農奴へと落ちてゆく。それとともに、オイコスは自家需要の分業的調達にむかい、領主は帝国行政機構よりの独立を計り、行政・司法権を握って、中世荘園の原形が生成する。オイコスの自給経済化は都市に影響し、多くの中小都市はその経済的母胎＝周辺地方との交易関係を失って没落する。ローマ帝国の内陸国家への転換はまた国家財政に影響し、財政の自然経済的要素は必然的に増して、現物収入・現物支出を主体とするにいたる。しかしここにローマ世界帝国の限界が現われる。広大な帝国領土を統轄し、延々たる国境を守るに必要な官僚層と軍隊の維持は、現物支給の原則にもかかわらず相当量の貨幣を必要とし、今や自然経済に還帰しつつあるローマ経済の負担はその極限を超えた。領主は労働力保持のために coloni からの徴兵に反対し、軍隊もまた事実上世襲的職業軍となる。蛮民に土地を貸与して軍務を負わすことも増大する。――かくて「帝国の崩壊は、流通の漸次的消滅と自然経済増大の必然的政治的帰結であり、自然経済的下部構造にもはや適合しなくなった行政機構、貨幣経済的上部構造の脱落を意味するにすぎない」とウェーバーは結論する。

ウェーバーの方法論の発展を考察するのに種々の点で興味深い「古代文化没落の社会的根拠」[3]のなかから、後論への連繫のために、本論の視点からみてとくに注意すべき点として、あらかじめ次のことを指摘しておこう。

(一)　ウェーバーは「古代の没落」を何らかの法則的必然性として、発展段階説的世界公式に編入するのではなく、具体的因果連関をたどって説明している。

(二)　古代の経済構造の特質を明らかにするために、中世↓近代の発展と、古代↓中世の発展が比較せられている。そして、ここにはなぜ古代からは近代資本主義が成立しえなかったのか、という問題意識が含まれている。

(三)　分析は経済的下部構造を中核として進められ、古代の没落は経済的下部構造の変質による政治的上部構造の必然的崩壊である、と結論されている。

ウェーバーの「前期」の労作たる「古代文化没落の社会的根拠」にみられるこれらの諸特徴が、方法論的研究の本格化によって、どのように方法論的に基礎づけられ、あるいはいかに発展もしくは修正せられて、「後期」の内容的労作の「ウェーバー的諸特徴」を生ぜしめるか、それを具体的因果連関の方法論的省察において集中的に把えることが以下の課題である。

「文化科学的認識は、われわれが文化的意義を認める事象に対して、なんらかの――どんなに間接的であっても――関係があるような現実の構成部分のみにかかわる点において、『主観的な諸前提』に結びついている」（この点は後論第V節で主として論ずる）が、しかしながら「文化科学的認識はもちろん、質的な性質をもつ有意味な個々の自然現象の認識とまったく同じ意味で、純粋に因果的な認識である。」――文化科学的認識は因果的認識である、と規定するとき、ウェーバーは因果性概念の省察をおこなわざるをえず、そしてそれはかれ以前および同時代の方法論的諸命題とのポレミィクの形において遂行された。

II　因果的認識にかんする若干の命題

本節においては、「文化科学的認識は因果的認識である」というウェーバーの命題に反するテーゼンの「方法論的清掃」の諸例をあげて、ウェーバー自身の方法論的意図への透視を試みよう。

（A）歴史においては人間――個人および集団――の行為が入り込む。ドイツ歴史学派および歴史家の史学方法論においては、カントの「自由を通しての因果性」（Kausalität durch Freiheit）の概念(4)が種々の形で取入れられて、「自然現象は因果律に従うが、人格の行為は非合理的で、予測不可能（unberechenbar）である」（クニース）とされ、この Unberechenbarkeit は人格の尊厳性の象徴であり、かかる尊厳なるものを対象とするところに経済学の倫理的科学としての特性が求められる。このような考え方は当時のドイツにおいてはむしろ一般的であり、ディルタイにおいても完全には克服されていなかった。[5]

ウェーバーは自然現象の経過の因果的把握の仕方を検証する。[6] 嵐のために岩が落ちて無数の破片に散乱するとする。そのさい、岩はどんな形をした破片に、またどんなグループに分れて散乱するか、等の問いがもし問題になれば、われわれの因果的欲求は、既成事実がわれわれの法則的知識に矛盾するものを含むようには思えぬという意においてなんら「把握しえない」(unbegreiflich) ものではないという消極的な判断で満足せねばならぬであろう。サイを投げて五が上向くということについても同様である。具体的過程の因果的説明にあっては、自然現象の場合でも必然性判断の形式をとりうることはむしろ例外的であり、天気予報の蓋然性はその事情を示す一例である。その点においては人間行為の因果的説明と異ならぬ。かえって人間行為は動機から理解しうることによって、自然過程の因果的説明よりも特殊の満足を因果的欲求に与える。ある経済的変化の結婚数におよぼす影響を表わす統計数字は、われわれ自身の日常経験によって訓練された想像力によって、動機から積極的に因果的説明をなしうる。この集団的現象においても、じつは、人間が一定の境位において未来にかんする配慮をもち、諸般の情勢を考慮して行為を決するという自由意志所有者であるからこそ、予測もまた可能となるのである。逆に人間に自由意志が欠如している場合には、その人間の行為は精神病理学の法則の一例として把握しうるにとどまる（すなわち自然過程の説明と同一になる。）

このように「自由意志」の介在は、けっして因果的説明に矛盾するのではなく、かえって因果的欲求に特殊の充足を与えるのである。

（B）自然科学＝因果論的研究、精神科学＝目的論的研究、目的論の逆＝因果論、シュタムラーは

この定式から唯物史観を克服しうるとする。(7)

ウェーバーは目的と因果の関係においても、経験的な論証しうる地盤で問題を取り扱う。およそ、歴史の総体的過程を一定目的の実現過程とする把握方法は、形而上的前提にもとづいてのみ可能である。ウェーバーは目的という概念を、経験科学の領域内においては、事実上一定の個人または多数人によって抱懐せられている「目的表象」の意味に限定する。それゆえ「目的とはある一定の行為の原因となるような結果の表象」にすぎない。それによって一定行為が起こされるような一定結果の表象という意味の目的は、経験科学的考察にとって、その他の多くの原因とならぶひとつの原因たるにすぎず、因果論の逆＝目的論という素朴なテーゼは完全に排除される（*GAzWL.* S. 183）。

一七五六年のフリードリッヒ二世の行為は、王の一定の目的と、王の当時の状態に対する洞察（知識）とを知り、王の行為は王の目的を達成するために適当な手段であったとわれわれが判断する場合、王の行為を「目的論的」に合理的であったといいうる。そのさい「王の目的」は、一定の歴史的結果に対して、諸他の原因――当時の国際状態、王の用いた手段等々とならんで――ひとつの原因として入り込んでいるにすぎないことは明らかである。

このような論拠に立って、ウェーバーはシュタムラーの「唯物史観の克服」は方法論的誤謬であり、唯物史観の「因果的把握方法」が正しいとする。

（C）科学的認識の目標は法則体系の樹立であり、したがって文化科学の究極目標もまた法則体系の設定であるという確信は、古典学派およびその批判者をもって現われた歴史学派にも共通な根本的通念であった。ロッシャーは「Nebeneinander においてだけでなく、Nacheinander における法則の支配を、すなわち現在の現象の法則的連関のみならず、まず歴史的過程の発展法則を確定すべきである」と思った。したがって世界史における諸民族の発展過程の Parallelismen の発見が認識目標となる。この把握方法が、歴史学派における種々の発展段階説の方法論的基礎であることは周知のところであろう。(8) (*ibid*., S. 9―27)

ウェーバーは「かくして発見せられた Regelmässigkeit にはまずあらゆる因果的明晰性が欠けている」(*ibid*., S. 13) という。世界史における発展形態のなかに規則性が発見されても、それだけでは「なぜかくなって、他とならなかったか So-und-nicht-anders-Gewordensein の根拠」という問いの答を与えるものではない。史的認識は具体的な結果を、同じく具体的な先行様相 Konstellation から因果的に説明せねばならぬ。――ここにわれわれは、先に掲げた「古代文化没落の社会的根拠」にみられる第一の特徴が、発展段階説的範式とは無縁に、具体的因果連関が追求せられているという事実であったことを想起するであろう。

以上、因果的把握における「方法論的清掃」を、自由意志と因果的説明、目的論と因果論、発展段階説と因果的説明の三つを例示として略述した。消極的には右の諸批判においてもウェーバーの因果性概念がうかがわれるし、また、かれの批判の対象となったテーゼが、かれの方法論的構想に部分としていかに生かされてくるかを検討する――後論第Ⅳ節・第Ⅴ節――ための前提としても右のうち、とくに (C) は留意されねばならない。しかしさしあっては右の諸主張は方法論的清掃であり、文化科学的認識における因果的説明の有するアポリアの認識と、そのアポリアの打開を目的として定立される特殊の方法論的カテゴリーの展開ではない。本節においてうかがわれたウェーバーの執拗な、具体的因果連関把握への志向が、具体的因果連関把握の方法論をいかに展開するかを次に述べねばならぬ。

III　具体的因果連関把握の方法論的構造

因果性のカテゴリーは種々の認識部門において、それぞれ一定の意味において使用せられ、したがってまた、同じく因果性という用語のもとに異質的な内容が意味せられている。いま、因果性 Kausalität の意味を包括的に問うならば、

(1)因果性は、質的に異なる現象間のいわば動的な結びつきとしての作用 Wirken という思想を含む。

(2)因果性は他方、規則への繋縛 Gebundenheit an Regeln という思想をもつ。

そして(1)、(2)は各々その一方を極限までおしつめると他方は意味を失い消滅するという関係にある。量化的抽象化の極限としての数学的等式においては、すなわち(2)の極限においては、作用と結果という(1)の因果性概念は意味を失って姿を消す。逆に、時間において在る世界過程の絶対的質的一回性および世界過程のすべての断片の質的独自性が考察される場合には、すなわち(1)の極限においては、(2)の規則の思想は因果性カテゴリーから消滅する。そしていかなる認識をもってしても包括しえぬ具体的生起の無限性に対して、因果性カテゴリーの意味を確保せんとするならば「あらゆる時間微分において、新しきものが、多様にではなくまさにそのように、過ぎ去りしものから生起せざるをえなかった」という意味における Bewirktwerden の思想のみが残されている。そしてそれは(1)の極限的意味

であることは明らかであろう。ところで、右の「新しきものが、かく生起せざるをえなかった」という表現は、なんらか積極的な、原因確定の操作の結果をいうものではないから、さしあたってじつは「新しきものが、かく生起した」という事実を意味するにすぎない。すなわち müssen という表現に付着して考えられる積極的認識をいっさい含まぬのである。

実在の質的なものを扱う認識部門——歴史（一般に文化科学）はこれに属する——はこの(1)の意味における因果性カテゴリーを使用する（*ibid.*, S. 131—136)。

ここでわれわれは第II節（C）を想起しよう。ウェーバーは世界史における発展形態の規則性の発見は、それだけでは「なぜかくなって他とならなかったか」という問いに答えられず、この問いに答えるためには、具体的結果を具体的先行様相から因果的に説明せねばならぬ、と規定していた。ところで、右述のごとく、具体的生起の無限性に対しては因果性カテゴリーは、「作用および被作用の連関を通じて、新しきものが、過ぎ去りしものから、かく生起した」という立言を許すにすぎぬとすれば、この具体的生起の因果性概念と、史的認識に使用される因果性概念とは、いったいどのような関係に立つのであろうか。一見二律背反的なものの伏在を予感せしめるこの両者の関係を分明にすべく、まず、具体的生起の因果性概念(1)の極限的概念）をいま少しく規定しなければならぬ。一切の具体的生起にかんして、われわれは「じっさいに生起するあらゆる出来事 Ereignis は、それ以前に存在する諸関係の総体によって惹起せしめられるのである」(9)と言いうる。事実、先行様相の極小の変化も、後続様相のなんらかの変化を結果しうるから、厳密な「哲学的意味」においては、「ある結果の原因——この場合、いうまでもなく、普通には条件と呼ばれているものをも含む最広義の原因——は先行様相の総体である」という命題は完全に正しく、われわれの日常的判断において、また史的認識において、事実上おこなわれている一定結果の一定原因からの説明＝因果帰属は、背理となる。なんとなれば、「決定的な」あるいは「根本的な」原因のみならず、「従属的な」あるいは「偶然的な」諸条件のうちひとつでも欠けたならば、いな、まったく原因として意識されぬような条件でもそれが欠けたならば、同一の結果は生起しなかったであろうから。厳密な「哲学的意味」においての因果性と、日常的判断・史的認識において慣用せられている因果的説明とのあいだには、疑いもなくひとつのアンチノミーが存在する。

「文化科学的認識は因果的認識である」と規定し、しかも具体的因果連関の説明を斯学の中核的認識目標におくウェーバーは、自己の携わる科学の論理的性質に対する理解の獲得のために方法論的究明を志した以上、このアンチノミーを、哲学的立場から日常的および史的因果帰属の非論理性をしりぞけるという方向においてではなく(10)、日常的および史的因果帰属の方法論的特殊性を積極的に展開するという方向において、打開しなければならぬ。したがってウェーバーは、「じっさいにはつねに原因的諸要素の無限性が、個々の過程の生成をもたらしたのであり、具体的形姿における結果の生成に対しては、あらゆる個々の原因的諸要素が不可欠なものであったにもかかわらず、具体的結果の具体的原因への帰属は一般にいかにして可能であるか」(*ibid.*, S. 271) という形において問題を提出する。

第一に注意すべきことは、歴史的認識においては、結果として表象せられるものは、前述のごとき厳密な「哲学的意味」においてのあるがままのものではなくて、歴史的に無意味な側面を捨象されたものであること、すなわち結果とは、あるがままの事象の一定側面が「史的関心をひくもの」として抽象して表象せられたものであるという事実である。新カント派系の認識論に立つウェーバーの用語を使うならば、価値関係性による史的結果の抽象性である。

この史的結果の抽象性にもとづいて、無限の先行諸条件のうちから、史的原因となりうるものの選択がおこなわれる。すなわち「哲学的意味」における無限の原因的諸要素のうち、結果の史的関心をひく側面（＝史的結果）に対して因果関係を有するものだけが史的原因でありうる。したがって、原因的諸要素のうち、どの部分が史的原因でありうるか、その部分を検出することが史的因果帰属の問題である。かかる因果関係の発見は、史的過程の観察によってはなされえない。それは次のごとき思惟過程をとらねばならぬ。原因的諸要素のうち、ひとつまたは数個の要素を除外または変形して考え――このためには原因的諸要素を要素または要素群に分解 zerlegen することが前提となる――そして、かく変化せしめられた様相のもとにおいては、史的結果ははたして同一または注目に値するほどの変化を受けるかいなか、を問わねばならぬ。そして、その欠如または変形が、史的結果にまったくあるいはほとんど変化を起こさしめぬであろうと判断せられる要素群は史的原因ではなく、反対に、その欠如または変形が史的結果に顕著な変化を起こさしめたであろうと判断せられる要素群が史的原因としての資格を担いうる。ウェーバーは、このような原因的要素のふるい分けの判断（＝因果帰属）にもとづく範疇を、クリースより借用して客観的可能性のカテゴリーと呼んでいるのであるが、右に抽象的・論理的に論じたことを、簡単な具体的事例によって説明し、客観的可能性判断の論理的特性の解明におよぼう。

ウェーバーがマイヤーとの論争において使用しているマラトンの戦の史的意義の評価の問題を、例にとろう。マラトンの戦の史的意義がそもそも問題になるのは、ギリシャ文化がわれわれ（＝ヨーロッパの文化人）に対して有する意味（文化意義）にもとづいてである（価値関係性）。このギリシャ文化という史的結果に対して、マラトンの戦が史的因果関係に立つかいなか、ということがマラトンの戦の史的意義評量（＝因果帰属）の問題である。マラトンの戦の史的意義を評量するためには「もしアテネが敗れていたら」という非事実的過程を想定せねばならない。そしてその想定のもとにおいて、（イ）神政的ペルシャ文化がギリシャ文化を撲滅していたであろうと判断せられるならば、ギリシャ文化という史的結果に対して、マラトンの戦は大きな因果的意義を与えられ、（ロ）アテネの軍事的敗北にもかかわらず、文化的にはギリシャは現在われわれがギリシャ文化として表象しているものに近似的なまでに、その諸特性を開花していたであろう、と判断されるならば、ギリシャ文化に対してマラトンの戦は因果的意義をもたぬ。すなわちマラトンの戦に因果帰属されない。

さて、マラトンの戦が規定したであろう諸可能性について立言するとき、それはいかなる根拠に立っているのであろうか。右の（イ）、（ロ）、またはそれらの中間的状態等の判断は、歴史的事実過程の一部変更（＝アテネ敗退）の想定下における思惟構成体による判断であるが、けっして空想的な推量にとどまらず、まず第一に、一定の史料にもとづいて証明しうる事実の知識に依拠しうること――自己の判断を他人に論証する場合には、それを示さねばならぬこと――は明らかである。ペルシャの政治形態と文化、被支配民族に対するその統治方式、マラトンの戦以前のギリシャ文化の発達程度、地中海地方の勢力分布等々の実証的知識を欠いては、アテネ敗退のもたらしたであろう可能性についての判断は不可能または不確実になる。しかし、諸可能性の判断は、たんに事実の知識に依拠するのみでない。アテネの敗退がもたらすペルシャのギリシャに対する政治的支配が、どのような経路をとって、経済的・文化的な支配にいたり、それに対してギリシャ側がいかなる反応を示すか、という想像は、事実の知識に依拠しつつ、他面、既知の経験的法則[11]、ことに一定境位において示すを常とする人間の態度 Verhalten の規則性 Regelmässigkeit にかんする法則的知識を利用している。

アテネ敗退という非事実的過程の想定にもかかわらず、その想定のうえにおこなわれる可能性判断が客観性を有しうるのは、かくのごとく事実の知識と法則の知識に依拠しうるからであり、後者の豊富・確実さが、可能性判断の確かさを保証することにもとづく。マラトンの戦の史的意義について疑義が生じ、論争がおこなわれる場合には、自己の可能性判断の正しさを論証せんがためには、必ず右のごとき事実の知識と法則の知識に論拠がおかれる。その時、自らの判断の依拠する知識の性質が明瞭になるであろう。右の可能性判断は、かくのごとく、事実の知識と法則の知識にその客観性の保証をもつという意味において、客観的可能性判断 objektives Möglichkeitsurteil と呼ばれる。

さて、客観的可能性判断の客観性（確かさ）が、事実の知識と法則の知識に依拠するということから、客観的可能性判断が必然性判断ではなくて、蓋然性判断であることが明らかである。事実の知識の理想的完全性においても、具体的状況の生成は、経験法則知そのものの性質よりして（註11参照）必然性判断の形式をもっては判断しえない。先の例によれば、「アテネの敗退は神政的ペルシャ文化の支配を結果せざるをえない（müssen）」ではなく、「その大いなる可能性があった」という論理的形式をとるほかない[12]。

次に、因果帰属に対していまひとつの重要な概念である適合的および偶然的連関の概念を、ウェーバー自身の依拠するクリースが用いている簡単な日常的判断の例によって明らかにしよう。

次のごとき二つの場合を想定する。

A　馭者が眠って道を誤り、旅人が雷に打たれて死んだ。

B　馭者が眠って馬車が顚覆し、旅人が死んだ。

Aの場合でも、もしも馭者が眠っていなかったならば、落雷の時馬車は落雷地点以外にあり、したがって旅人は死ななかったであろう。その意味において、Aの場合においても馭者の眠りは旅人の死の原因であった。しかし、A・Bの間には次のごとき相違がある。すなわち、馭者の眠りは必然的に馬車の顚覆を惹起するものではないが、多くの場合において馭者が眠らない時よりも眠った時の方が馬車の顚覆が起こりやすいということを、われわれは知っている。それに反して、馭者が眠るということは必然的に旅人が雷に打たれるという事件を惹起せぬのみならず、多くの場合において、馭者が眠った時の方が、眠らぬときよりも、旅人が雷にヨリ打たれやすいともわれわれは考えない。このような一般的「経験法則」にもとづいてわれわれは、馬車が顚覆して旅人が死ぬという結果に対して、馭者の眠りは助成的（促進的）事情 begünstigender Umstand であるが、旅人が雷に打たれて死ぬという結果に対して、馭者の眠りは助成的事情ではない、と言いうる。[13]

一般に、結果乙の原因的諸要素中に甲が存在する場合、甲が乙の助成的事情とみなされうるときには、

甲を乙の適合的原因 adäquate Ursache

乙を甲の適合的結果 adäquate Folge

と呼び、両者は適合的連関に立つという。甲が乙の助成的事情でない場合には、

甲を乙の偶然的原因 zufällige Ursache

乙を甲の偶然的結果 zufällige Folge

と呼び、両者は偶然的連関に立つという。(14) だから右の例において、Aの場合は偶然的連関であり（馭者の眠り＝偶然的原因、旅人が雷に打たれたこと＝偶然的結果）、これに反してBの場合は適合的連関（馭者の眠り＝適合的原因、馬車の顚覆＝適合的結果）である。

適合的・偶然的連関の概念は、明らかに、具体的因果連関把握の方法論的認識における一歩の前進である。たんに（先のマラトンの戦の例におけるごとく）先行様相の一部変更の想定下で想像された像の構成による客観的可能性判断だけでは、Aの場合でも、Bの場合でも、馭者の眠りは旅人の死の原因といいうるだけで、常識的にも漠然と感じられるA・Bにおける因果関係の相違を、規定することはできない。しかるに適合的および偶然的連関の概念を導入することによって、AおよびBという一回的事象においては、明らかにいずれも馭者の眠りが原因であったにもかかわらず、一般的場合の考察（すなわち経験法則知への依拠）にもとづいて、これら二つの場合における因果連関の親疎の差異という点から両者の相違を性格づけうるのである。

要約しよう。ウェーバーが具体的因果連関の把握を文化科学的認識の中核においたとき、そこには「原因総体性」のアポリアがあった。この哲学的意味における「原因総体性」と日常的・史的認識に

おける因果帰属のあいだに介在するアンチノミーを、ウェーバーは「原因総体性のアポリアにもかかわらず、個別的結果の個別的原因への因果帰属は、一般にいかにして可能であるか」というきわめてカント的な問題提起によって打開しようとする。そしてこの問題定立に応じて、まず第一に、結果概念の精密化（価値関係性の認識）がなされ、これにもとづいて先行様相総体中から原因部分と非原因部分とのふるい分けが、客観的可能性のカテゴリーによってなされる。その手続きは、

(i)先行様相を分解して要素・要素群とする。

(ii)その各々の要素または要素群が結果に対していかなる関係に立つかを問う。すなわち「もしその要素（群）が欠如していたら（あるいは、変わっていたら）」という仮定法過去完了の形における問いを提出する。

(iii)その問いに、存在の知識と経験法則を動員して答えること（客観的可能性判断）によって、原因部分と非原因部分がふるい分けられ、因果帰属がおこなわれる。

(iv)さらに、具体的事実の一回性においては同じく「原因」であるものも、他の多くの場合の考慮（＝一般的経験法則への依拠）によって、適合的もしくは偶然的原因という資格づけをなされる。

わたくしは、以上のことを、右にはもっとも簡単な例によって説明した。(15)

われわれが日常的判断において、また史的認識において、一定結果の一定原因への帰属をおこなうとき、このような原理をいちいち反省しているわけではけっしてないし、またその必要もないであろう。しかし疑問の場合、論争の場合に、自己のおこなう因果帰属の妥当性を主張するためには、必ず、客観的可能性と適合的関係のカテゴリーを使用して論証しなければならず、事実またそうされている

ことも、少し反省すれば、明らかになるであろう。そして、このような場合に、いままで潜在的であった具体的因果連関把握の特殊の認識論的構造が顕在化してくるのであり、認識批判の立場にたつウェーバーの方法論にとっては、そのことがきわめて重要なのである。

具体的因果連関把握の認識論＝方法論的構造を本節においてはきわめて簡単な例によって示したが、はたして右に述べたごとき因果帰属の原理は、かかる簡単な事象の認識にかぎらず、文化科学者としてのウェーバーの内容的労作において駆使できるものであったか。(16) 換言するならば、ウェーバー「後期」の内容的労作は、具体的因果連関把握の面においては、方法論的研究によっていかに浸透されているか、これが次に答えらるべき課題である。わたくしはかれの主著のひとつである『宗教社会学』の構成原理をたずねることによって、この課題への解答を試みたい。

Ⅳ　『宗教社会学』における因果帰属

「近代ヨーロッパ文化世界の子は、まさに西洋の土壌のうえに、そしてここにおいてのみ、ともかくも――少くともわれわれはそう思いたがるのであるが――普遍的意義と妥当性を有する発展方向にあった文化諸現象が出現したということは、いかなる諸事情の連鎖 Verkettung von Umständen がしからしめたのであるか、という設問のもとに、普遍史的問題を不可避的に、そして正当にも取扱うであろう(17)」という句をもって『宗教社会学』の序文は始められている。ついで、科学・芸術・専門官吏・議会等における西洋の特殊的に合理的な特性が列挙されたのち、近代生活のもっとも宿命的な力

＝近代資本主義について語られる。形式的に自由な労働の合理的・資本主義的組織は近代西洋に特有であり、そして、この形式的に自由な労働の合理的・資本主義的組織のゆえに、それに特殊な問題＝社会主義もまた存在する。したがって文化の普遍史においては、中心問題は自由労働の合理的組織を有する市民的経営資本主義の成立である。あるいは文化史的にいうならば、もちろん資本主義的労働組織の成立と密接に関連するが、それと同一ではないところの西洋市民層とその特性の成立である。市民的経営資本主義は、技術・法律・行政の西洋に特殊な合理化を基盤として育成された。合理化は、種々の生活領域に種々の仕方において、あらゆる文化圏に存在してきた。したがって西洋的合理主義、そしてその内部では近代西洋的合理主義の固有の特色を認識し、その成立の由来を説明することが、まず問題となる。かかる説明の試みは、経済の基礎的意義に対応して、まずなによりも経済的諸条件を顧慮しなければならない。しかしまた、それに対する逆の因果関連を無視することも許されない。なんとなれば経済的合理主義は、合理的技術・合理的法律に依存するとともに、その成立にあたっては、一定種の実践的・合理的生活一般への人間の能力と性向に依存するのであるから。この実践的・合理的生活態度が心的性質の諸阻害によって妨害せられたところでは、経済的に合理的な生活態度の発展もまた、容易ならぬ内的抵抗に遭遇した。魔術および宗教的諸力と、それらへの信仰にもとづく倫理的義務観念は、過去においては生活態度のもっとも重要な形成的諸要素に属していたのである。この魔術および宗教的諸力とそれらへの信仰にもとづく倫理的義務観念について、以下の論文は語る。――ウェーバーはこのように述べたのち、かれの宗教社会学的諸研究の中心的課題を、諸他の経済倫理に対して西洋の経済倫理の有する固有性の因果帰属である、と宣明する。

「プロテスタンティズムの倫理と資本主義の精神」「プロテスタンティズムの諸宗派と資本主義の精神」の二論文においては、

宗教的信仰内容→経済倫理（エートス）

という一面的因果関係が、禁欲的プロテスタンティズムと近代的経済のエートスとの関係について追求される。この二論文に続く「世界宗教の経済倫理」の諸論文においては、もっとも重要な諸宗教について、

宗教的信仰内容⇅経済およびその担い手たる社会層

という相互的因果関係が検討せられるのであるが、その因果連関追求の指標は、さらに分析されるべき西洋の発展との比較点をみいだす、ということであり、「かくしてのみ、西洋の経済倫理に、諸他の経済倫理に対立して固有なる諸要素の、かなり明白な因果帰属 die einigermassen eindeutige kausale Zurechnung を企てうる」(*ibid*, S. 12—13)とウェーバーは言う。

一定の宗教は一定の社会層と適合的な関係をもつ(18)、そして、宗教は種々の要因によってその性格を規定せられるのであるけれども、ひとたび宗教的に成立した世界観は、人間の生活態度のひとつの重要な規定的要素となり(19)、いわば、それぞれ特定の人間類型を鋳出する働きをする。すべての人間的理解を超越し、永遠の昔以来、各人の運命を決定するという神の観念を有する禁欲的プロテスタンティズムは、自己の救恤の確かさの明証を、不断の世俗内的職業労働への精励に求め、組織的生活態度に生きる人間類型を、発展法則的必然性として産むのではないが、それへの適合的原因であり、かかる人間類型は、十六・七世紀のヨーロッパにおいて現実化した。そして職業を使命と感じる人間類型が、

職業への忠実さという点において、その禁欲的生活態度において、近代資本主義成立の適合的原因となる。これに反して、自らを「神の容器 Gefäss des Gottes」と感じるルッターとその後継者は、神に憩う受動的性質と情感的敬虔性のゆえに、自らを「神の道具 Werkzeug des Gottes」と感じるカルヴィニズムとは異なって、世俗的・実践的生活態度誕生への適合性、したがって近代資本主義成立への適合性をもたない。狂躁的祭典・儀礼的祭祀・神秘的瞑想等も総じて、実践的・合理的なる生活態度の育成にとって阻害的である。

――厖大な資料にもとづき、理念型的概念の駆使の上に建てられた宗教社会学の解説に立入ることはもちろん、その骨骼的な基本的諸概念を略説することも、本稿の紙幅をはるかに超えるものとして、断念せねばならない。ここではただ、宗教社会学の構成における史的因果把握の方法論的特性を、第Ⅰ節末尾に集約した「古代文化没落の社会的根拠」の方法論的特性と対比することによって、序説に述べた本稿の課題に答えたい。

（一）「古代文化没落の社会的根拠」にみられた第一の特徴は、歴史を発展段階説的範式へ編入するのではなくて、具体的因果連関を追求するという点であった。宗教社会学が、それに収められた諸論文の共通的な中核目標として「西洋の経済倫理に、諸他の経済倫理に対立して固有なる諸要素の、かなり明白なる因果帰属」を定立しているということだけでも、具体的因果連関の把握が、「前期」よりも、ヨリ意識的に認識目標とされていることが明らかであろう。わたくしは第Ⅲ節で具体的因果連関把握の方法論的構造を論じたさい、因果帰属というものは、先行様相を分解して、分解せられた要素群の各々が結果に対して、どのような関係に立つかを問うことによっておこなわれることを論じておいた。市民的経営資本主義という歴史的結果に対する先行様相は、序文において見られる通り、法律的・技術的・精神的・経済的等の諸要素群に分け、いかなる形態の法律が資本主義成立に適合的であるか、等々の設問を発することによって、先行諸要素の資本主義に対する適合性を検出し、因果帰属がおこなわれるべき構成を、予想している。このような構想より来る結果として、発見せられた原因要素は「ただひとつの、しかし明確にたどりうる原因」という方法論的自己限定を繰返し受けているのである。[20] 発展法則的・総体的把握が拒否せられるのは当然で、たとえば、「プロテスタントの禁欲がその生成と特性において経済的条件から影響されること」は当然承認されるが「宗教改革は歴史発展的に必然なものとして経済上の推移から演繹しうる」という見解は、だんことして拒否される。[21] 前者は因果帰属的方法を予想し、後者は発展法則的把握法である。——要するに、具体的因果連関の追求は「前期」「後期」を貫くウェーバーの把握法であり、後期においては、それが方法論的省察を通してヨリ意識化され、方法論的研究の成果たる概念（例えば「適合性」）の駆使によって精密化している。

（二）「古代文化没落の社会的根拠」の第二の特徴は、比較を通して、古代の経済構造の性質を明らかにしていることであった。宗教社会学は序文に見られるとおり、比較を不可欠の方法としている。

比較のために、カリスマ・伝統主義・官僚制支配等々の理念型的概念が使用せられて[22]、種々の社会の諸側面が特性づけられる。しかし、それはとき・ところを異にする諸社会の全面的理解とか、各個の社会の発展過程の描写というごとき目的のためではなく、比較を通して、西洋の経済倫理に特有なる性質の因果帰属をおこなわんがためであり、しかもその特有なる性質とは、近代資本主義の成立に対する意義の点からみて重要なる性質なのであり、「なぜ西洋近代においてのみ市民的経営資本主義が成立したか」という設問への答えの道を、根柢において意図しているのである。

中国にしても、清朝においては、近代資本主義の成立に有利な、すなわち適合的な経済的諸条件は存在した。しかるにその経済的可能性が現実性に転化しなかったのはなぜであるのか。この問いに対してウェーバーは、唯一のではないが、しかし明瞭に確認しうる原因として、中国の官僚層＝Literatenschicht（読書人層）の生活態度をあげる。中国社会の支配の構造上に占めるその位置と、中国の社会的・経済的状況によって規定された読書人層の Interessenlage（関心状況）は、それに適合的な儒教倫理の浸透によって、読書人層の伝統主義＝反近代資本主義的エートスを形成した(23)。それに対して、近代資本主義の生活態度と適合的な連関に立つプロテスタンティズムの宗教的意識内容が、かかる比較を通して近代資本主義の成立に対する原因として浮かび上らせられているのである。私見によれば、かかる比較的方法は第Ⅲ節に述べた客観的可能性のカテゴリーの一適用である。プロテスタンティズムの倫理が近代資本主義の精神と適合的関係にある、というだけでは、未だその因果的意義は判然としない。「プロテスタンティズムの倫理がもしなかったとしたら」という仮定に対して、「その場合には、近代資本主義は成立しなかったであろう」と答えられてはじめて、その因果的意義の決定的重要さが証明される。この仮定法過去完了の部分を「経済的には有利な諸条件が存在したが、エートス的には阻害的であった」中国清朝の状態によって代置するという意味を、右に略説した比較的方法がもちうるのであり、これによって、プロテスタンティズムの倫理、したがってまた、その宗教的意識内容の、近代資本主義成立に対する因果的意義の大きさを索出することが可能になるのである。

　さらにこの場合、次のことが注意さるべきである。特定結果を、具体的様相の一定要素に帰属せんとするとき、具体的様相中の、他のとき・ところの諸具体的様相と共通なる諸要素は、客観的可能性のカテゴリーによって不可欠的要因と認められても、特殊決定的要素とは認められない。比較的方法は、共通的諸要素を指摘することによって特殊決定的要素を剔出するのである。客観的可能性判断のみをもってしては、一定結果の生成に対して多くの要素が「不可欠」「不可欠」……と並列的に原因資格を獲得するであろう。しかるに比較的方法は、不可欠原因群のうち、いつ・どこにでも存在する原因的要素（群）と、その場合に特殊的に存在した原因的要素（群）とを識別することによって、後者を特殊決定的原因と規定することをえしめる。したがって、右に、比較的方法が、客観的可能性カテゴリーの代役として、プロテスタンティズムの倫理（宗教的信仰内容）の、資本主義成立に対する因果的意義の大きさを索出すると述べたが、じつは、比較的方法のかかる特性によって、その特殊決定的原因性といういわば質的な性格づけを同時に遂行しているのである。[24]――比較による特質づけは、理念型の使用によって明確化され、因果帰属を明確におこなうための重要な手段となり、とりわけ特殊決定的原因索出の方法となっている。

（三）「古代文化没落の社会的根拠」の第三の特徴は、経済的下部構造を中核とする分析であり、古代の没落は「経済的下部構造の変質による政治的上部構造の必然的崩壊」と結論されていることであった。宗教社会学は、経済を捨象するものでは決してない。しかし経済は、行政機構・法律・精神的状況等とともに、重要な一要因として考察されるのであり、「古代文化没落の社会的根拠」とのあいだに、手法の相違を認めうると思う。宗教社会学の分析は、「支配と宗教」という上部構造を中心とする。そして（二）においてみたごとく、近代資本主義成立の特殊的原因要素としての禁欲的エートスの剔出のために、経済的諸条件が、西洋近代の資本主義の胎生期と中国清朝とにおいて、近代資本主義成立への適合性という点では類似的である、という指摘さえなされているのである（註24参照）。

――具体的因果連関の把握が下部構造を中核とすべきか、上部構造に焦点をおくべきか、それはマルクスの場合のごとくに内容的分析の方向を史観的に規定する方法論とは異なって、認識の論理的性質を問題とするウェーバーの方法論からは、論理的には解答しえない。具体的因果連関の把握は、方法論的には両者に対して等分の可能性を開いている。そして宗教社会学におけるウェーバーの分析は、後者に力点をおいておこなわれたのであった。

以上三点に要約して、「前期」の「古代文化没落の社会的根拠」と、「後期」の『宗教社会学』の特徴を、具体的因果連関把握の方法を中心として対照した。具体的因果連関の把握が、方法論的研究に媒介されることによって著しく意識化・精密化していることが明らかであろう。右の(一)・(二)はこれを示す。これに反して、(三)に述べた、分析中心点の移行は方法論的要請そのものからは帰結されない。(――この点に連関して、諸種の問題、ことに唯物史観に対するウェーバーの方法論的・実証的批判の意図と、その妥当性を問うというもっとも根本的な問題が予想せられるであろうが、本稿はこの問題を断念する)。

これらの諸点を伏線としつつ、わたくしは次に、ウェーバーの方法論的構想を素描し、それを通して、若干の展望的考察をおこないたい。

V　展望的考察

「文化科学的認識は主観的前提に結びつけられているのであるが、それにもかかわらず因果的認識であることももちろんである。」――前節まではこの句の後半(＝因果的認識)について、その方法論的構造と、内容的研究への適用を中心として概説した。本節においては、すでに若干の関説はしたが(第Ⅲ節参照)論究の焦点としてはいまだ取上げなかったこの句の前半部(＝文化科学的認識の主観的前提)を中心として、若干の展望的考察を試みよう。

ウェーバーは社会科学の課題として、次の(一)から(四)をあげる。[25]

(一)(仮説的)法則・因素の定立。

(二) 右の(仮説的)法則・因素体系を用いて、現実の具体的状況を整序的に叙述し、現実の意義の根拠と態様を理解せしめる。

(三) 現在にとって意義ある個性的諸特性を過去にさかのぼって追跡し、先行様相からそれを歴史的に説明する。

(四) 可能な未来様相の予想。

(A) (一) にいう(仮説的)法則・因素の定立とは、ウェーバーはその内容として、理論経済学的法則・社会学的諸法則体系を意味していると考えられる。それらが、厳密な意味においては現実的に存在せぬ仮説的状況の構想のうえに、種々の可能的場合を極限的に表現する思惟構成体(=型)であるとウェーバーが指摘していることは周知のところであろう。ウェーバーはこれをKasuistikと名づけている。注目すべきことは、ウェーバーがカズイスティークの構成を準備作業Vorarbeitと規定していることである。なぜか。それはかれによれば、いかなる法則体系からも現実は演繹されえず、法則の認識は現実の認識と異なり、ことに法則は現実の意義を語るものではないからにほかならない。しかるに社会科学的認識は、現実の意義の根拠と態様の理解をえしめるものでなければならぬ。現実の意義——それは社会科学的問題たるかぎり、現実の歴史的・社会的に特殊な意義であるが——はいっさいの科学的操作を媒介せずして、直接的に自明なるものではない。たしかに、先科学的に人間は現在の状況に対して問題意識をもつ。しかしそれは情感的印象性や、とくに自己の周囲への局限性に纏綿せられ、ことに決定的な点として、現在的状況と他のとき・ところとに共通なるものと、現在に特殊的なるものとを判別しえず、したがっていまだ現実の歴史的特殊性の認識ではない。現実の歴史的特殊性の認識のためには、現在の状況を他のとき・ところの諸状況と比較することによって（第Ⅳ節参照）、現在の状況の歴史的社会的様相の特殊性を明確に剔出せねばならない。すなわち現在の状況の特殊的意義（＝価値関係性）に注目して、存在の総体という意味の現実からは遠ざかりつつ、歴史的個体が構成されねばならぬ。歴史的個体は具体的状況の諸連関の個性的な構成体として、それ自身一義的に規定せられた理念型と概念を使用して構成される。それゆえ、これら歴史的個体の部分的要素となる理念型と概念の体系（＝カズイスティーク）の構成（＝（一））が手続きのうえからいえば、歴史的個体形成の前提であり、したがって現実の意義の明快な把握の前提となる。しかし、カズイスティークの設定は、意味的には、現在的状況にカオーティッシュな問題意識をもつ人間が、自らの問題意識のカオス的性格を、現在的状況の歴史的意義と、その根拠（＝因果的被制約性）の認識にまで結晶せしめんとする中核的認識目標（＝（二））達成のための補助手段として要請せられるのである。[26]

（B）（三）の課題が（二）の成立を前提することは明らかである。現在にとって意義ある個性的諸特性を、過去にさかのぼって追跡し、先行様相から歴史的に説明することは、So-und-nicht-anders-Gewordensein の根拠を問う問題であり、歴史的因果帰属の問題として、その方法論的構造は第Ⅲ節に、内容的労作における活用は第Ⅳ節に述べたから、再説の要はないであろう。「可能な未来様相の予想」という（四）の課題は（三）と略々同一の構造をもつ。未来への予見とは、現在の状況のわれわれにとってとくに問題的な諸特徴が、未来においてはいかに展開・変化し、いかなる新たな諸特性が出現しうるかを、現在の具体的状況を基点として、具体的因果連関把握の機構を、未来にむかって働かすことである[27]（第II節（B）及び第III節参照）。

ウェーバーが挙示する社会科学の四つの課題の右の連関づけから注目すべきことは、社会科学的認識の中核目標が、（二）および（二）を基点として遂行されるべき（三）・（四）におかれていることである。（二）以下の遂行の論理的前提となる（一）の構成は、現実の意義の明晰な理解と、その因果的被制約性の認識のために要請せられるのであり、また歴史的因果帰属に役立ちうるかいなか、という点を顧慮して形成せられるのであって（註27参照）、論理的に（二）以下に先んじて形成されるべく、しかもそれ自体が中核的認識目標でないという意においてVorarbeitとウェーバーは規定するのである[28]――ウェーバーの方法論的構想が、社会科学の歴史的科学性を志向することは明らかであろう。

さて、上述においてしばしば使用した「意義」という言葉を、ウェーバーは「文化意義」という表現とともに、それと同意味に用いている。ウェーバーの方法論的研究が当時のドイツ哲学、とりわけリッケルトを起点としておこなわれたことは周知の通りであり、「文化意義」を一定の現象に認めるということは、直接にはリッケルトにおける文化科学成立の原理としての一定対象の一定価値への関係づけWertbeziehung――したがって認識対象はWertbezogenheitとなる――に由来する。そしてリッケルトは、現象がそれへと関係づけられる諸価値を、普遍妥当的なものと規定し、価値哲学は「永遠の相のもとに」「価値の表」を書こうとする[29]。しかるにウェーバーにおいては、「文化とは世界生起の無限のうちから人間の立場において意味と意義をもって考え出された有限の一片であり」、文化科学の先験的前提――文化科学的認識が究極において結びつけられている特殊の主観的前提――とは、「われわれが一定の、あるいは一般に何らかの『文化』を価値ありと認めることではなく、われわれが意識的に世界に対して態度をとり、かつ、これに意味を与える能力と意志とをそなえた文化人であるということにほかならない(30)」(WL. S. 180)ということにほかならない。

それゆえ、現実の状況に対する人間の関心の在り方は、当然、現実の様相の歴史的変化によって異ならざるをえず、現在の状況の人間的諸意義の明確化のために本来要請せられるところの概念的補助手段の構成も、たんに科学の実証性・合理性の上向という意味における前進の一途をたどるのではなく、現在の状況とそれに対決する問題意識の相貌によって、変革されねばならぬ。ウェーバーはそれゆえに「文化科学の領域において思惟の整序的活動が、その時々にたどる方向に対して、実践的関心の最高価値が決定的意義を有する」(WL. S. 155)ことを認め、「社会科学の領域における最大の進歩は、実践的文化諸問題の推移に sachlich に結びつき、概念構成の批判というかたちをとる」(WL. S. 208)というのである。

わたくしはさきに、ウェーバーの社会科学の四つの課題の連関づけを試み、その帰結として、ウェーバーの方法論的構想における社会科学の歴史科学的性格を指摘しておいた。いま、ウェーバーの「文化意義」概念を問うことによって、「文化意義」の内容が「歴史の相のもとに」理解せられていることからくる帰結――現実に対して、人間が生々たる問いの意識を失わぬかぎり、すなわちウェーバーの意味における文化人たるかぎりにおいて、未来にむかって展開してゆく現在の状況に対して提出される問題は、歴史的に異なり、したがって問いを解決すべき手段としての社会科学的概念構想も歴史的に変化する、という帰結の積極的主張において、ウェーバーの構想における社会科学の高度の歴史的性格をみる。[31] 社会科学はいまや、その認識対象が歴史的事象であるのみならず、認識主体の歴史性が確認されることによって、高度の歴史的性格を措定される。したがって、ウェーバーの現実把握のための諸概念構成を、かれの問題意識に連関して把握し、われわれがわれわれ自身の現実の状況への問題意識においてそれと対決することが、ウェーバー自身の方法論的構想に予定されているともいえよう。ここでは、ウェーバーの問題意識把握への一端として、第Ⅳ節に引用した句を煩をいとわず再録しよう。「西洋の土壌のうえに、そしてここにおいてのみ、ともかくも――少くともわれわれはそう思いたがるのであるが――普遍的意義と妥当性を有する発展方向にあった文化諸現象が出現したということは、いかなる諸事情の連鎖がしからしめたのであるか、という設問のもとに、近代ヨーロッパ文化世界の子は、普遍史的問題を不可避的に、そして正当にも取扱うであろう」――この『宗教社会学』巻頭の一句に、われわれは先に述べた形式的・方法論的規定としての「文化人」の、個性的風貌におけるひとつの肉化をみるであろう。そしてまたここには、ウェーバーがその尖端に位する一定の西洋インテリゲンティアの、ある歴史的境位における問題意識の共通性、少くとも Bewegungs-kreis の想定が、明白に語られている。ウェーバーの生きた境位とかれの問題意識の在り方を問うことは、[32] かれの Einstellung に発する諸概念構成の射程距離 Tragweite の明快な理解にまで高まるとき、ウェーバーとは異なった問題意識をうちにいだく者が、ウェーバーの諸概念構成とは異なった諸構成を形成する可能性を拓くはずである[33]（一九四九年四月稿）。

（1）一九〇二年以前にもウェーバーがまったく方法論に無関心でなかったことは、教授就任講演「国民国家と経済政策」（一八九五年）においても知られるところであるが、「前期」においても方法論的関心は強い。認識を悟性の領域に限定すべきである、という根本的態度とともに、リッケルトを読んで認識論に興味をもっている。Marianne Weber, *Max Weber*, S. 216 ウェーバーの方法論研究の動機についてはMarianne, *ibid.*, S. 272—73, 289, 319—23. 出口勇蔵『経済学と歴史意識』(鎌倉文庫版)二九―三三ページ。

(2) 以下はM. Weber, *Gesammelte Aufsätze zur Sozial-und Wirtschaftsgeschichte*, 1924, S. 289—311. による。歴史学派の古代経済史研究史上における本論文の位置については、上原専禄『独逸近代歴史学研究』四四―六六ページ、現在の古代史研究の水準からみて本論文の含む実証的疑点については井上智勇『ローマ経済史研究』第一篇・第二篇参照。

(3) 例えば「ローマ大土地所有者の Typus」「所有地経営の Idealschema」*idid.*, S. 296, 297. のごとき理念型理論を予想せしめる表現が介在する。

(4) 「実践理性は因果律に従わぬ。」Kant, I., *Kritik der praktischen Vernunft*, 1788, Reclams Ausg., S. 39.

(5) W. Dilthey, *Einleitung in die Geisteswissenschaften*, 1883, S. 12, 17.

(6) 以下 Weber, M., *Gesammelte Aufsätz zur Wissenschaftslehre*, S. 65—70 (*GAzWL.* と略す) による。

(7) シュタムラーに対してウェーバーは *ibid*, S. 183, 291 ff, 556 ff. において、法律的規範の論理的要請と、経験科学的因果究明との原理的差異を論拠として批判している。

(8) ちなみにウェーバーは少年時代に「インド・ゲルマニア諸国民における民族性、民族発展および民族史にかんする考察」と題して、このような発展段階説的法則を求めていたと伝えられている。Marianne, *ibid.*, S. 49—50.

(9) J. von Kries, *Über den Begriff der objektiven Möglichkeit*, 1888, S. 4. なお、以下本文の叙述は

おおむねウェーバーの Kritische Studien auf dem Gebiet der kulturwissenschaftlichen Logik, 1905.（*WL.* S. 215—290）に拠る。

(10) 例えばリッケルトにもとづいて個性的因果性を論じている Hessen, S. Individuelle Kausalität, 1909（*Kant-Studien.* Ergänzungshefte, No. 15）は因果性の二義から出発しているが（*ibid.*, S. 3—10)、価値哲学的論議に終始し、哲学的立場から日常的・史的因果帰属の非論理性を批判するという結果に終っている（*ibid.* S. 56 ff.)。ウェーバーの方法論研究の意欲の在り方と対照すべきである。

(11) Erfahrungsregel は、われわれの日常的経験、自己および他人の態度・行為の観察を中核として知られるところの、因果的関係を明晰には規定せられていないが、かなりの程度の経験的妥当性を有する法則知であり、各人、広狭・深浅の差はあれ、皆が知っている「書かれざる法則」である。「一般にかくかくのことがあれば、かくかくのことが起こるものだ」という程度の法則知であり（後論「適合性」の概念参照)、心理学的法則に対して vulgärpsychologisch ともいわれる（*ibid.*, S. 114, 277)。かかる日常的経験知を越えて、方法的労作のうえに獲得さるべき法則性の知識も、具体的因果連関把握に有効な手段となる限りにおいてもちろん使用せられる。しかし、それは経験的法則知の集積内の飛地をなすにすぎず、心理学的法則体系を完備して、そこから演繹的に経験的法則が形成されねばならぬ、ということを決して意味しない（*ibid.*, S. 114)。

(12) 次に説明する概念を用いるならば、「ギリシャ文化の滅亡は、マラトンにおけるアテネ敗退の適合的結果であったろう」といいうる。

(13) われわれは「助成的事情」の反対概念として、「それがあるために一定結果が起こり難くなる」と考えられる事情を「阻止的事情」hemmender Umstand と名づけうる。したがって一定結果に対する関係において、助成的・中性的・阻止的の三事情に分けうるが、その各々が程度差をもつものであることは明らかであろう。

(14)　(13) にもとづいて阻止的因果連関という概念を加えうる。

(15)　具体的因果連関の問題に関連して、というよりむしろその重要な部分として、理念型理論、ことに合目的行為の Deutungsschema と経験法則の関係 (*ibid.*, S. 127—132) に及び、ウェーバー社会学の概念構成を論じる必要があるが、後論第V節に若干触れるほか、本稿の構成上割愛する。本節の論点に関連し、またこの点で本節を補うものとして邦語文献では、出口勇蔵前掲書五九—七二ページ、青山秀夫「ウェーバーに於ける近代資本主義の概念」(『マックス・ウェーバー研究I』六三—八〇ページ)、「マックス・ウェーバーに於ける理解及び理想型I」(『社会科学評論』創刊号、一七一—一八八ページ)、小松堅太郎『マクス・ウェーバァ社会科学方法論』九〇—九六ページに、それぞれ論じられており、参照させていただいた。

(16)　例えばペストの流行が英・仏の農奴解放に与えた影響の検出、というごとき種類の問題に対しては、本節に述べた客観的可能性のカテゴリーがきわめて有効に使えることは明らかである。ペストの流行がなかったとしたら、という想定に立つ客観的可能性判断にもとづく想像的経過像と、ペストの流行があった事実的経過との比較によって、ペスト流行の、農奴解放に対する因果的意義が明確になる。ペストの流行が無かったとしても、多少の時間的ずれが生じるほか、農奴解放は問題的諸点においては同一過程をとっておこなわれたであろう、と判断されるならば、ペスト流行は、社会経済的構造の外部からのものであるという意において偶然的であるのみならず、農奴解放に対する因果的意義を僅少にしか、あるいはほとんどもたぬという意において、「偶然的なもの」といいうる。なお大塚久雄『近代欧州経済史序説(上巻)』(日本評論社、一九四四年)第一篇には、世界商業戦のヘゲモニーの帰趨と毛織物工業の生産力との因果関係が、客観的可能性のカテゴリーを使用することによって明晰にされている(同書第一篇、とくに六〇—六一、一三九—一四〇ページを参照)。

(17)　M. Weber, *Gesammelte Aufsätze zur Religionssoziologie*, I., S. 1. (以下、*G. A. R.*, と略す)

(18) G. A. *R.*, S. 254—257. にその諸型が略述されている。また新教と適合的な社会層の指摘は、*ibid.*, S. 145（梶山力訳『プロテスタンティズムの倫理と資本主義の精神』有斐閣、一九三八年、一七六ページ）S. 194, 195.（邦訳二三一、二三二ページ）

(19) G. A. *R.*, S. 249—252. 以下の叙述は *ibid.*, S. 237—275.

(20) G. A. *R.*, S. 82—83, 205—206, 238—239, 535—536. 等々、論究の出発点における論点の限定性と、終点における、発見せられた原因の意義の限定性の明示は特徴的である。このことは先の「序文」においても十分にうかがわれるであろう。

(21) G. A. *R.*, S. 83, 205（邦訳九八、二四七ページ）

(22) G. A. *R.*, S. 268—275 に簡単な説明がある。

(23) G. A. *R.*, S. 340—348, 352 ff. もっとも、『儒教と道教』は、このように概括しきれぬ分析を含むのであるが、この点にもっとも力点がおかれているといいうる。ウェーバーの中国理解を「経済と社会」を中心として述べたものとして、青山秀夫「ウェーバーのシナ社会観序説」（『東光』四、六号）。

(24)『儒教と道教』の結論部分では「西洋に比して資本主義の成立を外的に促進する種々の事情 begünstigende Umstände にもかかわらず（封建的および荘園領主的拘束および、西洋に類型的な、財流通を阻害するあらゆる種の独占の大部分の非存在がそれに数えられている）、中国には資本主義は成立しなかった。」「中国における資本主義の成立に阻害的たりえ、また阻害的ならざるをえなかった諸事情のうち多くは、西洋においても――しかもまさに近代資本主義の決定的形成の時代において存在した。支配者階層および官僚層の家産制的特徴、貨幣経済の散漫・未発達がそれである。」（G. A. *R.*, S. 535—536）

比較的方法は先に述べたごとく、共通的要素を指摘することによって特殊的要素を剔出する。第II

節（C）において、ウェーバーがParallelismenの発見を史的認識目標とすることを、因果的説明でないという理由によって拒否したことを述べたが、ここにおいてParallelismenの発見は、特殊的原因要素索出のための手段として使用されうるのである。やや大ざっぱな表現ではあるが、右の場合経済的状態が、かかる特殊的原因要素索出のためにParallelismenの役割を果たしている。Parallelismenの索出手段heuristisches Mittelとしての機能については、*GAzWL.* S. 12—14.

（25）*GAzWL.*, S. 174—175. 周知のとおり、社会科学は文化科学より狭義であるが、ウェーバーにおいてはこの二つの概念がかなり錯綜して用いられている。

（26）歴史的個体・個性的理念型・カズイスティーク的型の連関の仕方およびそれらと因果帰属との関係については、型の問題をほとんどとりあげえぬ本稿においては立ち入ることができない。

（27）（三）および（四）の具体的因果連関把握の課題に対して、「書かれざる」経験的法則とともにカズイスティークも使用せられる。「社会学は、それでもって文化的に重要な諸現象の歴史的因果帰属に役立ちうるかいなかという観点のもとに、なかんずくまたその諸概念を形成し、法則を求める。」（*GAzWL.* S. 520；*Wirtschaft und Gesellschaft*, S. 9）

（28）ウェーバーは文化科学的認識の究極的目標を法則定立におく方法論的構想一般を自然主義的偏見と名づけている（*GAzWL.*, S. 113, 145, 195, 203）。それは、社会科学的認識の始発点であり同時に帰着点である意義性の無視一般への批判である。ウェーバーを歴史学派の非歴史性の超克者として歴史意識の立場から説いたものとして、出口勇蔵、前掲書、三三—三七ページ。

（29）例えば西南学派の祖ヴィンデルバント『永遠の相下に』（岩波文庫邦訳）。とくに、H. Rickert, *System der Philosophie*, I に付せられた Schematische Übersichtstafel *zur* Gliederung des Systems der Werte und Güter. をみよ。

（30）したがって、ウェーバーが頻繁に使用する「文化」「文化意義」等の概念が、いわゆる「文化主義」とはなんらの関係をもたぬ概念であることが明らかである。

(31)「指導的観点が、使用される概念的補助手段の構成を規定するのであるが、探究者はもちろんいつでもわれわれの思惟の規範に拘束される。」（*GAzWL*. S. 184）

（32）　この仕事のためには、ウェーバーの『政治論集』や、Sozialismus（1918）等を素材としなければならぬであろう。ウェーバーの政治的立場については、出口勇蔵前掲書、大河内一男『ドイツ社会政策思想史』等の批判的論考、ヤスパースの象徴的把握 K. Jaspers, *Max Weber*. 邦訳、森昭氏『ドイツ的精神』等多くの文献をもち、また最近短いエッセイではあるが、かなり内面的に迫ったものとして清水幾太郎「職業としての政治」（『マックス・ウェバー研究』I所収）をえた。

ウェーバーに対してかかる態度をとることはかれの「没価値性理論」にまったく背反するというプロテストを予想するが、本節のウェーバー方法論の構想に対する叙述をもって一応の答としたい。没価値性理論は、イデオロギーの背後にかくれて事実を歪曲せぬ、という意においてこそ学ぶべきであり、ウェーバーの資本主義の宿命観的把握を、ウェーバーよりもはるかに浅薄化した現実感覚において縮小再生産し、「没価値性要請」を自己の政治的立場の曖昧性をかくす無果花の葉として使用することは厳に戒めらるべきである。

（33）　現在わが国の社会科学界では、ウェーバー・ルネッサンスという言葉を産んだほどウェーバー論が盛であり、ウェーバーの研究論文、批判・反批判の論稿が多く公にされている。本稿が諸先輩から示唆をえた点および意見を異にする点は、草稿において脚註に略記したのであったが、成稿のさいに繁を避けてほとんどすべて削った。

〔初出『経済論叢』（京都大学・一九四九年）第六十三巻、第五・六号合併号。（安藤英治、内田芳明、住谷一彦編『マックス・ウェーバーの思想像』新泉社、一九六九年九月所収）〕

第二章　マックス・ウェーバーにおける農政論の構造

一

きわめて多岐にわたる研究分野にすぐれた足跡をのこしたマックス・ウェーバーの著述のうちには、農政論として類別さるべき一群の論稿がある。いまここにウェーバーの農政論関係論稿と名づけるものは、農業関係論稿というばあいよりも、せまい範囲のものを指しており、ドイツ農業の現状分析と、それにもとづく政策的提言ないし政策批判を中心としているような、一群の労作のことである。

右のような一応の基準から、ウェーバーの農政論関係論稿というものをとりまとめようとすると、それらは書物として公刊されたもののほか、ウェーバーの妻マリアンネによって編まれた諸選集のうち、すくなくとも、三種の選集に分散されて収められており、また、われわれが入手しがたいものもある。しかし、主要なものは入手できるといってよい。(1)そして、ウェーバーの農政論関係の論稿についての研究段階は、これからなお紹介や翻訳がおこなわれて、研究水準を高めてゆくための基礎が築かれねばならぬと同時に、すでに若干の精力的な紹介や研究がおこなわれていて、問題の焦点もある程度は定まりかけてきているような段階であると考えられる。(2)それゆえ、わたくしは、すでに他の研究者によって紹介ずみの事実については、解釈について異議のないかぎり、叙述の重複をなるべく避け、かつ、わたくしが前稿(3)でおこなった、ドイツ社会政策学会の農政論についての展望を前提として、本論に入りたい。そのさい、あらかじめ次の三点を記しておきたい。

一、ウェーバーの農政論関係論稿は、一八九二―九五年に集中的にあらわれており、しかも、ウェーバー農政論の基本骨格は右の時期の論稿において、ほぼ確定している。したがって、農政論はとりわけ初期のウェーバーの作品であるといってよい。しかしながら、他面では註（1）の一覧表が示すように、農政論関係の論稿は初期のウェーバーにだけみられるものではなくして、方法論研究・近代資本主義の精神にかんする諸労作が書かれた時期にも、さらには第一次世界大戦中にも、存在している。とすれば、一八九〇年代の論稿と一九〇〇年以後の論稿とを一括してウェーバーの農政論を論じうるだろうか、という疑問がおこるかも知れない。この疑問には、さしあたりつぎのように答えたい。――政策の点からみるとウェーバーの農政論関係論稿のうち、一八九〇年代のものは、内地植民政策に関係し、一九〇〇年以後のものは世襲財産制法案に関係しているが、内地植民政策と世襲財産制とは、同一の問題の表裏ともいうべき密接な関係をもっており、要するに東エルベの社会構成の在り方にかかわる問題である。そして、初期と中期ないしは後期とのあいだで、ウェーバーの政策的主張は、基本的には変っていない(4)。つぎに、現状分析の理論についていうならば、一九〇〇年以後の論稿のなかには、一八九〇年代の論稿には書かれていなかった論点が若干みいだされるが、それは、初期のウェーバーから後期のウェーバーへの変化として把握されるよりも、むしろ、一八九〇年代の論稿の理論の補完として理解さるべき性質のものである（後論参照）。したがって、ウェーバーの農政論を論ずるばあい、ウェーバーの農政論自体における変化ないし発展の問題（形成史的な研究視角）には、むしろ副次的な地位が与えらるべきであって、基本的には、ウェーバーの農政論という単一の像を画くことができるし、それが正しい方法であると思う。以下の行論においては、一九〇〇年以降の農政論関係論稿をも参照するが、ウェーバーの農政論の中核は、やはり一八九〇年代の論稿であり、それを中心として考察したい。

二、ウェーバーの農政論の基本的な骨格が、右のように、初期のウェーバーと後期のウェーバーとのあいだにおいて顕著な変化を示さず、ほぼ一貫しているとすれば、われわれは、ウェーバーの農政論関係の論稿にもとづいて、東エルベの社会構成にかんするかれの政策的見解を追求することができる。それは、とくに初期ウェーバーの見解という限定を必要としないのであって、ウェーバーの見解と考えられてよい。そして、東エルベの社会構成にかんするかれの見解は、ドイツ国民国家の内的構成にかんするかれの理念の、重要な一環をなすものである。本稿の目標のひとつは、歴史学派の主流的見解との対比において、この点を明らかにすることにおかれる。

三、しかしながら、他面ではつぎのことに注意しなければならない。

ウェーバーの農政論の基本骨格が一八九〇年代に確立し、農政論という領域にかぎっていえば、その後に注目すべき変化がないにしても、ウェーバーの農政論における現状分析、あるいはヨリ正確にいえば、現状分析の底にある理論は、やはり初期のウェーバーの標徴をもっている。たとえば、資本主義成立史論という視点からみるならば、農政論論稿は初期のウェーバーのものであるし、(5)方法論の視点からみてもそうである。しかし、本稿においては、ウェーバーの社会科学ないしは歴史理論の形成史という視点からのウェーバーの農政論の研究は、別の機会にゆずり、ウェーバーの農政論それ自体の特質を明らかにすることにつとめたい。

（1）　ウェーバーの農政論関係論稿はつぎのとおりである。

① „Die Verhältnisse der Landarbeiter im ostelbischen Deutschland,“ *Schriften des Vereins für Sozialpolitik*, Bd. 55, 1892.

② „Privatenqueten über die Lage der Landarbeiter,“ *Mitteilungen des ev.-soz. Kongress*, 3 Artikel in der April-, Juni- und Julinummer 1892.

③ „Die ländliche Arbeitsverfassung.“ *Schriften des Vereins für Sozialpolitik*, Bd. 58, 1893. (in *Gesammelte Aufsätze zur Sozial-und Wirtschaftsgeschichte*, 以下 *GASWG*. と略す)

④ „Entwicklungstendenzen in der Lage der ostelbischen Landarbeiter,“ *Archiv für soziale Gesetzgebung*, Bd. 7, 1894. (in *GASWG*.)

⑤ *Der Nationalstaat und die Volkswirtschaftspolitik*, 1895 (in *Gesammelte Politische Schriften*. 以下 *GPS*. と略す) これは、農政論を主としたものではないが、この論稿の前半部は農政論としても重要である。

⑥ „Gutachten über das Heimstättenrecht,“ *Verhandlungen des deutschen Juristentags*, Bd. 24, 1897.

⑦ „Agrarstatistische und sozialpolitische Betrachtungen zur Fideikommissfrage in Preussen,“ *Archiv für Sozialwissenschaft und Sozialpolitik*, Bd. 19, 1904. (in *Gesammelte Aufsätze zur Soziologie und Sozialpolitik*. 以下 *GASS*. と略す)

⑧ „Kredit und Agrarpolitik der preussischen Landschaften,“ *Bankarchiv*, 8. Jg. 1908.

⑨ „Deutschlands äussere und Preussens innere Politik,“ *Frankf. Ztg.* vom 25. Feb. u. 1. März,

1917.（in *GPS.*）この論稿の前半は、ポーランド問題を、後半は世襲財産制問題を対象としている。マリアンネの『マックス・ウェーバー』の巻末に付されたウェーバー文献目録において、この論稿の日付けが一九一五年になっているのは、誤記または誤植であろう。

右のうち、重要なのは、①、③、④、⑤、⑦、⑨（これはやや重要度がおちる）である。筆者は、②、⑥を見ることができない。

（2）ウェーバーの農政論自体を対象とするか、もしくは農政論論稿に関係ぶかい研究文献については、わたくしの前稿（次註参照）の第一節註（1）を参照されたい。ウェーバーの農政論論稿のうち、あの厖大な①は、これから研究さるべきものを数多く残しているし、⑦は、筆者の知るかぎり、未紹介である。未紹介という点では、②、⑥、⑧、⑨も同じであるが、やはりもっとも必要なのは①、⑦の研究であり、それと③、④の翻訳が待たれる。このうち③の翻訳が山口和男によって近く公刊される。

（3）「ドイツ社会政策学会の農政論とその思想的背景」（『経済論叢』第八三巻第三号）。本稿はこの論文の続稿ともいうべきものであって、この論文および「ウェーバーの政治的立場」（出口勇蔵編『経済学説全集6』一九五六年、河出書房、所収）と関連している。

（4）しかしながら、本稿第四節で少しく触れるように、ウェーバーの政策的構想は、一八九三年と九四年とのあいだに、若干の変化を示している。また⑨においても、内地植民政策の主張が確認されている（Vgl. *GPS.*, S. 105）とはいえ、若きウェーバーが内地植民政策によせた情熱は後期にはみられない。対象が、内地植民政策から世襲財産制の問題に移ってゆくのも、ウェーバーの立場からすれば、積極策の主張から、消極的な防衛への移行とみられぬこともない。世襲財産法は、ユンカーまたは土地貴族の外観をえようとするブルジョワが、一定の土地を分譲不可能なものとして拘束するものである。ウェーバーはかかる法律の適用範囲の拡大の企図に対し、（他の諸理由とともに）内地植民政策をぶちこわすものとしてこれを批判した。いまひとつ、④においてイギリスとドイツ（東エルベ）の農業発展の型のちがいが問題とされ、⑦になると、イギリスの農村階級構成の、資本主義としての合理性が、東エルベとの対比において高く評価せられるにいたっている点に注意しなければならない。
(5)　住谷一彦「初期ウェーバーの資本主義成立史論」(『立教経済学研究』第一一巻一号)には、この視角からの①、④の分析がある。ただし、ウェーバーの農政論論稿は、農業の資本主義化にかかわっているが、資本主義の成立(起点)にかんする問題意識は、ウェーバーの農政論の中心をなすものではない。この点、本稿第三節の行論を参照されたい。

二

ウェーバーは、ドイツ社会政策学会において、農政論がとりわけ華やかにとりあげられていた時期(一八八二―九四年)の後半に、この学会の一員となった。そして、かれは学会の委嘱にこたえて、東エルベの農業労働者問題にかんする調査報告を作成し、また、それを基礎として学会で報告するなど、社会政策学会の若き農政学者の一人として活躍し、その過程においてみずからの農政論を築いていった。かれの農政論は、古典経済学でもマルクス経済学でもなく、まさしく歴史学派(社会政策学派)の系統に属している。

では、ウェーバーは、農政論においては、社会政策学会のうちのどの派に、もっとも近かったであろうか。あるいは、どの派にもっとも近い外見をもっていたであろうか。わたくしは、前稿において、社会政策学会の内部には、シュモラー派、ワグナー派およびブレンターノという、三つの農政論が存在していたことを述べた。ウェーバーは、ユンカーのインタレストを露骨に代弁するワグナー派の農政論からは、もちろん遠かった。問題になるのは、シュモラー派およびブレンターノとの関係である。

ブレンターノは、社会政策学会のうちでは異色といえるほどに、反ユンカー的立場を堅持し、ユンカー保護的な一切の政策に反対したひとであった。ウェーバーは、たしかに、ブレンターノに対して相当な親近感をもっていたし、(1)社会政策学会の一般的趨勢にかんしていうならば、「一八九〇年代の末以後における、社会政策学会の内部での勢力分野の変化は、左派急進勢力(自由主義)が強化されたことである。その先陣をうけたまわったのは、ウェーバー兄弟であり、ときにはゾムバルトであった。そして、かれらの背後には、ブレンターノが、左派の権威ある保護者として控えしいると、一般に思われていた。もっとも、この推量には、邪推もまじってはいたが」というフランツ・ボェゼの言葉は、(2)おおよその見当を伝えていると考えられる。事実、労資関係における前近代的遺制に対するウェーバーの批判、工業プロレタリアートのイギリス型的発展に対するかれの希望、『取引所』(一八九四―一九六年)にも示されている反ユンカー的志向等々、(3)ウェーバーは、反ユンカー的・近代主義的という点で、一般的には、シュモラーよりもブレンターノに近かった、といえるだろう。農政論の領域においても、ブレンターノとウェーバーとが手を握る面はたしかにある。その具体的な例は、世襲財産制度に対する両者の批判であって、ブレンターノとウェーバーとは、シュモラー派のなかでも保守的色彩のつよいゼーリンク(Max Sering)に対立して、世襲財産制度の制限ないし廃止を主張したのであった。(4)

しかし、農政論全体についていえば、ウェーバーとブレンターノとのあいだには、無視できない大きなちがいがみられるのである。まず政策の面において――ブレンターノは内地植民政策に対して反対したが、ウェーバーは内地植民政策の熱心な主張者であった。ブレンターノは、プロイセン当局によって実施せられていた内地植民政策が、封建制を復活させるものである、と批判するだけではなく、内地植民政策一般に対して否定的であった。(5) しかるに、ウェーバーは、現実の内地植民政策の欠陥を指摘するとともに、みずから内地植民政策を構想し、それを積極的に主張した。そして、東部国境諸州の民族問題は、ブレンターノの関心をひかなかったのに反して、ウェーバーにとっては、それこそ問題中の問題だったのである。要するに、ブレンターノは、農業に対する国家権力の介入をすべて拒否する。ブレンターノは、社会主義の敵対者であったが、それと同様に、およそユンカーの臭いのするものはすべて好まなかった。ウェーバーの政策論は、ブレンターノのような反ユンカー・自由主義の一筋道とはちがう。ウェーバーは、東エルベに対する国家権力の積極的な介入を主張するし、また、その政策理念は、後論に示されるごとく、反封建制の一本槍ではなかった。

つぎに理論の面について。ブレンターノは、前稿において述べたように、バイエルンとプロイセンの農業制度の比較史的研究によって知られているが、かれは、それだけでなく、農業経済の一般理論を建設しようとする意欲をもっていた。もっともその成果はといえば、作物生産の法則 „das Gesetz der Pflanzenproduktion" なる自然法則から出発して、土地収穫逓減法則 „das Gesetz des abnemenden Bodenertrag" を中心とするもので、価値論ぬきの、したがって地代把握においても明確さを欠く、水増しされた古典経済学（俗流経済学）ともいうべきものにすぎなかった。(6) そして、ブレンターノの農政論は、その小農理論と自由主義的基調と「理論的外見」のゆえに、かえって、マルクス主義の修正派農業理論に対して、影響を与えたのである。[7] これに反して、ウェーバーは、ブレンターノのような意味での理論的農政学に対する意欲をもたなかった。[8] ウェーバーは、収穫逓減法則とか農産物価格論とか地代論といった一般理論的テーマに惹かれるのではなくて、個別的な実在を重んじ、実在の発展傾向の分析に専心した。

ウェーバーの農政論は、政策的主張の面では、内地植民政策を中心としており、その点、ブレンターノではなくて、むしろシュモラーと一致していた。すくなくとも、外見的には、ほぼ一致していた。このことは、ウェーバー自身も語っているところであるし、[9] シュモラーは、「わたくしが一八八六年の社会政策学会の大会において、内地植民政策の討論のさいに報告者として述べた諸要求は……その後、ほぼ同じように、内地植民政策の支持者たち――たとえばミアスコウスキイ、ゼーリンク、マックス・ウェーバーなど――によって、ますます精力的に擁護せられ、基礎づけられてきた[10]」と述べて、ウェーバーを、自己の農政論を継承する若手のひとりに擬しているのである。シュモラーのこの判断の当否は別として、ウェーバーがシュモラー派の線から出立したことはたしかであるし、農政論の方法論的性格においても、ごく大まかにいえば、やはり、そうであった。[11]

以上、社会政策学会の農政論の諸派のなかにおけるウェーバーの位置を、いわば外側から眺めてみた。そして、それによっていちおうわかったことは、農政論におけるウェーバーと歴史学派との関係で、もっとも問題になるのは、具体的にはシュモラー派とウェーバーとの関係である、ということである。以下、この点に注意しながら、ウェーバーの農政論に入ろう。まず、ウェーバーの農政論における現状分析をとりあげ、そののちに、政策的立言の検討に進みたい。

㈠　ウェーバーの分析を特色づける第一の点は、問題提起の仕方である。

ウェーバーは、社会政策学会の委嘱によって、東エルベの農業労働者の状態にかんする調査報告をまとめるのにさいして、東エルベの内部における各地域の差異、あるいは各地域内部におけるより細かい差異に注意をうながしてはいるが、「東部における労働制度の一般的な基礎は本質的にどこでも同じであり、現在あるさまざまの相違は、主として、経済的な発展段階のちがいの表現にすぎない」と考え、「ひとつひとつの調査報告を、大きな全体的発展の個別的事例[12]」として把握する方法をとった。一八九四年の論文においても、そのテーマは、論文の題名が示すとおり、東エルベにおける農業労働者の状態の発展傾向の分析である。そして、農業労働者の状態（die Verhältnisse, die Lage）について問題の中核に据えられているのは、ウェーバーにおいては、農業労働者の賃金あるいは報酬の量的変動ではなくして、労働制度 Arbeitsverfassung の質的な変化、シュタイン・ハルデンベルクの改革あるいは十九世紀の中葉以降において進行し、現に進行しつつある、東エルベの大農場経営の労働関係における変化であり、それに伴うところの、領主側と労働者側との双方において起る社会的性格の質的転化である。

社会政策学会の代表的な農政学者たち（ゼーリンク、ティールら）が作成した質問票（ウェーバーはその結果をまとめたのだが）をみると、質問票の作成者たちは、ウェーバーのような問題意識をもってそれを作成したのではないことがわかる[13]。したがって、農業労働者の状態にかんする実態調査のまとめを、右のような視点からおこなったのは、ウェーバー自身の創意によると考えられる。

これを社会政策学会の主流的農政学者の問題意識・問題提起の仕方と比べてみよう。ワグナー流の農政学者はもちろんのこと、シュモラー派の農政学者も、ユンカーの社会的性格の質的変化（家父長制的領主貴族から、たんなる農業企業家への転化）を問題とすることはなかった。シュモラーやミアスコウスキイは、ユンカー経営の労働力の構成において「自由な」労働者（農業プロレタリアート）の比率が増大してくる傾向や農業労働者の流出の傾向に、いちはやく気づいており、この「不健全な」傾向に対して警告を発していた[14]。しかしながら、シュモラーやゼーリンクは、領主が基本的にはいつまでも領主的性格を保持するものと考えており、工業ブルジョワジーと同じ性格のものに転形しつつあるとは考えていない。かれらには、東エルベの社会的性格の部分的な不健康化に対する問題意識はあったが、全面的な、質的な性格変化という問題意識はなかった、といわねばならない。したがって、ウェーバーが提起したような意味（東エルベの社会構成の編成替え）での発展傾向の問題も、かれらにはみられないのである。

(二)　シュモラー派の農政論では、つねに土地所有分布の状態が中心問題になっていた。そのさい、たとえば、中位的な土地所有というのは、自家労働力を主とする畜耕役農民 „die spannfähigen Bauern" の経営基盤としての所有地が考えられているというように、経営内容が無視されていたわけではない。けれども、かれらの分析の中心は、あくまで土地所有分布の変動にあり、経営の実体（とくにその基底をなす労働関係）の分析は、副次的な地位を占めているにすぎなかった。しかるに、レーニンやカウツキーをことさら引きあいに出すまでもなく、農業における資本主義の発展は、第一次的には土地所有分布ではなくして、経営の分析によって、明らかとなる。土地所有または保有の分布に一面的に固執するときには、農業経営の内容の変化が見逃されるのである。シュモラー派が、ユンカー経営の資本主義化ないし資本主義的性格を過小評価したのは、かれらの視点が全体として、土地所有分布に向けられていたことに、ふかく関係していると思われる。これに反して、ウェーバーの分析は、第一次的には土地所有分布ではなくして、経営に向けられている。もとより、ウェーバーは、土地所有を無視したのではけっしてない。ユンカー経営が土地所有と経営との合体という点に特質をもっていること、そして、まさしくその点にさまざまな問題が孕まれていることを、かれはよく認識していたし[15]、かれは、東エルベの「改革」は、なによりもまず土地所有にメスを入れることであると考えていた。しかし、発展傾向の分析において、ウェーバーが、土地所有分布の変動ではなくして、領主制農場の経営の内的構造すなわち労働制度 Arbeitsverfassung の変化に注目したことは、ウェーバーの分析視角のたしかさを示している。そしてウェーバーは、この分析視角を堅持したからこそ、集約経営への移行が経営面積の縮小化を伴う現象を、資本主義化の過程においてあらわれるひとつの現象として正しく把握することができたのである[16]。これに反してゼーリンクは、集約経営への移行による経営面積の縮小化を大経営に対する中・小経営の優越を示す証左と考えたにすぎなかったし、修正主義的農業理論家たちもまた、経営の内部構造の問題に立ち入ることなしに、経営規模・土地所有規模を問題としたのであった。

㈢　このことと関連して、つぎの点が指摘せらるべきである。右に述べたようなゼーリンクの考え方は、かれの小農主義理論の一環をなすものであって、シュモラー派とりわけゼーリンクは、農業における小規模経営（農民経営、東エルベにおいては五―二〇ヘクタール）が大規模経営（一〇〇ヘクタール以上）よりもたかい生産性をもっていると考えていた。ゼーリンクは、かつてフリードリッヒ・リストが、総収益と純収益の点では大経営が中・小経営よりも優っていると述べたことに対して、異議を唱えている。(17) 社会政策学会のなかでは、シュモラー派が、その中農主義の論拠として、小規模経営の生産力的優越性を説いたのに対して、大規模経営の生産力的優越は、ティールのような、むしろワグナー派と見られるひとによって主張されていたのであった。しからば、ウェーバーはどうであったかというに、一八九〇年代の論稿においては明確な表現をみいだしがたいが、かれは、一九〇四年の論稿においては、生産力(単位面積当り で測った土地生産力であるが)の点では、すくなくとも穀物生産にかんするかぎり、大規模経営のほうがすぐれていると述べている。すなわちかれは、ある農地制度を評価するさいの諸視点の例として、(1) 生産の関心 das Produktionsinteresse (2) 人口主義的な関心 das populationistische Interesse (3) 「社会政策的な」関心 》sozialpolitische《 Interesse の三つを挙げ、(1)に関して、「一定面積の土地から、できるかぎり多くの穀物を生産することが問題であるばあいには、中規模および小規模の、農民所有地および農民経営は、すべて、悪しき存在にすぎない。このことは疑いをさしはさむ余地がないほど明白である」(18)と述べている。ウェーバーが小規模経営の生産力的優越を説く小農主義理論家でなかったことは、明白であろう。

(四)　東エルベの農業不況は、いわゆる交通革命の結果、ヨーロッパ以外の地域で生産される廉価な穀物が大量にヨーロッパ市場へ流入するようになったことによって、ひきおこされた——このことは、当時の誰しもが認めていた常識である。シュモラーも、ゼーリンクも、東エルベの農業不況の原因をそこにみていたし、また、カウツキーも、ヨーロッパの工業資本主義の発展→ヨーロッパと非ヨーロッパ地域とのあいだの世界的な社会的分業の成立→ヨーロッパ農業の不況および酪農その他への転換による対応、という図式のなかで、東エルベの農業不況を理解した。[19] ウェーバーも、東エルベの農業不況の原因（ユンカー経営の困窮化の原因）として、その点を重視していることは同じである。ただし、シュモラーが、国際的な農産物価格の低落という要因を、一時的・経過的なものと考え、したがって、東エルベの農業不況をも、一時的・経過的なものと考える楽観的な見通しをもっていたのに対して、ウェーバーは、農産物の国際的価格の下落を、すくなくとも近い将来においては動かすことのできない与件として、深刻に評価していた。だが、このことよりも、もっと重要なのは、ウェーバーが、右のような国際経済的契機だけに眼を奪われてはいなかった、ということである。ウェーバーにとっては、さきにも述べたように、東エルベの社会構造の編成替え（とりわけユンカーの社会的性格の変化）こそが中心問題であった。かれは農業不況についても、それがユンカーの社会的性格の変化をいかに促進するかという点を、もっとも問題とした。そしてかれは、ユンカーが旧き土地貴族としての性格を喪失して一種の農業企業家しかも「経済的に困窮せる農業企業者」になってゆき、政治的権力の重心が、かれらの手から都市のブルジョワジーの手へと移行してゆく過程について、「かりに国際的な競争がいっさいなかったとしても、やはりこのようになったであろう。もっとも、国際的な競争がなかったばあいには、現在みられる状態よりもその程度はましであったろうが[20]」という。すなわち、ウェーバーは、基本的には、一国資本主義の発展の内部における農業部面の変貌過程を追求した。そしてシュモラー派が、資本主義と農業との関係について、工業資本主義が農村の伝統的な社会構成と意識とを脅かしつつあると認めながらも、農村が資本のエーテルに染めあげられてゆくとは考えなかったのに反して、ウェーバーは、一国資本主義の発展過程のなかで、農業（特殊的にはユンカー経営）が、そのなかにまきこまれつつ、資本主義化してゆく発展傾向をもっているという事実を、確認したのである。[21]

右の四点から知られるように、ウェーバーの分析は、シュモラー派のそれと相当なちがいがある。ウェーバーは、資本主義的農業についての一般理論を欠く歴史学派のワクのなかにありながらも、シュモラー派的な小農理論を越えていたし、労働制度の変化という基底にまで降りたって、そこから東エルベの社会構造の資本主義化を発展傾向として把握した。

（1）たとえば、ウェーバーは、ブレンターノに宛てた一八九三年二月二〇日の手紙のなかで、「われわれ自由主義者」という言葉を使って、ブレンターノの立場に対するかれの近しさをあらわしている。
Weber. M., *Jugendbriefe*. S. 363.

（2）Boese, F., *Geschichte des Vereins für Sozialpolitik, 1872-1932*, 1939. S. 108.

（3）田中真晴「ウェーバーの政治的立場」（出口勇蔵編『経済学説全集6』所収）二八三—四ページを参照。

（4）第一節註（1）にあげた⑦がこの問題をあつかったものである。ウェーバーは、そのなかで、コンラード Conrad と本質的な諸点で一致すると述べている。ブレンターノは、あとからこの問題をとりあげたようである。Brentano, L., *Familienfideikommisse und ihre Wirkungen*, 1911. ブレンターノは、世襲財産制が「家名の虚栄」から考案されたものとし、土地を拘束するために地価を高騰させる効果をもつと批判している（*ibid*., S. 9—16）。これはウェーバーもいうところであるが、ウェーバーの分析のほうが、はるかに周到である。

（5）拙稿「ドイツ社会政策学会の農政論とその思想的背景」前掲二一一—二一二ページ参照。

（6）ブレンターノは、*Agrarpolitik*, 1896.（2. Aufl. 1925）東畑・篠原訳『農政学原理』（第二版の訳）

の初版序文において、ドイツ経済学における農政論の歴史を回顧し、(1)実際的な政策的提案が農政論の内容をなしていた段階、(2)経済史的・行政史的な記述の段階、の二つにつづいて、いまや、個別的な諸事実の統一的・理論的把握が試みられねばならぬと述べ、この著書はその序説たることを意図しているという。しかし、内容的にみると、かれの農政理論には、自然法則から経済法則を導きだそうとする抽象理論的考察と、経済史的・政済政策史的考察とが統一されずに存在している。なお、かれが反ユンカー的であるといっても、理論のなかでおさえてみれば、「土地の独占的性質」を問題にしつつも、「地代はいかなるときに全社会の利益となり、いかなるときに有害となるか」を検討する程度の土地所有批判しかみられないのである。(*ibid*., S. 187 ff. 邦訳、三一七ページ以下)

(7)　歴史学派とマルクス主義経済学とのあいだの農業理論の交渉は、興味ぶかい問題であるが、ここではさしあたりつぎの二点を指摘しておく。㈠　資料的には、社会政策学会を中心とする厖大な研究を、レーニンもカウツキーも相当多く利用している。㈡　理論の面では、ブレンターノが修正主義農業理論にかなりの影響力をもっていたようである。カウツキーは、ブレンターノを歴史学派の代表者として挙げ、ブレンターノにおける生産物・価値・利潤などの概念の混乱を指摘し、「われわれがここで指摘したブレンターノの混乱ぶりは、歴史学派の方法に対する警告として役立つであろう」(Kautsky, K., „Tolstoi und Brentano," *Neue Zeit* 19. Jg. 2. Bd. 1901. S. 20—28) といい、レーニンは、「周知のように、彼(ブレンターノ)は、ストルーヴェ、チェルノフ、ブルガコフ、ヘルツおよびそれと同類のすべての紳士諸君の先生である」(『レーニン全集』第五巻、一四九ページ) といっている。

(8)　たとえば、本節註(1)の手紙においても、ブレンターノが賃金の一般理論(労働時間と能率と賃金との関係)にもとづいて、ウェーバーの『ドイツ東エルベ農業労働者の諸事情』における賃金論の部分に異を唱えており、ウェーバーは、それに対して東エルベの実態を強調している。Vgl.

Brentano, L., *Über das Verhältnis von Arbeitslohn und Arbeitszeit zur Arbeitsleistung*, 1893.

(9)「現在わたくしと同じような考えにたっているひとのうちには、シュモラー教授も名をつらねておられ、教授は『シュモラー年報』のなかで、かなりの部分の土地を国に移管すべしという要求を掲げておられる」(*GPS.*, S. 16—17)。ここに述べられているシュモフーの論文とは、次註に示すものである。

(10) Schmoller, G., „Einige Worte zum Antrag Kanitz," *Schmollers Jahrbuch*, 19. Jg. 1895, S. 222.

(11) これは、ブレンターノが歴史学派のなかにあっては、シュモラー派農政学者とは対立的に、一般理論の建設をめざしたのに対して、ウェーバーが、歴史的研究と結びついての現状分析、そのうえでの政策的提言という、歴史学派の通常の形をとっていたという意味である。ただし、ウェーバーはまさにそのような農政論の展開方法のうちに、「対象の分析そのものから価値基準がでてくるような錯覚」への誘惑がひそんでいることを見抜いたのであるが、ウェーバーの農政論の分析視角に対して関係ぶかいのは、ひとつはかれのローマ農業史の研究、とくにローマ帝政期における大農場経営の労働組織の変化(発展傾向)の研究であろう。Vgl. Weber, M., *Die römische Agrargeschichte in ihrer Bedeutung für das Staats-und Privatrecht*, 1891. Kap. IV, S. 242 ff. そして、この点ではマイツェンの影響が考えられる。他のひとつは、クナップの影響およびクナップに対するウェーバーの批判的志向であろう。そして、クナップは農政論においてはシュモラー派的社会政策の理念をもっていた。

(12) Weber, M., *Die Verhältnisse der Landarbeiter im ostelbischen Deutschland*. S. 4.

(13) この質問票は、SVS. Bd. 53. 1892. S. XIV—XXIV にあり、山口和男「マックス・ウェーバーのユンカー論(1)」(『甲南経済学論集』第六巻第四号)七九—八三ページに訳載されている。そのなかには「雇主の労働者に対する関係」の項目のなかに「言葉の良い意味における家父長制的関係、つまり父のごとき配慮と誠実な信頼が、保たれているか」という質問があるが、この問いにおいて前提されているのは、家父長制的な意識が、全体としては保たれており、またそれが望ましいという考え方である。

(14) ミアスコウスキイについては SVS., Bd. 21, S. 11, 28. シュモラーについては、SVS. Bd. 32. S. 93—95.

(15) ウェーバーは、ユンカー経営において僕婢条令・移転の自由の制限のごとき前近代的遺制が残存することだけでなく、とりわけ、ユンカーが悩める企業者でありながら、「土地貴族」としての特権を保持しようとすることを問題とした。後論参照。

(16) *GASWG.*, S. 498 f. *GASS.*, S. 369, 70. ウェーバーの領主制農場経営の労働制度の転化についての分析の内容については、すでに山口和男「初期のマックス・ウェーバーにおける経済政策論」(出口勇蔵編『経済学説全集6』所収)に紹介されており、また、住谷一彦の前提論文においてとりあげられているので、ここでは省略する。

(17) *SVS.* Bd. 56. S. 90. Vgl. List, F. *Die Ackerverfassung, die Zwergwirtschaft und die Auswanderung*, 1842. 小林昇訳『農地制度・零細経営および国外移住』(日本評論社、一九四九年)一一二—一一三ページ。

(18) *GASS.*, S. 333. 一九〇四年論文は没価値性理論にもとづく政策批判の見本ともいうべきもので、ウェーバーは、政策的提言の立場を列挙し、いちいちの立場を首尾一貫して貫くとすれば、いかなる結果が生じるかを確かめている。ウェーバー自身は、(1)、(2)、(3)、のいずれをとるのでもないが、とくに(1)には反対であり、むしろ東部のドイツ人人口の流出阻止という点から(1)よりも(2)、(3)のほうに近い。農政論にかんするかぎり、ウェーバーが生産力的立場にたっていたとみることはできない。

(19) Kautsky, K. *Die Agrarfrage*, 1899. S. 232 ff. 向坂逸郎訳『農業問題』下巻(岩波文庫)五ページ以下。

(20) GASWG., S. 473.

(21) ただし、ウェーバーの農政論論稿においては、農民村落の分析がおこなわれていないので、資本主義と農民との関係がいまひとつ明らかでないし、農民層分解の視角も、農政論にかんするかぎりは、一九〇〇年以後の論文においても存在しない。住谷氏は前掲論文において、ウェーバーが一八九四年論稿においては、未だ農民層分解の理論をもっていなかったことと同時に、農民層分解の事実を把握していたことを強調しておられる。しかし、インストロイテ＝「中間層農民」としその両極分解を考えるとすれば、その上昇部分は何になるのであろうか。ウェーバーが「上昇しつつある大農経営」というのは、甜菜栽培地域の、農民村落の農民のことであろう。しかるに、東エルベの農民村落については、住谷氏も認められているように、ウェーバーは触れるところまことにすくない。住谷氏の分析には教えられるところ多いが、ウェーバーが農民層分解の事実を把握していたということは、過剰解釈の危険を含んでいると思う。

三

わたくしは、前節において、ウェーバーが、ユンカー経営の資本主義化を発展傾向として確認したことを述べた。ウェーバーは、一八九〇年代においては、いまだ資本主義・近代資本主義などの概念を明確には規定していなかったけれども、ウェーバーの労作は、客観的には、プロシャ型の農業資本主義的発展を、その古典的場所たる東エルベについて追求したものであるといえる。しからば、ウェーバーはユンカー経営の資本主義化ないしはユンカー経営の資本主義的性格を歓迎したのであろうか。

ウェーバーが資本主義のイデオローグであるということから、かれはユンカー経営の資本主義化を喜びをもって迎えたのだろうなどと考えるならば、それはまったくの憶測というものであって、事実に反している。じつは、ウェーバーは、ユンカー経営の資本主義化こそが、東エルベの社会構成に危機をもたらし、ひいては、ドイツの政治的危機の重要な一因をなしている、と考えたのである。この点は、ウェーバーの農政論を把握するさいの重要なポイントであると思われるので、すこしく説明しておきたい。

一体、ウェーバーは、プロイセンの土地貴族が、過去において果たしていた社会的・政治的役割を、たかく評価していた。領主＝インストロイテ関係にみられるところの、利益共同体的関係 Interessengemeinschaft と家父長制支配との結合[1]は、安定的な社会構造なのであって、それ自体としては、なんら非難すべきものではない。問題は、むしろその崩壊過程のなかにある、とウェーバーは考えた。だから、ウェーバーの分析は、客観的にはたしかに、プロシャ型の農業資本主義化の把握であったにしても、また一般に、旧き社会関係の解体の分析と資本主義化の分析とは同一物の表裏をなすにせよ、ウェーバー自身の問題提起の仕方は、東エルベにおいていかに資本主義が成立し発展しつつあるか、であるよりもむしろ、旧き領主制農場経営にみられた家父長制的な社会構造と意識とは、解体せざるをえないかいなか、であった。「この関係（インストロイテ対領主関係）にみられるような、雇主と被傭者とのあいだの利害の共同性 die Gemeinschaft der Interesse は、将来も存続するだろうか。この範疇の労働者が、農業労働者全体のなかで占める相対的な重要性は、はたして増大しつつあるのか、それとも、減少しつつあるのか[2]」というウェーバーの問題の提出の仕方は、このことを示している。

そして、ウェーバーの分析の結果、すでに知られているように、経営の労働力の根幹がインストロイテからデプタントへ移行し、さらに、「自由な」農業労働者へと移行する趨勢にあることが明らかになり、雇主と農業労働者とのあいだの利益共同体的関係は、いまだ完全になくなったのではないが、傾向的には解体しつつあり、東エルベの社会構造は、かつての家父長制的支配関係を喪失したことが示された。それは、裏がえしてみれば、東エルベにおける資本主義的生産関係の確立化の過程を意味する。

だが、ウェーバーは、ユンカー経営が資本主義的発展の順調な未来をもつだろうとは考えなかった。その理由は、穀物の国際的価格下落という圧迫をうけて、全体としては「東部の農業は、実業的・産業的視点からみれば、競争能力を失って没落しつつある産業である」[3]とみられねばならなかったからである。ただし、東部の農業がすべて没落しつつあるのではない。もっとも手ひどい打撃をうけているのは、市場向け穀物生産を営む大経営であり、これに反して、甜菜栽培などの生産に転換した大経営のうちには、経済的生存能力を保持しているものがある。そして、資本主義的な生産関係の成立は、とりわけ、この後者において典型的にあらわれているのである（とくに季節労働者の大量的雇用）。ウェーバーは、甜菜栽培への移行（ただし、地質の点からいって、東エルベのすべての大経営が甜菜栽培に転換できるわけではない）とそれに伴う季節労働者の大量的雇用が、経済的には、やむをえぬ過程であり、所与の経済的諸条件のもとでは私経済的に合理的な対応形態であると認めたのであるが、政治的には（ドイツ国民国家の立場からみれば）、それは憂うべき現象だと考えたのである。なぜならば、

(1)　ポーランド人農業労働者が季節労働者として大量に流入してくることは、ドイツ人農業労働者の

離村・流出傾向とからみあいつつ、東エルベとりわけ東部国境地方の、非ドイツ化Denationalisierungをおしすすめる。東部におけるドイツ人人口の稀薄化は、東部のまもりを弱め、ありうべき対ロシア戦争に対する備えを骨抜きにするといわねばならない。[4] (2) 現在のユンカーは、その祖父が、経済的に充ち足りた生活を基盤として政治や軍事にたずさわったのとはちがって、みずから経済的に生きのびることに懸命な、心に余裕のないひとびとである。かれらはもはや「土地貴族」ではなくして、「農業企業者」すなわち資本家階級の一分岐となりつつある。[5] にもかかわらず、かれらは、プロイセンの内政およびドイツの国政上において過去にかれらがもっていた特殊的な権力的地位をあくまで保持しようとし、その権力的地位を利して、ドイツの国民的利益を犠牲にして、自己の階級的利益を貫こうとしている（たとえば、「カーニッツ提案」や、ポーランド人農業労働者の流入の歓迎はその例である）。ウェーバーは、農業不況のもとにおける資本主義化過程のなかで生みだされた、このような現象に対して、積極的な政策によって対抗しなければならぬと信じた。およそ、経済過程の自己展開に万幅の信頼をよせることは、ウェーバーの思想からもっとも遠い考え方であったといわねばならぬ。ウェーバーが、東エルベにおける旧き家父長制的関係の解体（＝プロシャ型の農業資本主義化）を発展傾向として認識し、しかもまさに、その過程自体のなかに危機があると考えたこと、このことが重要である。ウェーバーの政策的提案は、右のような経済の自然成長的過程（発展傾向）に対抗するための構想であった。

（1）　ウェーバーは、家父長制的支配の基盤をユンカーと農業労働者との利益共同体的関係に見た。インストロイテは、ユンカーに労働力を提供するとともに、みずから小経営者であり、かれらの受けとる報酬は、固定賃金ならぬ冬季の打穀分け前 Dreschanteil を主としていた。かれらは穀物の収穫量、穀物の価格・家畜の価格などについて、ユンカーと共通の関心（利害関係）をもっていた。ウェーバーはこのような利益共同体的関係の崩壊が、家父長制的支配を崩壊させると考える。ウェーバーが、インストロイテ→デプタント→「自由な」農業労働者という発展系列のうちで、デプタント→「自由な」農業労働者の転化よりも、むしろインストロイテ→デプタントの転化（デプタントは額の固定した年労賃と家族消費のための現物給付とを受取り、土地分与・打穀分け前にはあずからない）の方に、いっそう決定的な質的転換を見たのは、ウェーバーが雇主と農業労働者との利益共同体的関係を中心に考察したことにもとづくのである。それはウェーバーの分析視角が、資本主義の成立ではなく、家父長制的社会構造の崩壊であったことを示している。それと同時に、ウェーバーの分析が地代形態の推転（資本制的地代の発生）という視角を欠いていたことを、示している。Vgl. *Verhältnisse.* S. 9―40. *GASWG.*, S. 477―500. 山口和男前掲論文一一―一六ページ。住谷一彦前掲論文一五〇―一六一ページを参照。

（2）　*Verhältnisse*, S. 20.

（3）　*GASWG.*, S. 463.

（4）　ウェーバーのロシア観については拙稿「ウェーバーの政治的立場」（出口勇蔵編、前掲書）二八五―二八六ページを参照。

（5）　しかしながら、すべてのユンカーが農業企業家への転身に成功するのではなく、多くの脱落者がうまれる。そして、このばあい、ユンカーの所有地は、ブルジョワジーの手に移転する（不動産抵当を媒介として）ほか、分割して売られる。そのさいまず外畑 Aussenschläge が切り離され、そのうち農場の中枢部に及ぶのが普通であるが、ユンカーの旧所有地に発生するのはきわめて文明度の低い零細農（ポーランド人農民が多かったと考えられる）であった。ユンカー所有地のこのような分割・

東部の大土地所有の崩壊の過程は、ウェーバーがはじめて明確に認識したものと思われる。ゼーリンクが、ウェーバーを引用してこの現象を述べていることからそう推定される。しかしながら、ウェーバーは東部の大所有地が、零細農の手に分割されてゆくのを、きわめて憂うべき現象と考えていた。かれによれば、かかる零細農の増大は、東部における農民的要素の強化の反対物であって、東部の社会構成のたんなる崩壊にすぎない。*Verhältnisse*. S. 45—46. *GASWG*., S. 463, S. 474—75. *GPS*., S. 17. Anm. Vgl. Sering, M., *SVS*., Bd. 56, S. 77.

四

ウェーバーの政策的立言は、積極的には内地植民政策の主張、消極的には世襲財産制度の制限を、その内容としていた。この両者のうち、より重要なのは、内地植民政策である。

本稿の第二節において、ウェーバーとシュモラーが、それぞれ、内地植民政策にかんして、たがいに意見が一致していると述べていることを指摘した。両者の意見の一致というのは、じつは、内地植民政策の方式についてである。すなわち、シュモラーとウェーバーとはともに、ユンカーの所有地の一部を国家（プロイセン政府）が買上げてそれを国有地 Domänen とし、国有地へ植民をおこない（国有地の払い下げ、または貸付け）、払い下げによって減少した国有地は、ユンカー所有地をさらに買上げて補塡してゆく、という方式を考えていた。(1) シュモラーとウェーバーとが主張したこのような方式は、当時、じっさいにおこなわれていた内地植民に比べて、国家権力の介入度がはるかに高いという特色をもっており、内地植民を私的活動に委ねるべしという考え方に対立するものであった。しかし、方式における一致は、政策の背後にある理念や政策の実質的内容の一致を保証するものではない。政策の理念について、まず眼をひく両者のちがいは、ウェーバーにおいては民族政策的視点が優越し、シュモラーにおいては社会政策的視点が優越していることである。シュモラー（およびシュモラー派）は、スラヴ系労働者の流入に対する問題意識をもってはいた。だが、かれらが内地植民政策によせた情熱は、シュモラー一流の社会政策的関心にもとづいており、民族問題は、かれらにとっては、副次的・従属的なものにすぎなかった。ウェーバーにとっては、民族問題をぬきにした内地植民政策などというものは、およそナンセンスに等しい。だから、ウェーバーは、内地植民政策の前提として、「東部国境の即時閉鎖」という、シュモラー派の政策案にはみられない要求をかかげたのである。ウェーバーによれば、国境を越えて入ってくるスラヴ系農業労働者の流れを、まず堰きとめて、スラヴ系農業労働者によるドイツ人農業労働者の駆逐を、断ちきっておくことが必要なのであって、東エルベの大土地所有の比率をたんに削減することが問題なのではない。われわれは、ここに、ウェーバーによるビスマルクの継承面をみることができる。もとより、一般的には、ウェーバーはビスマルク体制の批判者であった。この基本線は動かすべくもない。しかし、「東部国境の閉鎖」はビスマルクによっておこなわれていたところで、ウェーバーの主張は、かれ自身の語るごとく、ビスマルク時代の政策へ復帰すべし、という要求にほかならなかった。また、ビスマルクの手に成った「ドイツ民族植民促進法」(Gesetz betreffend die Beförderung deutscher Ansiedlungen in den Provinzen Westpreussen und Posen. 一八八六年）は、東部国境地帯の「ドイツ化政策」を狙いとしており、ウェーバーの内地植民政策の理念は、基本的にはこの法律の線にそうものといえるであろう。この点、基本的には、一八九〇年、九一年の地代農場にかんする二つの法律（「地代農場法」Gesetz über Rentengüter「地代農場促進法」Gesetz betreffend die Beförderung der Einrichtung von Rentengütern）の拡大強化をめざしていたシュモラー派（とくにゼーリンク）と著しい対照を示している。ウェーバーが民族政策的観点を強調し、シュモラー派が社会政策的視点を前面におしだしているこの対照は、ウェーバーが帝国主義者であり、シュモラー派が平和主義者であるかのごとき観を与える。だが、それは外観にすぎない。じつは、ビスマルク以後の段階において、ドイツの帝国主義的発展を基本的には支持する立場をとった点では、両者とも同じである。(3) 両者のちがいは、むしろ政治意識のするどさの差、自己の実践的立場に対する自覚の深さのちがい、事物を正視し考えぬく力のちがいにもとづいている。ともあれ、ウェーバーが東部国境諸州へのスラヴ系農業労働者（とくにポーランド人）の流入を問題とするとき、その東部諸州とは、十八世紀における三度のポーランド分割の結果、プロイセンの手に帰したものであるという事実、この事実はかれにおいて問題として提起されることはなかった。ウェーバーの政治的立場を色どる暗さと厳しさとは、帝国主義的現実に対するかれの直視と肯定とに、その最後の根拠のひとつをもつといいわれえようが、かかる立場からは民族問題も、ドイツ民族の、しかも世界的な権力的地位を要求するドイツ民族の立場からだけしか、政治的に問題となりえない。(4)

さて、内地植民政策の理念についての、ウェーバーとシュモラー派との、右のようなちがいは、重要ではあるが解釈上に疑義を生じるおそれのない明白な事実であるのに対して、重要であってしかも一見かならずしも明白ではないのが、つぎの問題である。それは、ウェーバーは東エルベの社会経済的構成をどのように変革しようとしたのか、また、かれの内地植民政策の構想は客観的にいかなる変革を可能ならしめる内容をそなえていたか、という問題である。あらかじめ、ありうべき回答の二つの極をいうならば、ひとつは、ウェーバーとシュモラー派とのあいだに、右の点にかんして大したちがいはないとする解釈、いまひとつは、ウェーバーはシュモラー派とは本質的に異なり、プロシャ型の資本主義化をアメリカ型の道へと転化させようとした、という解釈である。(5)

私見によれば、ウェーバーの政策的構想の性格規定において、混乱を誘う原因のひとつは、ウェーバー自身がときにたがいに相反するような表現をしていること、そして、かれ自身の政策的構想が、一八九三年以前と一八九四年以後とのあいだで、じつはかなり変化しているのだが、この変化をかれ自身は部分的にしか明言していないことにある。その変化というのは、つづめていえば、ウェーバーがユンカー批判の度合いを増してゆき、シュモラー派から離脱する傾向をつよめていったことにもとづくのであって、この間の変化に気づかずに、一八九二―九三年論稿を中心にしてウェーバーの政策論の性格規定を試みると、当然のことながら、ウェーバーとシュモラー派との距離はたいへん縮まってしまうのである。この、ウェーバーの政策論における一八九三―四年の変化は、ウェーバーの政策的構想の性格規定をおこなうさいに、あらかじめ明確にしておかねばならぬことがらであるが、紙幅の関係でその説明は註(6)にまわして、以下、ウェーバーの構想が固まったとみられる一八九四年およびそれ以降の論稿を中心にして、考察したい。

シュモラー派は、「中位の所有地が優越していて、大所有地と小所有地とが、それを両側から同じようにとりかこんでいるような土地所有分布」を理想的な状態と考えていた。大所有地の比重が過大に失している東エルベの土地所有分布を、なにほどか改訂して、農民（とくに自作農）の比重を増大させ、右のような理想状態に近づけること、これが、かれらの内地植民政策論を支える社会政策的理念であった。しかしながら、かれらはユンカーが現在および将来においても、ドイツの政治的な指導的階層、すくなくともその一翼でなければならぬと考え、ユンカーが「土地貴族」としての属性を喪失しないことを願っていた。それゆえ、かれらは自作農創設と同時にユンカー経営の労働力の確保に熱意をもっていたし、ユンカーの所有地を「あまりにも大幅に」減少させることは、かれらの本意に背くことであった。シュモラー自身が主張した、ユンカー所有地削減案は、東エルベにおける大所有地を七分の一ないし八分の一だけ減少させようとするものにすぎない(7)。このように、シュモラー派の内地植民政策論は、自作農創設とユンカー保全との結合、あるいは、ユンカーの保全という前提のもとにおける、自作農の増大にほかならなかった。しかも、このさい注意すべきことは、ユンカーの多くが農業不況・負債の増大に喘いでいた当時の現状においては、シュモラーの主張するような規模でのユンカー所有地の削減、じつは国家による買上げ（シュモラーは市価での買上げを考えていた）は、ユンカーにとって望ましいことでさえあったろう。また、農民層の強化にしても、シュモラー派の意図するような規模においてのそれは、ユンカー経営の労働力供給源の創設という意味をもつし、ユンカー経営に対抗的なものではない。シュモラー派の内地植民政策は、主観的にも、客観的にも、東エルベの経済的社会構成に顕著な変更をもたらすものではなかった。かれらの政策は、主観的には、「土地貴族」としてのユンカー（旧き家父長制的社会関係）を維持しようとするものであり、客観的には、プロシャ型の農業資本主義化の路線に、おだやかにそうものであったといえよう。

ウェーバーはどうか。

㈠　ウェーバーの内地植民政策が、民族政策的視点の優越という点において、まず第一の特色をもつことは、さきに述べたとおりであるが、いうところの民族問題は、たんに東部国境を閉鎖すれば解決される性質のものではなかった。民族問題の解決のためには、スラヴ系農業労働者の流入を阻止するだけでなく、東エルベからドイツ人農業労働者が流出しなくなるようにすることが必要である。ウェーバーは、移転の自由の束縛といった前近代的な遺制の維持や強化によってドイツ人農業労働者の流出をくいとめようとする考え方には、明確に反対の立場をとり、(8)ドイツ人農業労働者が、自発的に、生きがいを感じながら、東エルベにおいて働けるような仕組みをつくりださねばならぬ、と考えた。

――内地植民政策は、この要請にこたえるものでなければならない。

他方、農業における資本主義的生産関係の成立過程が、農業経営の不振・没落の危機とあい覆うており、「東部の大所有地の大部分は、もはや個人の手では維持できなくなっている」という事態（本稿第三節）――内地植民政策は、経済的に生存力のある農業経営をうちたてるものでなければならない。

ウェーバーは、内地植民政策が右の二つの要請を同時に充たすような内容を備えていなければならぬと考えた。ウェーバーは、支配階級としてのユンカーの保全のために顧慮を払いはしないし、「適正な土地所有分布」「大経営・中経営・小経営の適当な混在」というシュモラー派の農政論の理念から脱け出ている。

㈡　ウェーバーの構想した、東エルベの土地所有関係の改訂の規模は、シュモラー派のそれと比べて、決して同程度のものではなく、はるかに大きい。シュモラーは、さきに述べたごとく、東エルベの大所有地の七分の一ないし八分の一程度の削減（農民地への転化）を計っているのに対して、ウェーバーには、シュモラーのような具体的な数字の挙示が見られないが、つぎのようなかれの言葉は、シュモラーとの差異を示すに十分であろう。「ここに提起せられている偉大な文化問題――農業労働者の諸関係とその発展の意義は、このように名づけられても不当ではないとわたしは思う――に対する国家の介入が成功するための前提条件は、まさしく次の点にある。すなわち、東部における現在の土地所有分布は、現在の政治的・社会的組織の、手を触れてはならぬひとつの基礎、それに対するラジカルな干渉は、けっして企ててはならないひとつの基礎なのだと、こんなふうには考えないことが前提条件である(9)」「大土地所有ないしは大経営が、地積の二〇パーセントを占めているか、それとも五〇パーセントを占めているかは、同じことではけっしてなく、たんなる量的差異ではけっしてないのである(10)」「大経営を維持することがドイツ国民の負担にしかならないのなら、国民の立場からいうと、そんな大経営は滅びるがよい……東部の相当な部分の土地 bedeutende Teile des östlichen Bodens を国家の手に移す必要がある(11)」と。また、かれは、大土地所有の削減案が、「強制収用 Expropriation」という非難を浴びることを恐れてはならぬ、ともいっている(12)。

ウェーバーは、たしかに、東エルベの大土地所有のすべてを廃絶しようとしたのではなかった。また、「強制収用」という非難をおそれてはならぬ、とはいうものの、大所有地の無償接収を主張しているわけではなく、原則的には有償買取りであるから、大所有地の削減の規模は、プロイセンの財政面から制限されることも考えねばならない。ウェーバーは、国家が買上げた土地に対して、国家信用によって排水などの土地改良をおこなうことを考えているのであるから、出費はいっそう大きくなる。さらにじっさいの問題としては、ユンカーの反撃が考えられるし、さらに政策主体がユンカーの牙城たるプロイセン当局であることも、ウェーバーの構想実現の困難を予想させるに十分なものがある。

とはいえ、ウェーバーの構想は、ウェーバー自身の主観的意図からいえば、シュモラーの考えていたところよりも、はるかに規模の大きい土地改革をねらいとしていた。ウェーバーは、ユンカーの所有地の全面的な廃絶を意図したのではないし、農業企業家としてすぐれたユンカー（それはユンカー全体のうちの少数者であるが）に対しては、かれらを土地所有者としてではなく、農業企業家として尊重している。[13] しかし、ウェーバーは、シュモラーとはちがって、「土地貴族」としてのユンカーを否定し、すでに大部分は外観にすぎなくなっている「土地貴族」という性格を、ユンカーから完全に剝ぎとろうとした。シュモラーの改革案が、東エルベの社会構成の基軸に触れないのに対して、ウェーバーの改革案は、東エルベの社会構成を、ユンカーを残しながらも「農民」を中核とするように変革しようとする。シュモラーもウェーバーも、ユンカー所有地の全面的な廃絶を計ったのではない、という共通性はありながらも、土地改革の規模の差（量的差異）は、一種の質のちがいであるといわねばならない。しからばその質の差とはなにか。まず、ウェーバーの主観的意図を考察しよう。

㈢　ウェーバーは、内地植民によって創設さるべき農民、その農民が中核をなす社会構成に、どのような期待をよせたのか。ウェーバーの意図は、プロシャ型の農業の資本主義化の道を否定してアメリカ型の資本主義化の基盤をつくることではなかった。ウェーバーの叙述のある個所には「これら、集約的耕作に導かれた経営（ユンカー経営）は……上昇しつつある大農民経営とともに mit den aufsteigenden grossbäuerlichen Betrieben ブルジョワ的・営業的な型の、斉一的な企業集団へと融けこみつつある」という言葉があるが、ウェーバーが農政論において、農民層分解の理論をもっていたとはいえないし、アメリカ型の資本主義化とプロシャ型の資本主義化とを対抗的に把握するなどということはなかった。ウェーバーは、資本主義的進化の基点としての農民的土地所有を設定しようとしたのではなく、たんに自家労働を中心とする中農・農民的土地所有を創設しようとしたのである。[14]

ウェーバーはたしかに、十九世紀末のドイツにおいて、農民および農民村落が資本主義的環境のそとにありうるとは考えていない。資本主義的文化圏のそとにあるような零細農は、ウェーバーの欲するところではなかった。一定度の文化的水準をもつ農民が、商品経済の網の目に織りこまれることなしには存在しえないということは、ウェーバーのよく知っていたところである。そして、創設される中農層が、一定度の分化をすることまでは、予想していたかも知れない。しかし、ウェーバーは、基本的には農民が農民としてとどまることを予想し、農民層分解・農民の資本主義化は考えていなかった、といわねばならない。むしろ、ウェーバーが期待したのは、東エルベに中農（自家労働を主とする農民経営）を多数に設定して、東エルベの農業を全体としては、自家労働による経営の増大・農業プロレタリアートの減少という意味で、なにほどか非資本主義化することであったと考えるべきだろう。とりわけ、農産物の国際的競争の圧力から、東エルベの農業をある程度隔離することがウェーバーの狙いのひとつであったと思われる。そして、ウェーバーが、入植農民の経済的生存力を期待しえたのも、そこにある。というのは、本章第二節で述べたように、ウェーバーは、生産力の点では大経営（ユンカー経営）のほうが、中・小経営（農民経営）よりも優れていると述べている。しかるに、大[15]

経営の多数は、「企業としては没落しつつある」のである。ウェーバーが、ユンカーには経済的に生存力がないのに、農民にはそれがあると考えた理由は、ユンカーに比べての農民の生活水準の低さ（消費支出のすくなさ）ということを別とすれば、農民経営が商品流通にまきこまれる程度がすくなく、生産物の自家消費部分が多い、ということであろう。ウェーバーは、零細農の異常な生存力について、農業不況のもとでは、市場への依存度のもっとも小さいもの、すなわち「生産物を自分の胃へ運ぶもの」が、もっとも影響をうけることがすくない、と述べている(16)。入植農民は、もちろん右のような零細農ではなく、もっと生活水準の高い農民である。したがって、その生産物の商品化の度合いも、右の零細農のばあいよりは大であろう。しかし、ユンカー経営にくらべれば、国際的競争の圧力を受ける度合いは、ずっと低いであろう。内地植民政策の主たる対象となるのが、「穀作と畜産」との結合が経営内容をなすような地域(17)であるとすれば、ことにそうである。――ウェーバーは、内地植民によって創出さるべき農民が、すくなくとも近き将来においては中農としてとどまることを欲し、かつ、それが可能であると予想していたこと、そして、農民の経済的生存力の根拠を、封建的遺制の止揚後にあらわれる生産力の発展には求めないで、かえって、つつましい生活と、農産物の国際的競争からの、ある程度の隔離に求めたこと、この点においてウェーバーの農政論は、シュモラーといわず、ひろく歴史学派の農政論の農民把握の伝統のうちにとどまっているといわねばならない。

㈣　以上、わたくしは、ウェーバーの内地植民政策を、ウェーバーの意図の在りどころを中心にして述べてきた。ウェーバーの意図によれば、東エルベの農業資本主義化は、全体としては、そのまま肯定されるのではなく、むしろ、ひとつの改訂を受けるべきであり、その方向は、農民を中核とするような社会構成の構築であった。最後に、ウェーバーの意図からはなれて、ウェーバーの政策の客観的な性格はどうであったかということが問題となる。もし客観的な性格ということが、たんに実現の可能性を問うているのであるならば、さきにも述べたごとく、ウェーバーの案にはさまざまな困難が予想せられるし、事実、ウェーバーの案は実現されなかった。だが、たんに実現されなかったという点ではシュモラー案も実現されなかったのであって、プロイセン当局によってじっさいにおこなわれた内地植民政策はシュモラー案に比べても、はるかに規模が小さく、よりユンカー保護的なものにすぎなかったのである。(18) だから、客観的な性格を問うことに意味があるとすれば、その問いは、「ウェーバー自身は、創設さるべき農民を、アメリカ型的発展の起点としては把握していないにしても、客観的にはまさしくそれであって、したがってウェーバーは、客観的には、プロシャ型の農業資本主義化を否定して、アメリカ型の道を代弁したのではないか」ということであろう。わたくしは、ウェーバーの改革案をアメリカ型の道と考えることは無理であると思う。ウェーバー自身の分析がしめしているように、当時のユンカーの資本主義化の程度は相当にすすんでおり、二つの道の問題が提起せられうる段階を越えていたと考えられる。そして、ウェーバーの政策論では、さきにも述べたように、農業企業者として優秀なユンカーは尊重せられるのである。したがって、創設せられる農民は、それ自体の分解過程をうちに孕みながら、全体としては、資本主義化の先尖にたつユンカーに、対抗するのではなくて、上昇する農民層はそれに融合し、農民層分解の下方部分は、ユンカーならびに上昇農民層への労働力の売り手になってゆくと考えられる。もとより農民層分解の速度・形態については、臆断のかぎりではないが、基本的な傾向としてはそのように考えられるであろう。とすれば、ウェーバーの政策論の客観的な性格は、プロシャ型の資本主義化の部分的な補縫案――シュモラー派――でもなく、アメリカ型への切り替え策――レーニンのドイツ版――でもなく、むしろ、プロシャ型の農業資本主義化の自然成長的な過程に斧を振るって、資本主義としての純化をはかるものであった。それは、ユンカーの資本主義化の途上における多数の脱落者を切りすてて、ユンカー中の企業家としての少数のエリートを残し、かれらを先頭とする資本主義化を意味するものである。そして、「改革」の規模、すなわちユンカー所有地の、国有地への編入を媒介としての農民地への転化の規模が、大きければ大きいほど、ユンカー的土地所有に付着していた前近代的遺制の排除の度合いも大きいわけであるから[19]、資本主義化の過程は、たとえ改革の端緒においては非資本主義化とみえるにしても、基本的には、資本主義としての純化の度を飛躍的に高めるはずである。ウェーバーの政策論の客観的な性格は、このように考えられると思う[20]。そして、以上みたように、ウェーバーの政策論の主観的意図と客観的性格とのあいだには、相当なへだたりが生じてはいるが、それにもかかわらずたしかにいえることは、ウェーバーの農政論が、主観的意図においても、客観的性格においても、基本的には、ユンカーが支配階級の地位から退位することを求めていることであり、特殊な「土地貴族」としてのユンカーの物質的基礎（ユンカーの土地所有）を奪おうとしていることである。そして、それは、ユンカー的・ブルジョワ的ドイツを、ブルジョワ的ドイツへと改訂しようとするウェーバーの立場にふさわしいものであった。

（1）　沢村康『中欧諸国の土地制度および土地政策』八三―一五二ページ、拙稿「ドイツ社会政策学会の農政論とその思想的背景」前掲一二―一五ページを参照。当時の内地植民政策は、一八九〇・九一年の地代農場法によるものが主であり、地代農場の設定そのものは、当事者間の私的行為に委ねられ、総務委員会 Generalkommission は、その斡旋をおこない、技術的・資金的な便宜をはかるにすぎなかった。ことに、一九〇三年以後総務委員会の活動が、実質上、諸種の植民会社 Ansiedlungsgesellschaft, Siedlungsgesellschaft, Landgesellschaft に肩代りさせられるにいたると、内地植民に対する国家権力の介入はいっそう稀薄化した。

(2) 社会政策学会のなかでも、Sombart＝Ermsbeben などは、私的方式による内地植民政策の主張者であった。Vgl. SVS., Bd. 32. S. 183 ff.

(3) ただし、シュモラーが、ユンカー的・ブルジョワ的な帝国主義的発展の路線を基本的にはそのまま肯定するのに対して、ウェーバーが、ユンカー的・ブルジョワ的帝国主義をブルジョワ的帝国主義に転化させようとしたという相違が確認されねばならない。拙稿「ウェーバーの政治的立場」を参照。

(4) ウェーバーは、かれの主要な農政論論稿のいずれにおいても、ポーランド人問題を論じていることにも示されているように、生涯、この問題には深い関心をもっていた。そしてかれは、教授としても、学生に対してポーランド人問題の研究をすすめ、そのなかから、Leo Wagener のごとく、ポーゼンのドイツ人協同組会の理事として東部国境のドイツ化問題に取り組むひとがでた、と伝えられている。Marianne, *Max Weber*. 1926. S. 563. しかし、ウェーバーのポーランド人問題に対する態度は、第一次世界大戦中に著しい変化を示した。というのは、ウェーバーは来るべき戦争終結・対ロシア平和条約の構想として、ポーランドの独立（ただし、ロシアに合併されていた旧ポーランド領の独立である）を考え、ロシアに対する中立的領域をそこに設定することを目論んだ。そしてかれは、そのばあい、ポーランド人との友好関係が必要であるとし、プロイセン当局が、ポーランド人に対する言語統制などの抑圧政策を撤廃し、ポーランド人に対して宥和政策を施行すべきことを主張した。ウェーバーは、第一次大戦の経過中にポーランド人の生活水準が向上したゆえに、もはや以前のように「非文化的な廉価労働による競争」（ポーランド人による東部のドイツ人農業労働者の駆逐）を恐れる必要はないと断っているが、ウェーバーの民族問題のあつかい方が、いかにかれの政治的判断に密着しているかが理解されるだろう。第一次世界大戦中におけるかれのポーランド人問題に対する見解は、„Deutschlands äussere und Preussens innere Politik," in *GPS*., S. 94—98. に拠る。

（5）これまでにあらわれた研究のうち、山岡亮一「マックス・ウェーバーの農業経済論」（『経済学説全集6』所収）は、ウェーバーの内地植民政策の不毛性を説かれ、ウェーバーにおいては「理論と政策とが背理している」（同書七〇ページ）といわれている。山口和男氏は、この問題に意識的に取組んでおられ、氏の第一論文「初期のマックス・ウェーバーにおける経済政策論」（同）においては、ウェーバーと歴史学派との断絶面を、第二論文「マックス・ウェーバーのユンカー論Ⅰ」においては、ウェーバーと歴史学派の同一性を、強調しておられる。住谷一彦の前掲論文は、ウェーバーの政策論を対象としていないが、氏の行論から、ウェーバーの政策論をアメリカ型の道と考えておられるのではないかと思われたので、問いあわせたところ、現在ウィーンに留学中の同氏から、この点については、機をみて別に論ずる予定である、との返書をいただいた。

（6）その変化というのは、ひとつは将来の可能的発展に対する判断の一部変更であり、いまひとつは、ウェーバーが、農業者同盟の動き（とりわけ「カーニッツ提案」）などに刺激されつつ、自己の政治的立場を確立し、ユンカーの政治的生命に明確に見切りをつけたことによると思う。(1)、一八九三年の社会政策学会大会における報告においては、ウェーバーは、内地植民政策による農民的要素の強化を主張するだけではなく、ユンカーの所有地にヴェストファーレンのホイエルリンゲ Heuerlinge のような形の一種の借地・労働関係が成立することを期待し、国有地における内地植民政策は、その範を示すべきだと考えていた。Heuerlinge とは、労働者がユンカーから、小経営用地を借り、役畜の貸与をうけ、ユンカー所有地における放牧権を認められ、日傭賃金で労働力を提供するという形のものであり、要するに、移転の束縛等の遺制を除去したインストロイテ関係である。ウェーバーはHeuerlinge形態が東部に一般化してゆくことによって、ユンカー経営の労働力不足も解消し、東部における農民的要素の強化もはたされ、すでに時代に適応しなくなった領主的特権の遺制も除かれてゆくと考えたのである。これは、領主と農業労働者間のInteressengemeinschaftの再建案であり、基本的には東部の大所有地を保全してゆくことが前提となっている。(2)、一八九三年には、このような見通しのうえに「東部における大土地所有を絶滅させることはできないし、また、われわれはそうしたいとも思わない。そんなことをしても何の利益もない。むしろ、農村における経済的とりわけ社会的な知性の中心（東部の大所有地）を維持して、都市によってこの精神的資本を独占されないようにすることが大切なのだ……」(*GASWG*., S. 465) といい、過去においてのみならず、現在および将来に向っても、ブルジョワジーへの対重として、ユンカーの政治的意義を認めている。しかるに、一八九四年論文になると(1)′ホイエルリンゲ的関係が東部において「局地的には出現するかもしれないが、東部の現在の土地所有分布のもとで、労働者がホイエルリンゲ用地を受けとる決心をするだろうと思うのは、全体としてはまったくの幻想にすぎない。クナップが、発展は一般にそのちょうど反対の経過をたどっていると主張したのは、正しかった」(*GASWG*., S. 506) といって、一八九三年の自己の見通しを撤回している。ウェーバーの構想はかくて、一八九三年の構想がいわば二本立てで、しかも主たるものはホイエルリンゲ関係の普及であったのに対し、内地植民政策に一本化して、「もっとも重要な問題はそれゆえ内地植民政策である」(*ibid.*) という。それとともに、構想される内地植民政策の規模が大きくなり、大所有地の削減規模がより大きくなっている。たしかに、ウェーバーはここでも、東部の大所有を絶滅させようとはしていないが、本稿七三―七四ページの引用文に示される程度のラジカルな改革を主張するにいたる。(2)′東部の大土地所有者が、都市ブルジョワジーに対する政治的知性の対重として尊重されねばならぬという点については、一八九四年論稿においても「東エルべの大所有地は、……地方的な支配の中核体である」(S. 471) という現在形の句がみられるが、一八九五年論稿においては、『過去において、ユンカーの政治的本能の力は、国家の権力的価値関心のために役立つことのできたいろいろな資本のうちでも、そのもっとも強力なもののひとつだったのです。ところが、いまや、ユンカーは、自己の任務を果たし終えて、生きるか死ぬかの経済的闘争にまきこまれています。かれらを、この闘争から救い出して、昔日の社会的性格をとり戻させるということは、国家がたとえどのような経済政策を施してみても不可能です。のみならず、現代の課題というものは、ユンカーの手で解決できるようなものとはちがっています』(GPS., S. 25) というふうに、政治的指導層としてのユンカーに完全に見切りをつけ、「政治的教育」によって成熟せしめらるべきブルジョワジー、できうればかれらと将来の「労働貴族層」との連合体が、政治の担当者と考えられるにいたるのである。

(7) 拙稿「ドイツ社会政策学会の農政論とその思想的背景」前掲一五—一七ページ参照。
(8) Vgl. *GASWG.*, S. 459. ウェーバーは、僕婢条令のごとき束縛によって労働者流出がくいとめられるとは考えず、旧き労働関係は労働者を「自由への衝動」によって都市へとかりたてると考えた。ただしウェーバーは、農業労働者の団結権の獲得は、あまり意味をもたぬと考えている。Vgl. *GASWG.*, S. 504.
(9) *GASWG.*, S. 505.
(10) *Ebenda.*
(11) *GPS.*, S. 16.
(12) *GASWG.*, S. 507.
(13) Vgl. *GPS.*, S. 17.
(14) *GASWG.*, S. 475. 本稿第二節註(21)を参照。

（15）　cf. Weber, M. "Capitalism and Rural Society in Germany." in *From Max Weber* (by Gerth. H. H. &. Mills. W.) 1947. p. 363f. 山岡亮一訳「農業制度と資本主義」（『世界大思想全集ウェーバー』河出書房、一九五四年、所収）一〇五ページ以下。

（16）　Vgl. *GASGW.*, S. 464. *GPS.*, S. 14.

（17）　国際的な農産物（とくに主食類）の価格下落という圧力に対して、甜菜栽培や粗放的畜産に転化できるかぎりにおいては、それはひとつの適応形態であり、打撃は比較的小さい。そして資本主義の形成がもっともすみやかにおこなわれたのはそのようなところにおいてであった。これに反して、自然的条件からして、かかる経営内容の転化不可能な地帯（中部の砂地帯）において、困窮はもっともひどい。ウェーバーは「穀作と畜産との結合」または「穀作と馬鈴薯と畜産との結合」の地帯を「東部の圧倒的部分を占める特徴的な地域」として、くりかえし、この地帯を問題としている。Vgl. *GASWG.*, S. 464 f, 505, *GPS.*, S. 14.

（18）　拙稿「ドイツ社会政策学会の農政論とその思想的背景」前掲一六、一八ページ参照。一八九二―一九一三年の間にじっさいに設定せられた地代農場の総面積は、シュモラーの大所有地削減案の五分の一ないし六分の一にすぎず、しかも労働者用地が相当数を占めていた。

（19）　とくに、ユンカー所有地の削減が大幅におこなわれるばあい、領主的特権遺制の法制的本拠であるGutsbezirkは、実質的に解体するであろう。Gutsbezirkの廃止を社会政策学会において正面から主張したのは農民代表のWisserであった。*SVS.* Bd. 47. S. 61 ff.

（20）　山口氏が前掲第一論文において、ウェーバーの「農民的土地所有の創設」を東エルベの社会的編成に斧を振るうものとしておられるのは、その限りにおいて正しい。しかし、ウェーバーの段階では、それは不可能であったとして、社会構成の編成替えの性格規定を放棄された点は同意しがたい。氏の第二論文についてはすでに触れた（註（5））が、「プロシャ型の資本主義化の確認」ということだけでは不十分であって、シュモラーとウェーバーとのちがいが明確にされねばならない。そうした点を念頭においていちおうわたくしなりの規定をしてみたのであるが、この過程で山口氏に討論の相手になっていただき、わたくしの気づかなかった点を教えられるところがあった。

〔初出『京都大学経済学部創立四十周年記念経済学論集』（京都大学経済学部、一九五九年五月）〕

第三章　ウェーバーのロシア論研究序説

I

マックス・ウェーバーは、専門的なロシア研究者ではないし、ロシアについて学問的労作として世に問うものを書いたのでもなかった。しかしウェーバーは、ロシアに対して、時期によりちがいはあるが、なみなみならぬ関心を寄せたひとである。

ロシアに対するウェーバーの関わりかたは、全体としてみると、ドイツの東方問題という現実政治的関心がもっともつよく、かつ持続的であった。フライブルク大学教授就任講演『国民国家と経済政策』(一八九五)では、ロシアという言葉を避けているが、その当時ポーランドは国としては存在しないのであるから、東部国境とはドイツとロシアとの国境であり、東部国境を閉鎖してポーランド人季節農業労働者の流入を阻止し、ドイツ人農民の東部諸州への内地植民を組織的におこなうべし、というウェーバーの政策提言(1)が、対ロシア論の意味をもつことは、明らかである。ウェーバーは、政治家たることは自己の職(Beruf)ではない、と考えていたが、政治に対して敏感であるというにとどまらず、政治的センスをいわば資質として身につけていたひとであった。ドイツ民族の強国としての運命の問題は、「歴史に対する責任」「子孫に対する責任」(2)の意識として、ウェーバーのうちにはやくから定着していた。第一次世界大戦中にウェーバーが書いた政治評論においては、ドイツに対する「ロシアの脅威」の質が、イギリスやフランスのそれとはちがっていることが、戦後におけるドイツ、したがって講和へ向けての戦時政策において考えられねばならない、という主張がみられる。「イギリスはわが国の貿易と海外領土を脅かすことができ、フランスはわが国土の統一性を脅かしうるのに反して、ロシアこそは、勝利をえたばあいに、ポーランドに対してと同様に、ドイツ民族とその政治的独立の全存在を脅かすことがありうる、ただひとつの強国である」(3)と。さらに「ロシアは、わが国の国家的地位を脅かすだけでなく、わが国の文化全体を、さらにそれをこえて世界文化を脅かす。ロシアが今日あるような性格のものであるかぎりはそうだ」(4)と。

ウェーバーは、ツァーリズムが倒れ、ケレンスキー政権が成立した時点で「ロシアのえせ民主主義への移行」(5)を書いた。この評論は、あとで述べる一九〇五〜〇六年におけるかれ自身のロシア論を土台にしたロシアの現状認識にもとづいて、ロシアの権力構造に質的な変化はなく、真面目な講和の相手とはなりえないゆえんを論じたものである。ついで、ロシアではボリシェヴィキ革命政権が成立して半年以上過ぎた、戦争終末にちかい時点で、ウェーバーはドイツの同盟国オーストリアの情宣関係将校団に対して、ウィーンで「社会主義」(6)の論題で講演をした。かれはこの講演において、「予言の書」としての『共産党宣言』の性格と前提を論じ、社会主義なるものはその実質において、全面的官僚制化のいっそうの進展にほかならないと述べ、ロシアについては、「おおいなる実験がいま、ロシアでおこなわれている」(7)といい、正確な情報がえられないことを断わりながらも、ボリシェヴィキ政権、いわゆる「プロレタリアートの独裁」なるものが一種の軍事独裁であり、長期にわたって国家機構と経済を管理する能力をもたないと予想している。講和問題についてボリシェヴィキの一方的責任を言いたてているところは、戦意高揚講演のたぐいであって、この講演には、ウェーバーが理論的に考えぬいた社会主義論と、戦時におけるナショナリスト・ウェーバーの偏見が共在している。一九二〇年、五六歳で死んだウェーバーは、その後のソヴィエト・ロシアについて十分に検討する機会をもたなかった。

ウェーバーの政治評論において、ロシアはツァーリズム・ロシアも、ボリシェヴィキ・ソヴィエトも、主としてドイツの現実政治の視点からみられている。政治がたんに権力の問題ではなく、文化の保持にかかわるかぎり、ドイツ文化とドイツをふくむ西欧文化を脅かす野蛮な大国ロシアというイメージをウェーバーはもっていたのだが、このようなロシア観はウェーバーに特有のものではなく、ヨーロッパの知識人とりわけドイツの知識人の多くに共通するものであったと言えるであろう。マルクスにしても、ナロードニキ革命家に惹きつけられる以前には、「全ヨーロッパの反動の堡塁」というのがロシアにかんするかれのイメージのすべてであった(8)。

しかし、ウェーバーのロシアへの関わりかたには、別の位相もあった。ウェーバーがトルストイに関心をよせたのは、かなり早い時期であったことが知られるが、ハイデルベルクのウェーバーの家に、一九一〇〜一三年ごろ、ルカーチら東欧の若い学徒や政治的亡命者たちが頻繁に訪れた。ウェーバーは、かれらに好意をよせ、かれらとの交際を有力なひとつの媒介として、東欧とりわけロシアの宗教的神秘主義思想への関心をかきたてられたと伝えられている。それはゲオルゲとの交際、ニーチェへの関心、エロスの問題等が、ウェーバーのなかに入ってきて、ウェーバーの思想的視圏が拡がるとともに、ウェーバー自身の人生観の変容が問題とされる時期でもある。[9] ここでは、政治とは異なる領域で、ロシア（あるいはよりひろく東欧）の文学・宗教がウェーバーにとって問題となり、その影響は、たとえば『世界宗教の経済倫理』の「中間考察」（一九一六年）と「職業としての学問」（一九一九年）にはトルストイが、[10]「職業としての政治」（一九一九年）にはドストエフスキーが[11]引証されていることにみられるであろう。戦時中の小論「二つの律法のあいだ」（一九一六年）においても、祖国愛と福音の律法との二律背反を明らかにするさいに、トルストイの思想が福音の律法をつき詰めたかたちとして述べられている。[12]

ロシアはさらに、ウェーバーの社会学と経済史において、さまざまの問題視角のもとで断片的にあらわれる。『経済と社会』において、「法社会学」の章の自然法の項でロシアの農民的自然法について述べられ、「都市」の章でロシアの都市とミールの特殊性への言及があり、「家産制」の章において、ピョートル大帝とその前後の時期についての関説があり、講義遺稿『一般経済史』には、ミール、農奴制工場等が論じられているなど、この種のものを『古代社会経済史』（一九〇九年）以降のウェーバーの著作のなかから拾い集めるとすると、『宗教社会学論集』の諸論文にもそれはあるし、『経済と社会』『一般経済史』についていま指摘した項目はそれらのなかにでてくるロシアの一部であるから、たいへんな数になる。[13] ただし、同一のことがらの重複も相当にある。

いま述べたことから知られるように、ウェーバーのロシアへの関わりかた、ロシアがウェーバーにおいてもつ意味は、政治論の次元、世界観の次元、社会学的類型論・比較史的研究の次元において、それぞれ異なるのであるから、ウェーバーのロシア論という単純なものがあるのではない。そのことを知ったうえで、わたくしは、ここまでは触れなかった、ウェーバーの二つの長篇論文 „Zur Lage der bürgerlichen Demokratie in Russland“, „Russlands Übergang zum Scheinkonstitutionalismus“ を主題としてとりあげる。わたくしは、はじめの論文を『ロシアにおける市民的民主主義の状態について』と訳したい[14]。あとの論文は『ロシアのえせ立憲制への移行』、(「えせ立憲制」は「外見的立憲制」としても同じであろう)でさしつかえない。以下それぞれ『状態』および『移行』と略記し、二つの論文をあわせていうときには「ロシア革命二論」とする。一九〇五年に起きた、いわゆる第一次ロシア革命に触発されたウェーバーが、ロシアにおける事態の推移の把握に集中し、『アルヒーフ』第二二巻、第二三巻（いずれも一九〇六年）のそれぞれの付録として掲載したのがそれである[15]。『状態』が（ジヴァゴ署名の前文五ページをふくめて）一二五ページ、『移行』が二三七ページ、あわせて三六二ページ、長文の脚註がおびただしくついていて、そのうえ、『移行』のかなりの部分は本文が註の大きさの活字で組まれている。

　ロシア革命二論は、著作集の分類からすれば、政治論に属するけれども、あとで述べるように、それ自体としてはドイツの現実政治の視点に立つロシア論ではない。しかしロシア革命二論は、さきに述べた第一次世界大戦開始後のウェーバーの政治評論におけるロシア論（ドイツの現実政治の視点に立つロシア論）の基礎になった[16]。世界観の次元におけるロシアにしても、社会学的類型論と比較史において素材として活用されるロシアにしても、ロシア革命二論（ヨリ正確には活字にはならなかったその時期の研究もふくめて）の知識が大きな基礎になっている。事実、ロシア革命二論の叙述がそのまま後期の著作に見出されることがすくなくない。それと同時に、つぎのことも注意されねばならない。ロシア革命二論は、一九〇五〜〇六年、ウェーバーが四〇歳を越えたばかりのころ、ウェーバー中期の作である。ロシア革命二論は、それ以前にかれが書いた労作と獲得していた知見を背後にもち、とりわけまさにその時点でのかれの関心と視圏を基盤としていること、そして後期ウェーバーが駆使する概念の多くがまだここでは見出されないが、ロシア革命二論のなかで鋳出されたのではないかと思われるものもあることがそれである。[17]

（1）Weber, M., *Gesammelte politische Schriften*, 1920, 3. Aufl. 1971. 以下 *GPS*. と略記し、第三版のページ数をしめす。*ibid.*, S. 10—11. 田中真晴訳『国民国家と経済政策』未来社、一九五九年、二七—二九ページ（新版、未来社、二〇〇〇年、二四—二七ページ）、および訳者解説を参照されたい。
（2）*ibid.*, S. 24, 邦訳、六〇—六一ページ（新版、五四—五六ページ）。
（3）*ibid.*, S. 123, 林道義訳「ビスマルクの外交政策と現代」（一九一五年一二月）、『思想』一九七二年第六号、九四〇ページ。ただし引用文の訳は、以下すべてわたくしの文責。
（4）*ibid.*, S. 169. 山田高生訳「ヨーロッパ諸列強のあいだのドイツ」（一九一六年一一月）、『成城大学経済研究』三二号、一九七〇年七月、一三四ページ。この引用の数行上段には、（3）の引用と同じ意味の文がある。
（5）„Russlands Übergang zur Scheindemokratie"（一九一七年四月）in *GPS*., S. 197—215. 林道義訳、ウェーバー『ロシア革命論』所収、福村出版、一九六九年。
（6）„Der Sozialismus"（一九一八年七月）, in *Gesammelte Aufsätze zur Soziologie und Sozialpolitik*（以下 *GASS*. と略記する）, 1924, S. 492—518. 三沢謙一訳が『世界教養全集18　ウェーバーの思想』河出書房新社、一九六二年、に収められている。

(7) *ibid.*, S. 514, 前掲邦訳、四〇七ページ。ウェーバーの社会主義についての理論的見解については、計画経済は可能かという論争について、ウェーバーが否定論にかたむいていたことにも注意しなければならない。Vgl. Weber, M., *Wirtschaft und Gesellschaft*（以下 *WuG.* と略記）, 1921, 5 Aufl. 1972, S. 56—57, 60—61. 富永健一訳「経済行為の社会学的基礎範疇」、『世界の名著50 ウェーバー』、中央公論社、一九七五年、所収。同書、三五五—五八、三六三—六五ページ、およびその個所の訳者註を参照。

(8) 田中真晴『ロシア経済思想史の研究』ミネルヴァ書房、一九六七年、九—一八ページ。マルクスのナロードニキとの関係、マルクスのロシア研究をもっとも詳細に研究し、かつ、晩年のマルクスのロシア論をナロードニキに近いと解釈しているのは和田春樹『マルクス・エンゲルスと革命ロシア』、勁草書房、一九七五年、である。

(9) Weber, Marianne, *Max Weber. Ein Lebensbild*, 1926, 2. Aufl., 1950. 大久保和郎訳『マックス・ウェーバー』I、II、みすず書房、一九六三年、一九六五年、第一三、第一四章、とくに三四三—五八、三六八—七七ページ。Honigsheim, P., *On Max Weber*, 1968. 大林信治訳『マックス・ウェーバーの思い出』みすず書房、一九七二年、二二一—二九ページ。ウェーバーの思想変容（禁欲主義の解体と神秘主義への共感）の問題については、Mitzman, A., *The Iron Cage*, 1975. 安藤英治訳『鉄の檻』、創文社、一九七五年、第二部とくに第七、第九章。女性問題についていえば、マルクスのばあいには、例の問題が事実であったとしても、それはいわば「あやまち」の問題であるのに反して、ウェーバーのばあいには、思想にかかわるという意味のちがいがある。

(10) *Gesammelte Aufsätze zur Religionssoziologie*（*GAzRS.* と略記する）, I. 1920, S. 562. 大塚久雄・生松敬三訳『宗教社会学論選』、みすず書房、一九七二年、一四四ページ。*Gesammelte Aufsätze zur Wissenschaftslehre*（*GAWL.* と略記する）, 3 Aufl., 1968, S. 594—95, 598. 出口勇蔵訳「職業としての

学問」、『世界の大思想II—7　ウェーバー宗教・社会論集』河出書房、一九六八年所収、同書、三七二—七三、三七六ページ。

(11)　*GPS.*, S. 553, 557. 浜島朗訳「職業としての政治」、『現代社会学体系5　ウェーバー社会学論集』、青木書店、一九七一年所収、同書、五三一、五三六—三七ページ。

(12)　*ibid.*, S. 144—45. 山田高生訳『成城大学経済研究』第三六号、一九七一年一一月号、一八五—八六頁。

(13)　それらについては、ここでは索引からの検出の便についてだけ述べておく。『経済と社会』については、世良晃志郎訳『支配の諸類型』(創文社、一九七〇年)、『法社会学』(同、一九七四年)、『支配の社会学』I、II(同、一九六〇年、一九六二年、索引はII)『都市の類型学』(同、一九六四年)の索引が原典の索引以上に充実している。註(7)に記した『世界の名著50　ウェーバー』に収められた部分も索引がある。『宗教社会学論集』には原典に索引がなく、その諸部分の邦訳のうちで、木全徳雄訳『儒教と道教』(創文社、一九七一年)の索引が精細である。『一般経済史』は原典に索引があり、黒正厳・青山秀夫訳(『一般社会経済史要論』上、下、岩波書店、一九五四、一九五五年)は丹念な訳註をつけている便にもかかわらず索引を欠く。『古代社会経済史』(原名 „Agrarverhältnisse im Altertum")は邦訳(渡辺金一・弓削達共訳、東洋経済新報社、一九五九年)には索引がある。ウェーバーの諸著作集で索引のあるのは*GPS.* 第三版と*GAWL.* 第二版だけであって、*GAWL.* の第三版では第二版には付けられていた索引を削ってしまった。

(14)　従来の訳語は「ロシアにおけるブルジョワ(ブルジョア)民主主義の状態について」である。ブルジョワ民主主義という慣用語を市民的民主主義という生硬なことばにあえてかえたいと思うのは、後論で述べるように、ウェーバーがBürger(tum)とBourgeoisieとを区別していて、その区別が重要な意味をもつからである。ドイツで(die) bürgerliche Demokratieという語は、社会主義者の側からSozialdemokratieの対語として、批判的意味ないしは限界をもつものという含意で慣用されていたのに対して、自由主義者がみずからの立場をいうばあいには、うえの語を使用しないのが普通であって、(der) Liberalismusあるいはたんに (die) Demokratieであった。

(15)　Weber, M., „Zur Lage……“, *Archiv für Sozialwissenschaft und Sozialpolitik*, Bd. 22, 1906, S. 234—353. 付録 (Beilage) のかたちは、"Zur Beurteilung der gegenwärtigen politischen Entwicklung Russlands"「ロシアの現在の政治的発展の判断のために」というタイトルで、筆者はウェーバーとジヴァゴS. J. Giwagoとなっており、はじめにジヴァゴ署名の短文のあと、ウェーバーの論文がつづく。

Weber, M., „Russlands Übergang……“, *ibid.*, Bd. 23, 1906, S. 165—401.

いずれも巻ごとの通しページのほかに、カッコ内に付録のページづけがあり、引用個所を付録のページづけによって、示している文献もあるが、通巻ページによるほうが多いので、わたくしもそれにしたがう。

Weber, M., *GPS*. 第二版（一九五八年）、第三版（一九七〇年）には、上記の二論文の抜粋が収められた。第三版、S. 33—111.『状態』から七個所計三六ページ（*GPS*. のページ数）、『移行』から一五個所計四三ページで、原文脚註は数個だけ採録、少数の編者註がある。編者J・ヴィンケルマンは、抜粋の方針も示さず、省略部分の梗概を記すこともなく、『移行』では異なる章に属する文章をことわりなしにひとつにしているところさえある (*Archiv*, Bd. 23, S. 181, 225と*GPS*. S. 73, 75を対照されたい)。

前註（5）に記した林道義訳『ロシア革命論』には、『状態』『移行』の、前記ヴィンケルマンによる抜粋に、農業問題の部分を加えた抄訳が収められている。ヴィンケルマンの採択した原註も省いているが、見出しのつけかたと訳者註に訳者の苦心がみられる。ウェーバーのロシア革命論のわが国での紹介と研究に資する、勇敢な先駆的仕事として評価されるべきことを認めるが、同時に、遺憾ながら、翻訳（原文の読解）において、疑問をいだかせるところが多すぎる。（具体例をあげずにこのようなことを書くのは、訳者にゆえのない中傷を加えるものとのそしりを招きかねないが、求められれば具体的に書く）。

『状態』のロシア語訳が同じ年に、『ロシアにおける解放運動の歴史的概説と市民的民主主義の状態』というタイトルの単行本としてキエフで刊行された。Вебер, Макс; Исторический очерк освободительного движения в России и положение буржуазной демократии, Киев, 1906, (149 pp).（ジヴァゴの短文が序文としてついている）。このロシア語訳本はパリのビブリオテーク・ナショナールに所蔵されているが、破損がひどいとの理由で、コピーを入手することができなかった。ロシア語訳者は、A. Vucinich によれば、キスチャコフスキー（本稿次節参照）の妻であるという。Ditto, *Social thought in Tsarist Russia, the quest for a general science of society, 1861-1917*, 1976, p. 127. ウェーバーの『状態』のロシア語訳は（あるいは原文によっても）、おそらくはカデット系のロシアの知識人のなにほどかのひとたちには読まれたであろう。ウェーバーがロシアにおいてどのような影響をもちえたか——〝ロシアにおけるウェーバー〟——について、わたくしは知らないが、『ソヴィエト大百科事典』初版第九巻、一九二八年（スターリン体制確立直前）の「マックス・ウェーバー」の項（筆者はA. Неусыхин）によれば、ウェーバーの『都市——〝経済と社会〟第七章——』一九二三年、『一般経済史』一九二三年、『古代世界の農業史』一九二五年（年はロシア語訳の刊行年）が、革命後の自由な一九二〇年代にロシア語に訳されている。БСЭ. т. 9, стр. 129—131.

(16)　ウェーバーはさきに述べた第一次世界大戦中の政治評論『ロシアのえせ民主主義への移行』（一九一七年）の脚註において、『状態』『移行』について、資料の不備と、ストルィピン改革を知りえなかったという、執筆時点においてはやむをえなかった事情にもとづく限定をことわりながらも、「読む労さえ惜しまなければ、ロシアにおける（それ以降部分的には変わった点があるが）諸政党の動向とその現実的基礎について、おおよその見当をえるために、事態をまったく知らないひとたちに対して、今日でもおそらく一種の手掛かりを提供することができる」（*GPS*., S. 200, Anm. 1）と述べている。

（17）　さしあたり気づいた点をあげると、ロシア革命二論では、「カリスマ」、「家産制」の概念がない。「官僚制化」は基軸的概念といっていいほどに重要な位置をしめているが、その内容については検討を要すると思われる。他方、ソロヴィヨーフに言及している個所に、「結果倫理 "Erfolgsethik" の絶対的拒否」「純倫理的志向の民主主義」（*ibid*., Bd. 22, S. 255）など、のちの心情倫理対責任倫理の対立概念となるものが見出される。

II

一九〇五年、ロシア暦一月九日(1)の「血の日曜日」をきっかけとして、ロシアに激動が起こり、革命的動乱の相貌を帯びていったとき、マリアンネの伝えるところによれば、ウェーバーは、「学問的な仕事（die gelehrte Arbeit）を中断(2)」して、「何ケ月にもわたって、息もつかぬほどに緊張して、ロシアのドラマを追求した(3)」。

ロシアの激動に対して、ドイツではさまざまの反響があった。K・マイヤーは、一九〇五年のロシア革命に対するドイツでの評論を調べて、「ロシアの脅威」と「ロシアの魅力」という、ドイツ人のロシア観に古くからあるアンビヴァレントな心情が、革命に対する反応のなかにするどくあらわれ、かつ、ロシアの革命に対する反応がそれぞれの論者の政治的立場を明確にする契機になった、と論じている。(4) 一方の側では、ロシアはプロイセンのような法治国家（Rechtsstaat）の原理を導入すべきだ（T. Schiemann）という意見、「ロシアと自由とは結びつきえない概念だ」（H. Delbrück）、「ロシアの政治状態は、われわれにとってはいかにも野蛮にみえるが、ロシアの大衆にとってはそれで十分なのだ。……必要なのは、合理的で強力な専制主義だけであろう」（M. Harden）という意見があった。ロシアの激動が深まってゆくと、ロシア革命がドイツの左翼を強化させ、ドイツの労働者がロシアを真似ることを警戒する論がでてくる。「ロシアの脅威」は、ツァーリズムの脅威ではなくて、ロシア革命の脅威である。他方の極には、ロシア革命を国際的プロレタリアートの名において、いちはやく歓迎し（F. Mehring）、ロシア人が議会制にまで成熟しているかどうかを基準とする見解そのものが論者の「ブルジョワ的頽廃」をあらわすにすぎないのであり、ロシア・ポーランドの労働者たちは、ブルジョワ議会制など望んではいないのであって、プロレタリア革命こそが問題なのだ（R. Luxemburg）という評価がでてくる。「ロシアの魅力」は、ドイツ・プロレタリアートを動かし、国際的プロレタリア革命の発火点として期待されたのである。

ウェーバーはそれらに対してどのようにロシア革命のドイツに対する意義をみたのかというと、ウェーバーのロシア革命二論は、現実政治の面での、ロシア革命のドイツに対する意義や影響という問題をはっきりと捨象しているところに、ドイツにおける当時のロシア革命評論とはちがった性質があり、同時に、ウェーバーの政治関係論稿のなかでの、きわだった特色がある。ウェーバーは、ロシアにおける「自由のための闘い」(5) そのものに深く動かされて、ロシアの激動に知的に深入りしていったのである。ただし、ウェーバーは、ロシア革命をロシアだけにかかわる事柄としてみたのではなかった。ロシアの激動の帰趨が、ドイツをふくむ西ヨーロッパの未来に対して、さらにはアメリカとロシアの在りかたが鍵をにぎると予想される世界史の未来に対して、決定的な意義をもつという意識が、ロシアの解放闘争の担い手たちに対する共感と結びあって、ウェーバーをとらえたのである。そのさい、歴史の未来への関心が、人間の自由、自由な文化の創造の可能性というレヴェルの関心であって、ドイツの対ロシア関係という現実政治的関心とは異なっていることに、いまいちど注意しておきたい。

いま述べたことからも推察されるように、ロシア革命二論においてはウェーバーの、基本的人権・市民的自由の熱烈な支持者という面が、きわめて鮮明に出ていて、その関連で農民的自然法的思想についてのウェーバーの考察、それと「歴史としての現代」のウェーバーの意識がわたくしの関心をとらえる。たしかに、そういう部分だけを抜き出しても、それ自体として意味があり、ウェーバー研究の一環をなすであろう。しかし、それだけではロシア革命二論を理解したことにはならないだろう。わたくしはまず、「ロシアのドラマ」にとらえられて、ロシアに知的に深入りしていったウェーバー自身にできるだけ近づいて、ロシア革命二論の、地味な紹介・理解につとめたい。そして、ウェーバーのロシア革命二論の信頼できる全訳が容易には期しがたい現在において、それがもっとも重要な課題であると思われる。本稿は、いわばそのための外濠りを埋める作業にほかならない。

（1）　西暦では一月二二日。旧ロシア暦の日付は西暦よりも一三日はやい。ウェーバーは、ロシアのことにかんしてはロシア暦の日付けを使用し、必要に応じて西暦のそれを並記しているので、わたくしもそれにしたがう。

（2）　Marianne, *a. a. O.* S. 393—94. 邦訳、II、二七二ページ。

（3）　*ibid*. S. 373. 邦訳、I、二五九ページ。マリアンネのウェーバー伝には、第一次ロシア革命についてのウェーバーのことが、第一〇章の半ばと、第一一章のはじめの二箇所に書かれている。*ibid*., S. 373—75, 393—98. 邦訳I、五五九—六〇、II、二七二—七五ページ。

マリアンネのいう「学問的な仕事の中断」にかんして、当時のウェーバーの仕事と視圏を注記しておきたい。ウェーバーは、社会科学方法論の綱領的論文「社会科学および社会政策的認識の〝客観性〟」（一九〇四年）と「プロテスタンティズムの倫理と資本主義の〝精神〟」（一九〇五年）を書き上げたあと、社会科学方法論についての一連の論争論文を書き、また、資本主義の精神の起源論の批判に対する反批判を書いている時期に、ロシアがとびこんできたのである。方法論の論争論文のなかではとりわけ重要な「文化科学の領域における批判的研究」は、『状態』と同巻同号の掲載（*Archiv*, Bd. 22, 1906, S. 143—207）であり、末尾に「続稿予定」と記されている。この「続稿」は「シュタムラーの唯物史観の〝克服〟」（*ibid*., Bd. 24, 1907, S. 94—151）になるわけであって、その二つの論争論文のあいだに、『状態』『移行』がある。ウェーバーのロシア論における視圏という点で重要なのは、ロシア革命の前年のアメリカ旅行であり、ウェーバーがロシアに専心していたときに、小稿ながら思想的に重要な「アメリカ合衆国における〝教会〟とセクト」（安藤英治訳『成蹊大学政経論叢』第一六巻三号、一九六六年一一月号〔ウェーバー著、梶山力訳、安藤英治編『プロテスタンティズムの倫理と資本主義の《精神》』（未来社、一九九四年）に収録。〕）を書いていることに注意したい。

（4）　Meyer, K., „Die russische Revolution von 1905 im deutschen Urteil“ in *Russland und Deutschland*, hrg. von Liszkowski, U., 1974, S. 265—77. 第一次ロシア革命に対するドイツの新聞報道と評論は、*Die russische Revolution von 1905—1907 im Spiegel der deutschen Presse*, von L. Stern, 1961, 5 Bände（Archivalische Forschungen zur Geschichte der deutschen Arbeiterbewegung, Bd. 2/II—2/VII）に集められていて、マイヤーはそれを資料としている。第一次ロシア革命のドイツにおける反響についての本文の紹介はマイヤーの論文に拠る。ドイツ社会民主党にみられる反響については、松岡保「カール・カウツキーと第一次ロシア革命の農業土地問題」（『人文学報』第一〇号、一九六三年）、パルヴスの予見については山口和男『ドイツ社会思想史研究』ミネルヴァ書房、一九七四年、第四章。

（5）「われわれは、国民的特性のあらゆる相違を越えて、包みかくさずにいうならば、おそらくは数多くある国民的利害関係を離れて、ロシアの自由のための闘いとその担い手たち——かれらがどのような〝傾向〟と〝階級〟に属しているかにかかわりなく——を、ふかい感動と共感をもって見守らずにはいられない」（*Archiv*, Bd. 22, S. 350）「自由のための闘いが、ロシアのこの闘いのように困難な条件のもとでおこなわれたことはかつてなかったし、これほどにも一身をかえりみない殉教の精神をもっておこなわれたこともかつてなかった」（*ibid.*, Bd. 23, S. 398）

III

ロシアの激動に惹きつけられたウェーバーは、早朝ベッドのなかにいる時刻からロシア語の習得に励み、ロシア語の新聞が読める程度になると、入手しうる数種のロシア語の新聞に報じられる日々の事件を「自分の筆で書きつづり、一種の日誌（eine Tagesgeschichte）に書きとめた」(1)。マリアンネのいうこの「一種の日誌」そのものについてわれわれは知ることができないが、それがウェーバーのロシア革命二論の基礎資料ノートになったことは確かであろう。そして、ロシア革命二論が、脚注の資料典拠の挙示の点で厳格であるのは、この「一種の日誌」（基礎資料ノート）が、綿密につくられていたからであろう。ウェーバーのロシア革命論のソースは新聞だけでないし、それ自体検討を要する問題であるが、それは後まわしにすることにしよう。その「一種の日誌」そのものは、はじめはウェーバー自身の理解のためのものであったらしい。たまたま、「解放同盟（「オスヴォボジジェーニエ」）」派の亡命者たちがパリで刊行した『ロシア帝国の基本法』（ストルーヴェ序文）[2]の評註的紹介をジヴァゴ S. J. Giwago（実名か筆名か不詳）というひとが書いて、それが『アルヒーフ』に掲載されることになった。『ロシア帝国の基本法』は、「解放同盟」派のロシア帝国憲法草案である。ウェーバーは、「この草案を産みだした政治的潮流についての若干の註解」[3]を書いて、ジヴァゴの短文を補完することにした。ところが、仕事をはじめてみると、とめどもなく紙幅がふくれていって、ついに二つの長論文を書くことになってしまった。マリアンネはそのように伝えているし、じじつ、論文のそのような成り立ちが、論文の構成に出ていて、読みづらいものにしている原因でもある。ただし、『状態』と『移行』とでは、異なる点がある。『状態』とくにその前半では、「憲法草案」を基点として、ある問題を論じ、また「憲法草案」にかえって、つぎの問題に入ってゆく、という叙述形式になっているが、『移行』では、「憲法草案」は叙述形式上の意味をぜんぜんもっていない。

つぎに、『状態』と『移行』の執筆時期と対象について。

ウェーバーが『状態』を書きはじめた正確な時点はわからないけれども、一九〇五年の後半、本文の主要部分は一〇月末以降の執筆であって、モスクワ武装蜂起（ロシア暦、一二月一〇日—一七日）の時点では、ほぼ書き終えていた、と考えられる。というのは、ツァーが大幅な譲歩を強いられて出した「一〇月宣言」(一〇月一七日)は、本文の比較的はじめの方に出てくるのに対して[4]、モスクワ武装蜂起については、終りに近いところで、「いまおこなわれているモスクワでの反乱は、軍隊の規律を促進するだろう[5]」という短い指摘があるだけであって、明らかにあとで書きくわえられた補註で言及されているからである[6]。「一〇月宣言」前後からモスクワ武装蜂起までの時期といえば、まさに革命が上り坂をかけ登っていた時期であって、事態が今後どのように発展してゆくのか、帰趨の予断を許さないような時期であった。ウェーバーがこのような時期に『状態』を書いたことが、この論文の活気を生んだのだと考えられる。『状態』は目次もなく、章節の区切りもなく、まださきに指摘したように『草案』の論評というかたちではじめられながら、それから離れて、革命過程であらわになってくる現実問題と思想そのものがテーマになってゆくという、論文の構成としては、まことに整備されないものであるが、ウェーバーの思想の奔放なほとばしりが、この論文にはみられるのである。

ウェーバーは『状態』を書きあげてから、おそらく数ケ月の間をおいて、『移行』を書きはじめたのであろう。マリアンネは、一九〇六年盛夏、例年夏にはつよいウェーバーがめずらしく神経性疾患の再発に悩まされ、捗どらぬ印刷に怒りを爆発させながら、不気嫌のうちに、すさまじい頑張りをみせて仕事をした、と伝えている[7]。そして、仕事に決着をつけると、ウェーバーは同年秋、母と妻を伴ってシチリヤへの旅に出て、労を癒し、ロシアの問題からまったく離れた。かれが再びロシアを論じるのは第一節で述べたように、一九一七年の評論においてである。

ウェーバーは『状態』と『移行』との関係について、『移行』は「本質的には〔前の論文の〕つづきである[8]」が、『移行』では、政府の活動の表現としての諸法令の包括的分析を詳細におこなう必要があると思われた、と述べている。『移行』は『状態』にくらべれば、いちおう目次もあり、本文に章の区別もある。『移行』が対象としている時期は、「一〇月宣言」以降第一国会（一九〇六年四月二七日―七月八日、第一国会の解散が『移行』の最終時点）の九ケ月間である。したがって、『移行』はストルィピンの農業改革（一九〇六年一一月以降）を知りえない時期で終っている。対象とする時期の点では、『状態』と重なる時期をふくんで、接続するわけであり、また、『状態』がもっぱら「ロシアにおける解放運動の運命」(9)を叙述しているのに対して、『移行』は体制側の立法の分析に重点をおいているという点で、二つの論文には相互補完的な面があるともいえよう。しかし、モスクワ武装蜂起の制圧を契機として、体制側が立ち直りをみせ、「一〇月宣言」の約束をつぎつぎに骨抜きにしてゆく過程をみた段階で書かれた『移行』は、資料も『状態』にくらべて豊富であり、読者に提供してくれる知識は詳細であると同時に、『状態』の奔放さとは対照的な、醒めた叙述になっている。

（1）Marianne, *a. a. O.*, S. 394. 邦訳II、二七二ページ。
（2）Loi fondamentale de l'Empire Russe. Projet d'une constitution elaboré par une groupe de la Ligue de l'Affranchissement (Constitutionalistes-démocrates russe). Préface de Pierre Struve, Directeur de l'Oswobojdenie, Paris, 1905. Société nouvelle de libraire et d'editior, XXXV, 139 p.
（3）*Archiv*, Bd. 22, S. 234.
（4）*ibid.*, S. 242, 253, 279 など。
（5）*ibid.*, S. 337.
（6）ウェーバーは、モスクワ武装蜂起に対しては、ただちに「おろかな蜂起」と断じ、レーニン派と一部のエス・エルが、それを以前から準備していたことは疑いない、と述べている。*ibid.*, S. 343、補註八六(b)、S. 289 補註四七(a)をも参照。

（7） Marianne, *a. a. O.*, S. 397. 邦訳、II、二七五ページ。

（8） *Archiv.*, Bd. 23, S. 165 Anm.

（9） 同上。

IV

予備的考察の最後に、ウェーバーのロシア論のソースについて記しておきたい。

第一には、さきに述べたように、ロシアの新聞であるが、『状態』の最初の註(1)で、ウェーバーは、「当地（ハイデルベルク）で入手できる新聞」として『ルーシ』など日刊新聞七紙——欠号が多く、ときどきしか入手できないものがあった——と『プラーヴォ』（週刊）、『オスヴォボジジェーニエ』（隔週刊）およびハイデルベルクの「ロシア図書室」(2)所蔵の諸雑誌をあげている。しかし、じっさいにウェーバーが引用している紙誌は、最初の註に記しているものよりも多様である。『状態』のなかで資料として使用されている紙誌は、たしかに自由主義的なもの、カデット系のもの、とりわけ上に名をあげた三つの紙誌であるが、エス・エル（社会革命党）の『レヴォリュツィオンナヤ・ロシア』(3)、エヌ・エス（人民社会党）系の『ルースコエ・ボガーツトヴォ(4)』マルクス主義の『イスクラ』(5)その他も引用されている。これに反して、ドイツの新聞を資料典拠としている例はないようである(6)。

第二に、ウェーバーは、当時ハイデルベルクにいたボグダン・キスチャコフスキーБ. А.

Кистяковский（一八六八—一九二〇。かれはドイツではテオドール・キスチャコフスキーと称していた）に負うところがあった。ウェーバーは、「キスチャコフスキー博士のもっておられる事実の知識と人物の知識を、遠慮することなく徹底的に利用」(7)させてもらった、と記している。マリアンネも、ウェーバーがキスチャコフスキーとロシアについて「熱烈な議論をした」(8)と伝えている。このキスチャコフスキーという人物は、ウクライナの出身で、学生時代に逮捕されたことがあり、その後外国生活という、当時のロシア知識人に多くみられたコースをたどり、ドイツでヴィンデルバント、ジンメルらの影響をうけ、ドイツの学界で相当程度の評価をえていた。かれの専門は法学であるが、方法論への関心がつよかったらしい。政治的には、ストルーヴェの『オスヴォボジジェーニエ』誌の編集に加わっており、カデットであった。一九〇六年に帰国して、政治評論、雑誌の編集、学術論文など多面的な働きをしめし、一九一七年二月革命後、ウクライナ科学アカデミーを創設し、キエフ大学法学教授にもなり、ウェーバーと同じ一九二〇年に死んだ。(9)ウェーバーと交際のあったのは、かれが一九〇六年（何月かは不明）に帰国するまでの比較的短期間であったろうと考えられる。ウェーバーのロシア革命二論との関係で重要なことは、ロシアにかんする情報・知識一般の提供者であったことに加えて、かれはウクライナ民族主義グループとも関係があったらしく、ウクライナの民族文化の自立性の擁護を生涯のねがいとしていたひとであり、とくにロシア国内の民族問題についてウェーバーが教えられるところが多かった。(10)他方、キスチャコフスキーの妻がウェーバーの『状態』をロシア語に訳してキエフで一九〇六年に出版している。どれだけ読まれたかは知りえないけれども、ともかく、ウェーバーの論文をロシアに紹介する役割を果たした。(11)

第三に、ウェーバーが「ロシアのドラマ」に熱中する以前にすでに知っていたか、あるいは、ロシアに熱中した期間に読んだ書物と論文について触れておかねばならない。ウェーバーは、ロシア革命の事実については、さきに述べたように、ロシア語の新聞、週刊誌等に拠り、また、ロシア語の資料集の利用もときにおこなっているが、ロシアについての基礎的な理解については、西欧とくにドイツ語文献の比重が大きいと思われる。一九〇六年ごろまでの、西欧でのロシア研究の水準あるいは基本的な型はどういうものであったかということになると、とても手に負えないけれども、ウェーバーのロシア論の学史的評価においては、無視することのできない問題である。それを無視すると、当時の学問的常識の継承にすぎないことをウェーバーの独創と思いこんだり、当時としてはやむをえなかったことを、ウェーバーの「思想的限界」と誤認するおそれがある。おおざっぱにいって、ロシアの共同体の特殊性、共同体を底辺にもち、西欧の「高度資本主義」の側圧をうけて、資本主義化しつつある国という点は、ウェーバーに固有な認識ではなくて、むしろ当時の共有のイメージであったし、他方、ウェーバーのナロードニキ理解が、当時の研究水準によって制約される面をもつことを、われわれは認めねばならないであろう。

パイプスは、ウェーバーのロシア史理解の主要ソースはルロア・ボリューだと主張しているが、[12]果たしてそうだろうか。ウェーバーはロシア革命二論では、ロシア史を遡及することを意識的に避けて、現状分析に集中しているのであるが、一九世紀末―二〇世紀初頭のロシアの社会構造の認識という点では、ウェーバーと親しかったシュルツェ＝ゲヴァーニッツの労作を第一にあげねばならない。[13]農業・共同体については、チュプローフ、[14]カウフマン[15]が重要である。ウェーバー編集の『アルヒーフ』、ドイツ社会民主党の『ノイエ・ツァイト』などには、ロシアにかんする研究と情報が相当多く掲載されていた。そしてその執筆者の多くは、ロシア人とポーランド人であった。ストルーヴェやトゥガン・バラノフスキーは『アルヒーフ』の寄稿者であったし、一八九〇年代ロシア資本主義論争[16]の一部はドイツ語で書かれていたことも考えあわせると、ウェーバーのロシアについての基礎知識が、ある程度にはわかるはずである。

（1）*Archiv*., Bd. 22, S. 234 Anm. ウェーバーがあげている諸紙について、エーシン、阿部幸男・阿部玄治訳『ロシア新聞史』（原著、一九七一年）、未来社、一九七四年、と『レーニン全集』第四版の総索引からの索出に頼り、ウェーバーのドイツ式翻字をロシア語にもどして、註記しておく。

"Русь"『ルーシ』（『ロシア』。ペテルブルク、一九〇三年一二月—一九〇八年六月、一九一〇年まで、ともある）、断続的に刊行された自由主義ブルジョワジーの新聞、"Молва" "Новая Русь" "Око" と名称を変えた。

"Русские Ведомости"『ルースキエ・ヴェードモスチ』（『ロシア報知』）。一八六三—一九一八年、モスクワ。自由主義的伝統の新聞、一九〇四—〇五年ごろ、この新聞は「教授たちの新聞」というふうな性格をもち、「日刊紙のうちでもっとも一貫して、立憲君主制とブルジョワ改革の思想を擁護した」（エーシン、同書、一一八ページ）。「一九〇五年ごろからはカデット右派の機関誌」（『レーニン全集』索引）。エーシンはカデットの指導的新聞は『レーチ』紙で、……『ルースキエ・ヴェードモスチ』もカデットに味方した」（同書、一四五ページ）と述べている。

"Новости"『ノーヴォスチ』（『ニュース』）、一八七二—一九〇六年、ペテルブルク。"Сын Отечества"『スィーン・オテーチェストヴァ』（『祖国の子』）ペテルブルク、一九〇四—〇五年、も自由主義的。

“Начало”『ナチャーロ』(『始まり』)、ペテルブルク、一九〇五年一一―一二月メンシェヴィキの合法紙。

“Новое Время”『ノーヴォエ・ヴレーミャ』(『新時代』)、ペテルブルク、一八六八―一九一七年、は地主と官僚の新聞、一九〇五年以降「黒百人組」の新聞。

“Право”『プラーヴォ』(『法』または『権利』)ペテルブルク、一八九九―一九一七年。週刊法学雑誌で、一九〇四年秋から政治評論もとりあつかうようになり、事実上、「オスヴォボジジェーニエ」派の合法機関誌となる。

“Освобождение”『オスヴォボジジェーニエ』(『解放』)、П・ストルーヴェ指導の、一九〇二年六月シュトットガルトにて創刊された亡命者グループ「解放同盟」の隔週刊雑誌、同年に二四号、一九〇三年に二六号、一九〇四年パリに移って二五号、一九〇五年四号、計七九号が刊行された。Zaleski, E., Movement ouvriers et socialistes, La Russie, т. 1, 1956, p. 133.「解放同盟」の解散後“Полярная Звезда”『ポリャールナヤ・ズヴェズダ』『北極星』(週刊誌)、ペテルブルク、一九〇五―〇六年、にひきつがれた。その経緯、メンバーについては、ウェーバーが註記している。*Archiv*. Bd. 22, S. 238, Anm. 4.

(2) ハイデルベルクにあった die “russische Lesehalle” は文学者イヴァン・トゥルゲーネフ――ウェーバーは幼時にJ・シュミットの家でかれをみたことがある――が外国生活の時期に訪れたことがある。のち、一九一三年、ウェーバーは「かつて大いに利用したことのある」この図書室の創立五〇周年記念祭で講演している。*ibid*., S. 234, Anm.; Marianne, *a. a. O.* S. 509. 邦訳、II、三五二ページ。

(3) *Archiv*, Bd. 22, S. 303―07, 316.

(4) *ibid*., S. 308, 310, 313.

（5）*ibid.*, S. 327, 329.
（6）„Neue Zeit" 誌上での議論への論及はある。*ibid.*, S. 326—28.
（7）*ibid.*, S. 234, Anm.
（8）Marianne, *a. a. O.*, S. 373. 邦訳、II、二五九ページ。ただし、マリアンネの伝記には、キスチャコフスキーの名は他には出てこない。
（9）キスチャコフスキーについては、Vucinich, A., *Social thought in Tsarist Russia*, 1976, Chap., 5, pp. 125—52. がくわしい。本文での紹介は同書に拠る。かれのドイツ語の学位論文『社会と個人』"Die Gesellschaft und Einzelwesen", 1899. に対して、*Kantstudien*, Bd. 5, 1901, S. 252—55 ; *Jahrbücher für Nationalökonomie und Statistik*, Bd. 22, 1901, S. 878—80（K・ディール）、他ひとつの書評がある。G・イェリネク『一般国家学』第三版、一九一三年、には、キスチャコフスキーが四度参照されている。阿部照也他共訳、学陽書房、一九七四年、九五、一一一、一三三、一三五ページ。キスチャコフスキーは、論文集『道標』、"Вехи", 1909. に「法の擁護のために」という論文を寄せていて、いわゆる「道標」派のひとりとなるが、神秘主義に対立して科学の意義を認める立場であった。小西善次訳『道標』、現代思潮社、一九七〇年所収。
（10）ウェーバーは、ロシア国内の民族問題（諸民族の文化的・政治的自律）にかんして、ウクライナ人ドラゴマーノフ M. П. Драгоманов（一八四一—九五）を高く評価しているが、キスチャコフスキーが、ドラゴマーノフ『政治論集』第一巻、パリ、一九〇五、の編集に協力しており、ウェーバーはそれによって知ったらしい。*Archiv*, Bd. 22, S. 235, 239 Anm., 267, 356 ; cf. Pipes, R., *Struve*, 1970, p. 287, 310, 388n.

ウェーバーの方法論関係論文のなかでのキスチャコフスキーへの言及は、「文化科学の領域における批判的研究、I・II」（一九〇六年）において、後者の「ロシア社会学派と社会科学の問題設定における可能性のカテゴリー」（論集『観念論の諸問題』一九〇二年、所収）に対して、肯定と一部批判の短い関説があり、「R・シュタムラーの唯物史観の〝克服〟、補遺」（一九〇七年）にもキスチャコフスキーの名がみえる。Vgl. *GAWL*. 2. Aufl., S. 230, 267, 269, 288, 290, 370. ウェーバーがミハイロスキーらのいわゆる「ロシア主観学派」についてキスチャコフスキーから知識をえたことが推察されるが、キスチャコフスキーにとくに高い評価を与えているとは認めにくい。

（11）本稿第Ⅰ節註（15）を参照。

（12）Pipes, R., Max Weber and Russia, *World Politics*, Vol. 7, 1955, p. 386. パイプスのこの論文は、ウェーバーの『状態』『移行』をとりあつかった、もっともはやい論文である。

（13）Schulze-Gävernitz, *Volkswirtschaftliche Studien aus Russland*, 1899. この書物の前身をなす同著者の論文については、肥前栄一「シュルツェ＝ゲヴァーニッツのロシア社会論」（同『ドイツ経済政策史序説』未来社、一九七三年、所収）を参照。

（14）Tschuprow, A. A., Die Feldgemeinschaft, 1902, S. 304.

（15）Kaufmann, A., Beiträge zur Kenntnis der Feldgemeinschaft in Sibirien, *Archiv*, Bd. 9, 1896, S. 108—54. この論文は『状態』でも『移行』でもしばしば引用されている。

（16）田中真晴『ロシア経済思想史の研究』第七、第八章を参照。

〔初出『甲南経済学論集』第一八巻第二号、（一九七七年一一月）〕

第四章　マックス・ウェーバーの貨幣論新資料
――ウェーバーのクナップ宛、一九〇六年七月二一日付書簡――

I

本章において紹介するのは、ウェーバーの、クナップ G. F. Knapp（一八四二―一九二六）への一九〇六年七月二一日付書簡である。オリジナルは西ドイツ、コブレンツの連邦アルヒーフ Bundes-archiv の所蔵するクナップ文書のなかにあり、Nachlass Knapp, Nr. 116 として、連邦アルヒーフのカタログに記載されている。わたくしが、そのコピーを入手したのは、大月誠氏（龍谷大学経済学部教授）の御好意によってである。大月氏が一九七六年夏、コブレンツの連邦アルヒーフでクナップ関係の資料を調べているときに、クナップがウェーバーから受取った書簡があることを見つけ、ゼロックスのコピーを得られたのであった。大月氏からそのことを聞いたわたくしが関心を示したのに対して、大月氏は、自分の研究テーマには属さないものであるから、利用していただいて結構ですとのことで、コピーのコピーを頂戴したのである。

コピーは二種あった。ひとつは、ウェーバーの自筆オリジナルのコピーであり、いまひとつは、その転写（die Abschrift）のコピーである。オリジナルは、ドイツ字体であって、一見してわたくしには手の出しようがない感じであった。悪筆というか、読みにくい字を書く点においても「マルクスとウェーバー」あるいは、「マルクスかウェーバーか」と嘆じるほかない。幸い転写のほうは、ラテン字体で比較的読みやすい。この転写が誰によるものなのか、正確なことはわからないけれども、大月氏の話によると、クナップ文書のなかに同じ筆蹟の転写がほかにもあり、また、紙質や古びかたからみて、ウェーバーの自筆書簡と同じ時期のものと考えられるので、クナップの助手か夫人が転写したのであろう、とのことである。その推測が正しいか、クナップ文書を整理するときにつくられたのかはともかくとして、転写には四ケ所計七語の欠字部分がある。それらは不注意による脱落ではない。その証拠に、はっきりと文中に空白部分をあけてあるのだから、転写したドイツ人がオリジナルを読みとれなかったのである。

オリジナルと転写とをくらべると、字体のほかにつぎのような相違がある。(1)転写には「ハイデルベルク、一九〇六年七月二一日付のマックス・ウェーバーの手紙の写し」とあり、オリジナルには「一九〇六年」という表示がないが、一九〇六年であることは、内容からいってまちがいない。(2)転写には文章上、ウェーバーの書きおとしと思われる前置詞を〔　〕に入れて挿入しているところが一ケ所ある。わたくしは、この点、転写者の判断を正しいと考える。(3)転写は冒頭と末尾の儀礼句を省き、本文の最後に（終り）と記している。

わたくしはまず、転写を読みとることからはじめた。これはラテン字体で比較的わかりやすいが、オーストリア人留学生の F. Edlinger 氏（京都大学の大野英二教授の指導で日本資本主義史を研究中）にわたくしの読みとりをみてもらったところ、数ケ所誤っていることを指摘された。そのあと、オリジナルの解読について、Rolf Binkenstein、黒崎勇両氏（甲南大学文学部ドイツ語学科）の御援助をえた。オリジナルからの訳出が可能になったのは、主としてそのおかげである。それでもなお残った三ケ所四語のうち二ケ所二語は、以上の過程のうちにウェーバーの筆蹟にいくらか馴染んだわたくしが、解字許容範囲と前後の意味内容とからの推測にもとづいて埋めたが、一ケ所二語は空白に残った。解読についての責任はすべて、わたくしにある。解読には、そのように不完全なところが残っているが、意味内容にかかわるような誤りはないと考えるので、資料として発表することにした。解読原文の訳出は、もちろんわたくしひとりの仕事である。

わたくしが、この書簡の解読原文と邦訳とを、学術雑誌に掲載することの許可を求めたのに対して、連邦アルヒーフ所長のH. Marschall教授から、一九七七年九月一日付の書簡で、快諾の返事をえた。

この書簡のコピーの入手から発表にいたるまでの過程で厚意をいただいた上記の諸氏に感謝の意を表したい。

II

ウェーバーの書簡の受取人であるクナップは、ウェーバーよりも二二歳の年長で、社会政策学会の第一世代に属するひとである。かれは歴史学派の多くのひとたちと同様に、多方面にわたる著述を残した。かれとウェーバーとの関係について記すと、ウェーバーが社会政策学会の委嘱を受けて、東エルベの農業労働者の状態について厖大な調査報告を書き（一八九二年）、それを基礎にして、社会政策学会でウェーバーとしては最初の報告をおこなったとき（一八九三年）、すでにプロイセン農民解放についての先駆的労作を書き[1]、農業問題についての権威者と認められていたクナップが、新進の研究者ウェーバーの業績をおおいに称讃したことがあった[2]。しかしその後、クナップとウェーバーがとくに親しい関係にあったという形跡はない[3]。

クナップは、その後、かれ自身の述べるところによれば、一八六一年に思いついて、ながいあいだあたためてきた貨幣にかんする新見解を、『貨幣国定説』*Staatliche Theorie des Geldes*[4]（一九〇五年）の刊行によって世に問うた。この書物は、知られているように、貨幣論史上、衝撃を与えた問題の書であり、賛否両論の的となった。ウェーバーが、この書物にいちはやく注目していたことは、ここに紹介する書簡によって知られるであろう。ただし、この書簡は『貨幣国定説』の恵贈に対する礼状ではない。書簡の書き出しにでてくる「貴方の立派なシュトットガルト講演」というのは、クナップがドイツ歴史家第九回大会に招かれて、一九〇六年四月一八日、シュトットガルトでおこなった公開講演「貨幣制度の法制史的基礎」のことである。クナップの講演原稿は『シュモラー年報』第三〇巻第三号（一九〇六年）に掲載された。この書簡はクナップからその抜刷を送られたのに対するウェーバーの礼状である。それ以上のことは、書簡の訳文の当該個所に註のかたちのナンバーをつけて訳文のあとに書くことにしよう。

＊　解読原文の□は、解読できずに残った個所で、三字綴りと三〜四字綴りの語にみえる。訳文に□がないのは、□がなくても意味が通ると思われるからである。

＊＊　解読原文の〔　〕は、原文にはなく、前述の転写に拠って補った語である。
＊＊＊　ウェーバーが下線をひいている部分はイタリック体とし、訳文では、、でしめした。
＊＊＊＊　訳文の〔　〕は、意味の上から補足したことをしめす。

Heidelberg 21/Juli

Hochverehrter Herr Professor!

Ich erhielt Ihre schöne Stuttgarter Rede mit vielem Dank, und las sie □ □ im Anschluss〔an〕die soeben eingegangene *Lexis'sche* Kritik Ihres Buches für unser Archiv. Sobald sie im Druck ist, — ich hoffe (weiss aber nicht *sicher*) im Septemberheft, — schicke ich Ihnen die Correcturen. Sie *stimmt in der Sache Ihnen zu*, indem anerkannt wird, dass die „metallistische" Theorie *teleologischen* Charakters — eine Lehre vom *guten* Geld — sei, deren Recht *neben* den Ihrigen Lexis (bis zu einem gewissen Grade) durch die Erwägung geschützt glaubt, dass bei Ihrer Formulierung nur das Geld als Schuldenzahlmittel, nicht aber das Geld als *Waaren*kaufmittel und das Interesse an (relativer) Stabilität in dieser Funktion in Betracht gezogen werde. Sonst wird wesentlich nur geltend gemacht, dass eine „exodromische" Verwaltung bei Goldwährung z.B. überhaupt nicht bestehe (Diskontpolitik sei etwas das—Kreuz zu Standards), dass der Begriff des „baren“ Geldes dem *gesetzlichen* nicht entspreche und Kleinigkeiten. Im ganzen aber *kein* Widerspruch gegen Ihr Recht, den Geldbegriff so, wie geschehen, zu reformieren. ——

Ich bin natürlich ganz derselben Meinung. Mein *Problem* Ihrem Buch gegenüber bleibt : ist es richtig, (was Sie S. 47 des Vortrages wiederholen), dass eine nicht „staatliche“ Theorie sich in „Forderungen“ auflösen müsse ? Wie verhält sich (bei Ihnen und sonst) *juristische* und soziologische Begriffsbildung ? S. 48 Zeile 2 v. unten sprechen Sie von „in sich folgerichtig“ bezüglich der *Rechts*ordnung : das ist *juristische* Begriffsbildung, und zwar juristisch-*dogmatische*, keine „rechtshistorische“. S. 56 : der Staat schaffe den Begriff der Wertheinheit —— das ist für den *juristischen* Begriff derselben richtig, der ökonomische ist *älter* : Sie finden nach meiner Erinnerung in den Keilinschriften Babels z. B. das Versprechen der Zahlung in „Fünftel-Schekel-Stücken mit dem Stempel der Firma X“ *ehe* es *staatliche* Münze gab —— hier ist Conventionalgeld vorhanden und der Gedanke der „Wertheinheit“ (Schekel) ist *ökonomisch* von dem *staatlichen Zustand* nicht verschieden. Der Staat hat nicht selten Nuturalien zum Zahlungsmittel für (pensatorische und andere) *Geld*schulden gemacht, oder auch zum Zahlungsmittel für *andere* Naturalien ; —— auch jetzt *kann* er es thun. Soll man nun sagen : auch jede *Waare* trägt ihren Charakter als Zahlungsmittel für die Waaren*schulden nur* von der *Rechts*ordnung zu Lehen (denken Sie auch an die zum Genuß oft absolut unbrauchbaren Terminhandels „Girierten“ etc.) ? Geht man einmal auf das *Prinzip, dann* scheint mir da kein unüberbrückbarer Unterschied zwischen „Geld“ und *allen* anderen „Gütern", ——man müsste dann gerade auf die Marken = *Form* das entscheidende Gewicht legen.

Genug, —— die Gedanken Ihres Buches werden sich m. E. siegreich durchsetzen: nur wird man vielleicht bestreiten, dass die „staatliche" Theorie des Geldes die *ganze* Theorie des Geldes sei.

In Verehrung

Ihr

Max Weber

ハイデルベルク　七月二一日①

尊敬する教授殿

貴方の立派なシュトットガルト講演〔の抜刷〕②を拝受し、あつく御礼申しあげます。御高著に対して、レキシス氏がわれわれの雑誌のために寄せてくれた批判③がちょうど到着したところでして、それにつづけて貴方の御講演を拝読しました。レキシスの批判が印刷されたら——九月号に載せたいと思っているのです（が、いたしかたないことはわかりません）——すぐに、ゲラ刷りを貴方に送ります。レキシスの批判は、〃金属主義〃理論が目的論的性格をもっている——良き貨幣の理論である——ことを承認しているのですから、実質的には貴方に賛成しているのです。④ただし、レキシスは、金属主義理論の正当さは、貴方が述べておられる論拠のほかに、貴方の定式化では、貨幣が債務支払手段として考えられているだけで、商品の購買手段としての貨幣と、商品の購買手段という機能においての（相対的）安定性に対する関心が、考えられていないという点を考慮することによって、（ある程度まで）擁護されうるものと信じています。⑤ そのほか、主張せられている本質的な点は、〝外国為替相場の〟管理は、たとえば金本位制であれば、およそ存在しない（割引政策はいうなれば、貨幣の純度基準に対してシャープ音譜をつけるぐらいのものである）こと⑥、〝現金〟という概念は法的概念に対応しないこと⑦だけで、あとは些細なことがらです。しかし、全体としてみると、貴方がなされたように貨幣概念を改造することの正しさに対する反対ではありません。

わたくしも、もちろんまったく同じ意見です。御高著に対してわたくしの問題として残るのは、つぎの点です。すなわち、（御講演の四七ページ⑧で再説しておられることですが）〝国定〟説でない貨幣論はすべて〝要請〟に解消せざるをえない⑨、ということは果たして正しいか？（貴方のばあいでもその他でも）法的な概念構成と社会学的な概念構成とは、どのような関係にあるのか？ 四八ページ二行以下で、法的秩序にかんして〝首尾一貫性〟について述べておられる⑩が、それは法的概念構成であるし、しかも法-律学的であって、〝法制史的〟概念構成ではありません。五六ページには、「国家」が価値単位の概念を創りだす、と述べられています。⑪ それは価値単位の法的概念にとっては正しいが、価値単位の経済的概念は、それよりもふるい。わたくしの記憶によれば、たとえば、バビロンの楔形文字銘刻のなかに、〝X商館の刻印《しるし》のある五分の一シェケル片〟で支払う約束があり⑫、それは〝国定〟鋳貨が存在する以前のことです。すなわち、そこには慣習貨幣が存在していて、〝価値単位〟（シェケル）という思想は、経済的には、国定的状態と異なりません。国家が現物を、（秤量的およびその他の）貨幣債務に対する支払手段たらしめたこと、あるいはまた、他の現物に対する支払手段たらしめたことは、史上稀ではありません。今日でも、国家はそうすることができます。そうだとすれば、どの商品でも、商品債務に対する支払手段としての性格を、貸借について法制によってだけもつのだ、というべきでしょうか（享楽のためにはしばしば絶対に使用できない、先物取引⑬の〝裏書手形〟などをも、思いおこしていただきたい）？　ひとたび原則にまでさかのぼって考えるならば、そのときには、〝貨幣〟とその他のすべての〝財〟とのあいだに、橋渡しのできないような差異はすこしも存在しないように、わたくしには思えます。そうだとすると、標徴＝形態にこそ決定的な重要性を認めねばなりますまい。

長くなりました。——御高著の思想は、勝利をえて、確かな地位を占めるであろうと、わたくしは考えます、ただし、貨幣〝国定〟説が貨幣の全理論であるかという点については、おそらく異論がありうるでしょう。

敬　具

貴方の

マックス・ウェーバー

①　一九〇六年七月二一日といえば、ウェーバーがロシア革命二論の第二論文「ロシアのえせ立憲制への移行」（一九〇六年）の書きあげを急いでいたと推定される時点である。七月二一日はロシア

暦では七月八日、あたかも第一国会の解散の日であり、ウェーバーの論文は第一国会の解散をもって終わっている。田中真晴「ウェーバーのロシア論研究序説」『甲南経済学論集』第一八巻第二号（一九七七年九月）一四ページ（本書第三章八六―一一〇ページ）参照。

② Knapp, G. F., Die rechtshistorischen Grundlagen des Geldwesens, *Schmollers Jahrbuch*, Bd. XXX, Ht. 3, 1906, S. 45—60. 本章第I節を参照。

③ Lexis, W., Eine neue Geldtheorie, *Archiv für Sozialwissenschaft und Sozialpolitik*, Bd. 23, 1906, S. 557—646. この原稿が『アルヒーフ』の編集者のひとりであるウェーバーのもとに到着し、ウェーバーはそのナマ原稿につづけて、クナップの上記論文の抜刷を読んだわけである。レキシスの論文は、「御高著」すなわち、Knapp, G. F., *Staatliche Theorie des Geldes* の紹介批評である。それは、ウェーバーが希望したとおり、『アルヒーフ』一九〇六年九月号に掲載された。

④ 前記の論文のなかでレキシスは、一八七〇年から数年間、紙幣本位を採用してしかも顕著な金打歩を生じなかったこと、オーストリアのグルデン紙幣がグルデンの金属価値以上の流通価値をもったことなどをあげて、金属主義的見解にとって説明困難な現象が存在することを認め、金属貨幣（本位）でない貨幣は、「悪しき貨幣 Schlechtes Geld」だといちがいには言いきれず、クナップが金属主義理論とは異なる、包括的な貨幣概念から出発したのは理由のあることだ、と述べている。ただし、レキシスは「他の種類の貨幣よりも、完全な価値をもつ貴金属貨幣とくに金貨幣が、現在の経済的諸関係のもとでは実際的に（praktisch）利点をもつ」ことに対しては、クナップも異議を唱えるまい、という（Lexis, *ibid.*, S. 574)。ところで、クナップは、「悪しき貨幣」も貨幣であり、「良い貨幣」も「悪しき貨幣」も包括して、貨幣は定義されねばならないとして「貨幣は法制の創造物である」というのである。レキシスは、「貨幣は法制の創造物である」というクナップの定義に同意しているのではないけれども、貨幣が金属貨幣以外でもありうることを認めたうえで、金属貨幣（とくに金貨幣）

が現在の経済的諸関係のもとではもっともよいというのだから、金属主義を貨幣の目的によりよくかなう「良い貨幣」を主張する理論と解しているわけであり、実質的にはクナップに賛成することになっている、とウェーバーは述べているのである。

ちなみに、金属主義者 Metallist 対名目主義者 Nominalist という呼称とその対置は、クナップがはじめたのであった。クナップの定義によれば、両者をわかつのは価値単位の定義であって、「たとえば、一マルクは金一ポンドの一三九五分の一というように、価値単位の名称を技術的意味に定義する」、かんたんにいえば「価値単位を金属量として定義する」(Knapp, *Staatliche Theorie des Geldes*, S. 7, 9) のが金属主義者であり、それに反対して、価値単位を歴史的な法制 Rechtsordnung の産物とするのが名目主義者である (*ibid.*, S. 9)。金属主義、名目主義という言葉はただちに通用の術語になったが、多様な意味をもちうる注意すべき言葉である。クナップはかれが批判の対象とする従来の貨幣概念を金属主義として一括したのだが、クナップの貨幣理論の分類に対する批判がミーゼスにみられる。Vgl. Mises, L., *Theorie des Geldes und der Umlaufsmittel*, 2 Aufl., 1924, S. 242—63. 東米雄訳『貨幣および流通手段の理論』(実業之日本社、一九四九年) 二八〇—三〇七ページ。

⑤　「貨幣は債務に対する支払手段であるだけでなく、商品の購買手段でもあり、そしてすべての商品の購買にさいして商品には一定の比率でその価値単位がしるしづけられる。この関係においては、国家はまったく力をもたない……」「金属主義理論は、クナップがまったく無視した点、すなわち諸商品に対する貨幣の価値恒常性 Wertbeständigkeit を重視する」(Lexis, *ibid.*, S. 572)。クナップは、法制的観点から、支払手段は交換手段よりも上位概念であるとして、貨幣を支払手段とした。

⑥　レキシスは、双方の国が「有効な金本位制」を採用しているばあいには、両国貨幣の交換比率(為替相場)は、両国の本位貨幣単位の含有する金純分の比率を基準とし、金の輸送費、保険費、(貨幣) 鋳造費に依存するせまい限界内において変動するにすぎず、為替政策 (割引率操作) によって変

動しうるのは「おそらく上下〇・五パーセント」程度であると述べている（*ibid*., S. 569）。「シャープ音譜をつけるぐらい」という表現は、ウェーバーの表現である。クナップは、政策による貨幣の対外価値変化に大きな意義を認めていた。

⑦　「クナップのいう現金 „bares Geld“ は、通常の用法からだけでなく、ドイツ帝国法の表現様式からもはずれている」（Lexis, *ibid*., S. 560）。日常生活で現金支払とは手形、一般的には信用支払に対して鋳貨、紙幣、銀行券での支払をいい、また銀行法第九条の規定（省略）が法的規定としてあるのに、クナップはそのいずれとも異なって、「国家がきめた比率で刻印され、きめられた価値単位に関係づけられている、素材的金属からつくられた鋳貨」を現金と定義している（*ibid*., S. 560）。

以上、手紙の前半部で、ウェーバーがレキシス論文の要点をクナップに伝えているところを、レキシス論文にあたってたしかめ、若干の補足的解説をした。つぎに手紙の後半すなわちウェーバー自身の問題を書いている部分についての註記に移る。

⑧　「御講演の四七ページ」というのは、前述②のクナップの論文、ページ数は同論文掲載の *Schmollers Jahrbuch* のページである。「再説しておられる」はクナップが *Staatliche Theorie des Geldes* での主張をくりかえしている、の意味である。以下、ウェーバーが指摘している、クナップ論文の当該個所を訳出しておく。

⑨　「独立している諸国家が、それぞれの貨幣制度（Geldwesen）を国家として定めているという命題は、法制史にとって、動かすことができない。したがって、貨幣制度の理論は、国定説的（staatlich）でしかありえない――そうでなければ、貨幣制度論は非歴史的な諸要請に解消する」（Knapp, Die rechtshistorischen Grundlagen des Geldwesens, *Schmollers Jahrbuch*, Bd. XXX, 1906, S. 47）。

⑩　「マルクとかフランとかいうような価値単位がそもそも何であるかについて、なにびとかが私

見をもち、現実批判の提言をおこなうにしても、そのひとは、国家の法制を歴史的発展において研究し、……価値単位とはなにであるかを、純粋に観察し思考して、明らかにすることを約束しなければならない。……われわれはそれゆえ、われわれの問いに対する法制史的回答を期待するのであり、われわれの問いは、より厳密にいうならば、国家は価値単位という概念のもとになにを理解しているのか、ということである」(*ibid.*, S. 48)。

⑪　「支払のもっとも早期の段階は金属秤量制であり、したがってなんらかの金属の使用に結びついている。つぎに貨幣鋳造の技術的発明は、もちろん同じく金属の使用に結びついている。……しかし金属主義者が信じているように、それですべてが語りつくされている、と思うのは誤りである。なぜなら、それだけでは国家の法的介入が欠けているからである。司法権をもつ国家が価値単位の純粋に法的な概念をつくりだす。国家が汝の名はマルクなり、というのである」(*ibid.*, S. 56)。

⑫　バビロンの「X商館の刻印のある五分の一シェケル」のことは、ウェーバーによほどつよい印象を与えた事例であったらしく、ウェーバーの著作に頻出する。わたくしがみることのできた初出は、Agrarverhältnisse im Altertum, in : *Handwörterbuch der Staatswissenschaften*, hrsg., v. J. Conrad u. a., 2 Supplementband, 1898, S. 57—85 のなかで、古バビロンにおける流通経済の叙述においてである。「貨幣はまったく漸次的に鋳貨形態をとる——最初は著名な商館による（金属）重量の私的保証を媒介として。〃Xの刻印のある五分の一シェケル〃というのが文書にあらわれてくる——それによってはじめて、貨幣は次第に価格財たる機能を、独占しはじめる」(*ibid.*, S. 64)。シェケル（シケル）は重量単位であり、また、その重量の銀（貨）をいう。その他は邦訳があるから邦訳の個所だけをあげておく。

渡辺金一・弓削達共訳『古代社会経済史』（原著一九〇九年）五九ページ。五分の一シェケルのことがでてくるあたりは、一八九八年の論稿とほぼ同文である。

富永健一訳「経済行為の社会学的範疇」『世界の名著50　ウェーバー』（中央公論社、一九七五年）所収、三二二ページ。ここでは「五分の一シェケル」が交換手段であったとすれば貨幣とみなしうるし、分割不可能な金属の延べ棒のようなもので、「重量をはかって」使われるだけであれば、貨幣への過渡形態とみなすべきだという。ウェーバーは事実判断において決しかねているようである。同書、五二七ページにも「五分の一シェケル」のことがでてくる。

なお「商館」と訳したFirmaは、家族名から商号、商館・商社等への系列をもつ。同書、五九〇—九一ページと訳者註参照。

⑬　ウェーバーがこういうことを思いうかべるのは、三〇歳代の前半に、取引所調査委員会の厖大な報告書のまとめを書いたり、要領をえた「取引所」の解説書を書いたりしていて、取引所の仕組みと問題についての専門家でもあったからである。中村貞二・柴田固弘訳『取引所』（未来社、社会科学ゼミナール四二、一九六八年）とその訳者解説参照。ウェーバーはSchaps, G., *Zur Geschichte des Wechselindossament*, 1892.（『手形裏書の歴史について』）の短い書評を書いてもいる。Vgl., *Zeitschrift für Handelsrecht*, Bd. 41, 1893, S. 27—29.（ただし、書簡において、ウェーバーが手形のことをどういう意味で述べているのか、わたくしには十分理解できない。原文の文字のわかりにくい個所でもあり、いちおう上記のように解読したが、解読自体にあるいは問題があるかも知れない）。Terminhandelはウェーバー論関係の訳語としては「定期取引」が定着しているが、一定の将来時点での取引価格を現時点で契約するのだから、米語のfuturesに対応して日本での慣用語になっている「先物取引」と訳した。永井清彦『時事経済ドイツ語』（第三書房、一九七七年）八八ページ参照。

（1）　Knapp, G. F., *Die Bauernbefreiung und der Ursprung der Arbeiter in den älteren Teilen Preussens*, 2 Bde., 1887.

（2） *Schriften des Vereins für Sozialpolitik*, Bd. 58, 1893, S. 6 ff. ウェーバー、山口和男訳『農業労働制度』（未来社、社会科学ゼミナール二四、一九五九年）の訳者解説を参照。クナップが主報告者として「農業問題と内地植民」の報告をし、その冒頭でウェーバーら副報告者を紹介した。ウェーバーの報告部分は、Weber, M., GAzSuWG., 1924, S. 444—69, に所収。ウェーバーは、*Die Verhältnisse der Landarbeiter im ostelbischen Deutschland*, 1892, S. 7—8 において、クナップの著作をマイツェン、ゴルツの労作とともに、基礎的な仕事として註記している。ウェーバーが歴史学派批判の姿勢を明らかにした一八九五年の、Grünberg, K., *Die Bauernbefreiung und die Auflösung des grundherrlichen Verhältnisses in Böhmen, Mähren und Schlesien*, 2 Bde., 1893. に対する短い書評には、前註（1）のクナップの著作の政治的観点に対する批判的言及がみられる。Vgl., *Historische Zeitschrift*, Bd. 75, 1895, S. 143—46.

（3） ウェーバーは、一九一一年、G・イェリネクの想い出を語ったさいに、イェリネクが「きわめて個性の異なった、人によってはきわめて扱いにくい個性をもった人たちと永続きのするかたい友情を結ぶ能力」をもっていたことを称賛し、その例のひとつにクナップとの親交をあげている。裏から読めば、ウェーバーはクナップとつきあいきれないということだろう。マリアンネ・ウェーバー、大久保和郎訳『マックス・ウェーバー』II、みすず書房、三五九ページ。

（4） 第二版一九一八年、第三版一九二一年、第四版一九二三年。各版を通して理論的部分には変更なく、第二、第三版で制度史と文献付録等の付加と改訂がおこなわれた。宮田喜代蔵訳『貨幣国定学説』（岩波書店、一九二二年）は第三版からの翻訳で、第四章の各国貨幣制度史と付録は省かれている。英訳版 *The State Theory of Money*, abr. ed., trans. by H. M. Lucas, and J. Bonar, 1924. は第四版からの訳で、邦訳とほぼ同様の省略をしている。

III

ウェーバーのこの未刊書簡の紹介には、どのような意義があるのか。

わたくしはまず第一に、ウェーバーの書簡がなるべく早く、多く発表されること自体が、ウェーバーの全体像を明らかにすることに奇与するはずだ、と考える。ウェーバー研究文献は、まさに洪水のような勢いでふくれあがってゆくのに、[1]ウェーバーの著作と書簡、とりわけ書簡の刊行は貧弱である。[2]『ウェーバー全集』の企画がようやく緒について、一九七六年秋、編集委員会のメンバーがきまり、ミュンヘンに従来からあったウェーバー研究所とは別に、同じくミュンヘンにウェーバー全集編纂所ができたことが報じられている。[3]ウェーバーの著作、書簡、講演の厳密なテクスト・クリティークをおこなって「全集」をつくるというこの企画は待望久しいものである。もっとも、この全集は、いつから刊行されはじめるのかまだ知らされていないし、分量、完結予定時点もわからない。それ自体の学問的価値評価を別にして、ともかく、発見資料をできるだけすみやかに公共物化してゆくことが望ましいであろう。

しかし第二に、未刊資料の紹介は、そのものが研究——ウェーバー研究とその他の研究をふくめて——のうえでもちうる意義の点で、おのずから価値に高低の差がある。ウェーバーの書いたものなら、断簡零墨すべて学問的価値あるもののごとくにありがたがることはできない。それでは、この「書簡」の学問的価値はどうであろうか。「書簡」には貨幣論史において埋もれた創見が書いてあるわけではない。さらにいえば、そもそも固有の経済理論をもたないウェーバーに貨幣論があるなどというような想定自体が、おかしいのではないか、という疑問が出されるであろう。

このような疑問には、正しい面と誤っている面との両面がふくまれていると、わたくしは思うのだが、そのことを明らかにすることがわたくしの課題でもあろう。ウェーバーの貨幣論の全体をとりあつかうことは、後に予定しているテーマであって、それ自体紙量を要するので、ここでは、ウェーバーが「書簡」に書きつけたウェーバー自身にとっての問題が、ウェーバーの後年の著作においては、どのように処理されているか、という一点にかぎって、「書簡」のもつ意味を明らかにしておきたい。

(1)　ウェーバーは「書簡」において、「法的概念構成と社会学的概念構成」とのちがいに注意をうながし、クナップの貨幣の定義は「法的概念である」と述べている。ウェーバーはそれに対して、貨幣の「社会学的概念構成」をめざした。[4]『経済と社会』第一部、第二章「経済行為の社会学的基礎概念」第六節「交換手段、支払手段、貨幣」は、「書簡」での設問に対するウェーバー自身の貨幣の定義である。クナップは「貨幣は法制の創造物である」とし、ついで「支払手段は交換手段の上位概念である」と述べたのだが、このあとの命題は、まえの命題の系であると考えられる。なぜなら、法的概念からすれば、貨幣は強制通用力を法によって与えられたものであり、租税支払をふくむ債務の決済(=支払)手段であるから。だから、クナップとしてはまさに「首尾一貫的」なのである。それに対して、レキシスは債務の支払手段としてだけでなく、商品の購買手段としての機能をも認めるべきだと批判した。ウェーバーが「書簡」においてレキシスの議論を紹介したあと、「わたくしももちろんまったく同意見です」と述べているのは、レキシスの議論全体についての同意であるのかどうかわかりにくいけれども、ウェーバーが商品の購買手段としての機能を、支払手段とは別に考えていることは、「書簡」にみられるところであり、そのことが、『経済と社会』において貨幣を定義するさいに、交換手段、支払手段、貨幣という順序の定義系列に定着したのだ、とみることができるであろう。ウェーバーは“Geld soll ein chartales Zahlungsmittel heißen, welches Tauschmittel ist”「貨幣とは交換手段である表券的支払手段を指すものとする」(5)と定義する。わずらわしいから、ウェーバーの概念諸規定を引用することはしないが、それらは、行為者の主観において思われ、それによって指向される行為を基準として構成してゆく理解社会学的方法によって組み立てられ、定義の系列が展開されている点で、まぎれもなくウェーバーの「社会学的概念構成」である。ウェーバーが踏襲したクナップの造語 chartal（これもまた、しっくりしない「表券的」という訳語が慣用されている）によってウェーバーが意味したのは、クナップのような国家の法制によるという限定をはずして、ひろく、慣習的にせよ、法的にせよ、契約その他によるにせよ、一定地域内で一定の形式的な通用力を有するような、「刻印され」(6)「額面が表示」せられていて、「機戒的に計算できる」ような加工物（Artefakte）であればよく、そうした形態 Form を与える主体は、国家に限らないということになる。いわゆる秤量貨幣は、定義自体からして、貨幣ではなく、貨幣への重要な前段階である。

(2)　ウェーバーは、「書簡」において「価値単位の経済的概念は法的な価値単位概念よりもふるい」と述べている。経済的価値単位の概念は、『経済と社会』ではどうなっているのか。実は「経済的価値単位」という表現自体が、『経済と社会』では、意識的に消去される。知られているように、ウェーバーは、経済理論としては、メンガー、ボェーム・バヴェルク、ヴィーザー、ミーゼスらのオーストリア学派を考えており、そしてみずからは経済理論の領域には立ち入らなかった。ウェーバーは「ここでは貨幣理論“Geldtheorie”をめざしているのではなく、……用語上の表現をできるだけ簡潔に確定しておきたいだけである。さらにいえば、ここでの問題は、さしあたって貨幣使用の社会学的な結果を、ごく基本的なことがらにかんして明らかにしておきたいだけである(7)」という。そして用語の概念的明晰のためにであろうか、第二章のはじめに「かのあまりにも論争のある価値という概念(der viel umstrittene Begriff “Wert”)は、用語上これを完全に回避して通ることが可能となった(8)」と書いている。かくして、経済的価値単位という用語はなくなって、たんに計算単位という語が用いられ、経済理論の価値論とのかかわりを、ウェーバーは意識的に断つ方向にすすんだのである。

(3)「原則にまでさかのぼって考えると、貨幣と財とのあいだに橋渡しのできないような差異はなく……標徴＝形態にこそ決定的な重要性を認めねばならない」という個所は、それ自体としてみると、さまざまな方向への展開が考えられる含蓄的な文章である。マルクスの価値形態論への道もあるし、貨幣＝シンボル論への道にも通じそうである。しかしウェーバーのばあい、この点の展開は、すでにさきに(1)で述べたようなかたちで、標徴＝形態とは Charta の意に帰結し、それ以上の意味賦与にはいたらなかった。あるいは、ウェーバーはそれに限定した。

『経済と社会』における貨幣の項を全体としてみると、「書簡」におけるクナップに対するウェーバーの問題は、ほぼうえのように処理された、といえるであろう。しかし同時に、「書簡」においてみられる、クナップの貨幣論に対する、ウェーバーの全体としてのたかい評価は、『経済と社会』においても変っていない。そのことは、ウェーバーがクナップのおびただしい造語の多くを継承あるいは借用していることにも示されているし、「ここでの全論述は、明らかにG・F・クナップのみごとな著作『貨幣国定説』とのひとつの討論である(9)」という句によっても明らかである。

それでは、クナップとウェーバーとを結ぶものはなんであったか。

第一には『貨幣国定説』は法的（クナップ自身によれば法制史的）、『経済と社会』は社会学的のちがいはあるが、いずれも、貨幣についてのカズイスティークである、という基本的な同一的性格がある。そうであればこそ、ウェーバーはどこまでもクナップとの対質をつづけねばならなかったのである。この点、流通的貨幣理論ならざる貨幣の定義論などおよそ無意味だとしてクナップを徹底的に否定したミーゼスとはまったく対照的であった。

第二に、内容的にみると、支払手段のとらえかたに、法制の決定性をいうクナップと、ヨリひろく解するウェーバーとのあいだにちがいはあっても、支払手段のとらえかた自体に基本的な同質性がある。この点、わたくしの文献点検に不備があるが、大きな枠組みとして、歴史学派的思考の（古典学派的伝統とは別な流れの）伝統がみられるのではなかろうか。スミスは分業→交換→貨幣とすすみ、国家（財政）は最終第五編に位置する。貨幣の機能は交換手段と価値尺度であり、国家との関係を第一義において支払手段を考えるのとはまるで異質である。マルクス貨幣論の支払手段は、流通手段としての機能とは別にたてられてはいるが、そもそも第三章全体が「貨幣または商品流通」であって、その内部に位置している。それに反して、クナップやウェーバーは支払手段として、殺人賠償、婚資、持参金、年貢、租税など、およそ労働生産物あるいは財貨の交換とは異質なものを列挙していて、それらを、あるいはそれらをも念頭において、貨幣を考えているのである。ここに、古典学派の伝統とは別種の、いわば経済（経済をどう考えるかはけっして自明ではない）についての広義の歴史学派的思考法があるわけである。

ウェーバーの貨幣論を正面からとりあげるのにはクナップとの関係だけではもとより十分でない。ジンメル、シュルツ、ミーゼスらが、ウェーバーの貨幣論にとって重要であるし、他方、ウェーバーの貨幣論も『経済と社会』の定義につきるものではない。それについては別稿[10]で論じるであろう。最後に、本稿で紹介したウェーバーの書簡のわたくしにとっての意味をいうならば、この書簡の解読の過程で、さまざまのことが思い浮び、さしあたっては、『経済と社会』の貨幣項の形成史というかたちで、その項が意味を帯びてきたこと、そしてウェーバーの貨幣論という、ウェーバー研究においては問題にされることのほとんどなかった領域の研究が、ウェーバーとその周辺の照射に対しても、貨幣論そのものを考えることに対しても、意味をもつであろうという感触ないしは手応えをえたことである。

（1）　嘉目克彦編の一九七五年一二月までの日本以外の各国ウェーバー研究文献（一部重複をふくむ。翻訳・ビブリオは除く）は、計一二七四点（『知の考古学』一九七六年第八・九号、三二三―八二ページ）。Seyfarth, C. u. Schmidt, G., *Max Weber Bibliographie*, 1977. は原著・翻訳もふくめてであるが一九七六年まで、二三七一点を記載している。これには日本の文献もふくまれているが、きわめて不完全で少数にすぎない。天野敬太郎は同氏編『日本マックス・ヴェーバー書誌　第二版』（新泉社、一九七二年）に、日本において発表されたウェーバーの著作の翻刻と邦訳、関係文献（一九七〇年一二月まで）一七三五点を記し、一九七一―七五年の追加（『知の考古学』同号、二八七―三〇九ページ）をも発表している。

（2）ウェーバーの著作で、いまだに雑誌・新聞その他に散らばっているものがいかに多いかは、Käsler, D., Max-Weber-Bibliographie, *Kölner Zeitschrift für Soziologie und Sozialpsychologie*, 27 Jg., 1975, S. 703―30, Käsler, D. und Fogt, H., Nachtrag zur Max-Weber-Bibliographie, *ibid.*, 28 Jg., 1976, S. 807―08. によって知られる。

ウェーバーの書簡は、マリアンネ編の Weber, M., *Jugendbriefe*, 1936. 阿閉吉男・佐藤自郎訳『M・ウェーバー青年時代の手紙』上・下（勁草書房、一九七三年）と、マリアンネ編の *GPS*. 初版（一九二一年）に Politische Briefe (1906-1919) が収められている（*ibid.*, S. 451―88）、相沢久訳『政治書簡集』（未来社、社会科学ゼミナール一〇、一九五六年）。マリアンネの『マックス・ウェーバー』伝は多数の書簡を材料に使っているが、日付の記されていないものが多い。Baumgarten, E., *Max Weber, Werk und Person*, 1964. にはそれを補足するものがあるが、収録書簡に省略がある。テンブルックがヴィンケルマンとバウムガルテンの編集者としての資格を痛烈に批判している。Vgl., Tenbruck, F. H., Wie gut kennen wir Max Weber? *Zeitschrift für die gesamte Staatswissenschaft*, Bd. 131, 1975, S. 719-42. わたくしは、安藤英治「M・ウェーバーの宗教社会学改訂について」（『政治経済論叢』第一八巻第一・二合併号――『終刊記念論文集下』――一九七八年）を、ウェーバーの原典検討における卓越した仕事だと思う。

比較的最近に雑誌に発表されたウェーバー新資料につぎのものがある。

Frye, B.B., A Letter From Max Weber, *Journal of Modern History*, Vol. 39, 1967, pp. 119-25. ウェーバーの Carl Petersen あて一九二〇年四月一四日付書簡で、社会化政策に対して賛成できないため、ドイツ民主党の委員会のメンバーを辞任する旨の通知である。Weber, M., Georg Simmel as sociologist, intr. by Levine, D. N., *Social Research*, Vol. 39, 1972, pp. 155-63. ウェーバーが „Georg Simmel als Soziolog und Theortiker der Geldwirtschaft“ という題で書きかけた（一九〇八年と

推定される）草稿断片の英訳である。

W・モムゼンがかれ自身の発見による新資料を利用していること、および *Max Weber on Universities*, trans. & ed. by E. Shils, 1973 が一般には入手しにくい新聞、雑誌に載ったウェーバーの大学論関係論稿を英訳していることは、すでに知られているであろう。上山安敏・三吉敏博・西村稔のウェーバーの大学論関係の進行中の邦訳シリーズ（『法学論叢』第九七巻二、四号、第九八巻二号、一九七五年五―一一月）は、Shils 編以上の資料をふくむはずである。〔『ウェーバーの大学論』木鐸社、一九七九年として刊行。〕

（3） *Zeitschrift für Soziologie*, Jg. 6, Ht. 1, 1977, S. 126. 編集者は H. Baier, M. R. Lepius, W. J. Mommsen, W. Schluchter, J. Winckelmann. 全集編纂所は、Arbeitsstelle der historisch-kritischen Gesamtausgabe der Werke von Max Weber bei der Bayerischen Akademie der Wissenschaften zu Händen von Dr. Martin Riesebrodt, 8 München 22, Marstall-Platz 8.

（4）『経済と社会』のこの部分は、*Grundriß der Sozialökonomik III. Abt., Wirtschaft und Gesellschaft. I. Die Wirtschaft und die gesellschaftlichen Ordnungen und Mächte*. Bearbeitet von Max Weber. Erster Teil. (Erste Lieferung) Tübingen (Mohr-Siebeck) 1921, S. 1-180. にふくまれている。マリアンネが M. Palyi の協力をえてウェーバーの遺稿を出版したのだが、この部分の原稿は第四章をのぞけば、ほぼ完成稿で、執筆時期は正確にはわからない。ヴィルケルマン編の改訂第五版（一九七六年）にいたるまで、補訂のもっともすくない部分である。富永健一による『経済と社会』第一部第二章の邦訳（前掲『世界の名著　ウェーバー』二九五―四八四ページ）と、補論 (Exkurs) 部分の水沼知一による邦訳「マックス・ウェーバー、G・クナップの貨幣国定理論について（『経済と社会』第一部第二章　第三六節　補論）」（『経済と経済学』東京都立大学経済学会、第三八号、一九七七年一月、八五―九六ページ）が、便を与えてくれる。『経済と社会』の最初の部分より以前に書き出しはじめられながら草稿として遺された第二部　第一、二、三章の厚東洋輔による邦訳（『世界の名著　ウェーバー』四八五―五九八ページ。ただし第二部第一章については他に小野木常、世良晃志郎の二つの訳がある）も有益である。

（5）*WuG.*, S. 39, 富永健一訳、前掲書、三一八ページ、ウェーバーの定義は、交換手段であると同時に支払手段であることが貨幣の要件であるようになっているが、その前後では、交換手段であっても、あるいは支払手段であっても、本文の以下で述べるような資格をそなえておれば貨幣とよぶ、というふうに読める。

（6）"gestückelt" を「刻印されている」とするか「個片にわかれている」とするか、決しにくい。富永訳は「刻まれている」である。

（7）*WuG.* S. 40, 邦訳、三二一ページ。

（8）*ibid.*, S. 31, 邦訳、三〇一ページ。ウェーバーが実質的貨幣理論――価格論への関連をもつ貨幣論――として「全体としてもっともすぐれていると思うのはミーゼスの貨幣理論」であった。*ibid.*, S. 40., 邦訳、三二二ページ。ウェーバーの「あまりにも論争のある価値という概念」については、オーストリア学派のなかでも、ミーゼスが貨幣の価値尺度概念を限界効用理論からは導出しえないと認めたことや、H・ディーツェルが「価値論の学説価値」を問題にしたり、価値論無用論がでてくる状況を考えねばならない。ボェーム対ヒルファーディングの論争を主として念頭においているのではあるまい。

（9）*ibid.*, S. 109, 邦訳、四六七ページ。

（10）一九七八年中にミネルヴァ書房から刊行されるはずの出口勇蔵教授古稀記念論文集『社会科学における方法と歴史』（仮題）所収の拙稿「ウェーバーの貨幣論」を見られたい（本書第一部第五章として収録）。〔追記〕

（一九七七年一二月一四日稿）

〔付記　一一五ページのウェーバーの手紙の空白部分は und dann であることが今では判明している。その他、わずかな誤読があったが、ウェーバー新全集と対照して修正された。以下を参照、Max Weber Briefe 1906—1908, *MW Gesamtausgabe*, Abteilung II Briefe, Bd. 5. S. 115—17, 1990. また著者のあとがきも参照されたい。〕

第五章　ウェーバーの貨幣論

I

マックス・ウェーバーの貨幣論という論題は、すこしく異例である。[1] わたくしは、貨幣論にかんする、ウェーバーのクナップあての未公刊書簡を紹介して、この書簡についての微視的な註釈と、クナップの貨幣国定説を主たる媒体として成立したウェーバーの貨幣定義についての、一転して巨視的な学史的脈絡の見通しとを、さきに書いた。[2] 本稿はこの前稿からの発展であるが、もちろん独立の論文であって、はじめに本稿の基底にある筆者の問題意識と本稿のテーマについて、すこしく述べておきたい。

本稿の基底には、経済原論の一環節としての貨幣論をいかに考えるべきか、マルクス経済学のなかから、なにを整理し、なにをどう生かしうるか、という問題意識がある。しかし、この問題意識が本稿の基底にありはするが、本稿自体は、マルクスに拠ってウェーバーを批判するものでもなければ、ウェーバーに拠ってマルクスを整理するものでもないし、いわんや、みずからの確たる理論のなかに両者を止揚しようなどというのではない。筆者自身の理論がはっきりしているのなら、その理論を書くはずである。いうまでもなく、学史の研究にはさまざまの様式と性格がありうるが、わたくしが本稿を書くのは、理論の模索過程にあるからこそ、ひとまず無理な割り切りを避けて、学史への内在によって、知識を豊富にし、問題の真のありどころを探りたいからである。その意味で本稿は、経済原論の一環節としての貨幣論への指向性を底にひそめてはいるが、それ自体としては学史の研究である。

わたくしは、本稿第II節において、ウェーバーの視圏のうちにあった貨幣諸論を概観する。クニースにやや多い紙数をあてるのは、ウェーバーが直接に対質したウェーバー周辺の貨幣諸論が、クニース批判にもかかわらず、ドイツ歴史学派経済学の貨幣論の特徴を継承していることを、明らかにするためである。第II節は、さきに述べたわたくしの前稿で見当づけを書きつけた貨幣論史の枠組を、若干の文献実証によって、すこしく具体化する意図をもっている。

第III節はウェーバーの「経済行為の社会学的基礎範疇」の貨幣項をあつかう。ウェーバーの貨幣定義におけるターミノロジー、貨幣論の意味限定、貨幣の計算可能性と形式的合理性等に論点をしぼる。ウェーバーの貨幣定義が、歴史学派の貨幣論の伝統を素材的に継承していること、貨幣名目説に属し、「管理通貨」をふくむ同時代の現代貨幣を基点とし、比較経済史的考慮をもって考えられていること、原始貨幣および社会主義貨幣は別に考えられていることが、明らかになるはずである。ウェーバーは貨幣論の専門的研究者ではなく、かれの周辺の貨幣諸論の成果を、かれ独自の方法論によって濾過しているところにウェーバーの貨幣論の特色があるのだから、方法論に関説しないわけにはゆかないけれども、この節では、貨幣論にみられるウェーバーの方法を、ウェーバーに内在して受けとっておく。

第IV節では、ウェーバーの「経済行為の社会学的基礎範疇」における「貨幣」の位置づけと、それがウェーバーの比較史的研究とりわけ近代資本主義論に生かされている次第を述べる。ここで、ウェーバーとジンメルとの相違およびウェーバーとマルクスの親近面が、貨幣論の側面から照射されるはずである。そのあと、ひるがえって、ウェーバーの方法論とりわけ「理解」的方法について、若干の省察をくわえたい。以上が本稿の設計図である。

「ウェーバーの貨幣論」という主題がいささか奇異な感を与えるのは、たしかにそれなりの理由がある。いま述べたところによっても知られるように、ウェーバーは貨幣論史上に特記されるような独創的見解を展開したのではない。貨幣論という名称でなにを意味するかが、厳密にいえばかならずしも定まっていないのだが(3)、貨幣の購買力の変動の説明をテーマとする経済理論を貨幣理論というならば、ウェーバーの貨幣論は、貨幣理論ではなく、貨幣の社会学的な考察であり、貨幣の機能、貨幣の成立、貨幣制度という局面に関係している。そのうえ、ウェーバーの社会学においても、「カリスマ」のような独創的な概念とは異なって、「貨幣」は目立たない項目である。にもかかわらず、ウェーバーの貨幣論（わたくしはウェーバーの貨幣論というばあい、ウェーバーが摂取したウェーバー周辺の貨幣諸論を含めて考えている）というテーマが、貨幣論史のひとこまとしても、ウェーバー研究の一視点としても、有意味であるとわたくしは考えるのであるが、果たしてそうであるかいなかは、以下の行論自体によって判定されるほかはない。

つぎに、ウェーバーの時代の貨幣制度史および貨幣論史の状況について触れておきたい。それはウェーバーの貨幣論の若干の点に言及することになるはずである。ウェーバーは、年代的にみて、マルクスとわれわれとのほぼ半ばの時代に生きたひとである。マルクスの時代にはまだ存在していなくて、現代の貨幣論にとっては、とうてい無視することができない現実となっている諸事象が、まさにウェーバーの時代に端緒的にではあれ、あらわれていること、このことは、ウェーバーの時代と現代との相違とともに、注意に値する。

(1)　われわれは、管理通貨制度の定着下に生きているだけでなく、IMF体制の解体によって、世界貨幣としての金の「退位」あるいは「凍結」は、もはや決定的な事実であるとみなければならない。これに反して、ウェーバーの時代は、まさに国際金本位制の盛期である。国際金本位制の成立は意外におそいのであって、『資本論』第一巻初版刊行の時点(一八六七年)よりもあとである。(4) イギリスはいちはやく、一八一六年に金本位制を採用していたが、ドイツは、「金貨鋳造法」(一八七一年)、「鋳貨法」(同七三年)、「銀行法」(同七五年)によって金本位制度を整備した。その他の主要諸国の金本位制の採択時点は、フランスが一八七六年、アメリカが同七九年、オーストリアが同九二年、日本とロシアは同九七年である。ウェーバーの少年時代にドイツが金本位制に移行し、そのあとを主要各国が追ったわけで、ウェーバーはまさに金の時代に生きていた。その点では現代のわれわれとはまったく異なっている。

しかし、国際金本位制というものは、金が主要諸国の本位貨幣となり、兌換保証があるということだけではない。兌換銀行券を発行する中央銀行が確立され、信用制度が整備せられて、金は銀行券の兌換保証と国際的決済の最終的支払手段として、中央銀行の倉庫に集中して保蔵される。したがって、金は日常的取引の流通面から姿を消して、銀行券と補助鋳貨がもっぱら流通することになる。国際的決済においても、金本位制はポンド本位制だといわれるように、ポンドを保有していればよいのであって、国際的決済におけるロンドン金融市場の中枢的地位が、各国に自国通貨の対ポンド為替相場の安定を求めて、イギリスに追随して金本位制を採用せしめたという理解の仕方は、金本位制にかんする最近の諸研究に共通している。(5) クナップは、ドイツなどの金本位制の採用の理由をポンドに対する対外相場的目的（為替安定政策）であったとする認識の点で、貨幣国定説の是非とは別に、新しい評価を受けている。(6) 本稿の後段で書く余裕がなくなるおそれがあるので、ここで急いで書きそえておくが、ウェーバーはいちはやく、クナップのその認識を肯定して、同調している。(7) ちなみに、国際金本位制の時代が金の時代であると同時に、他面では紙幣と信用の時代であったという事情が、クニース、レキシス、オーストリア学派など、クナップのいう「金属主義者」に対立して、かれの自称する「名目主義者(8)」がまさにこの時期に抬頭する現実的基盤として考えられるべきである。クナップとはまったく論構を異にしているジンメルも、貨幣が素材の実体価値から離脱して記号化してゆくところに、貨幣の本質が顕現されると考えた（後段参照）。

(2)　ウェーバーは、金本位制の時代に生涯の大部分を過したのであるが、晩年の数年間は第一次世界大戦による兌換制度の停止、戦時中に蓄積され、戦後に進展するインフレーションを体験している。かれは一九二〇年六月に死んだから、賠償金問題の契機として翌二一年五月以降ギャロップ的になり、二三年に破局にいたるマルクの崩壊をみなかったわけだが、戦後インフレの進行によって、生活をおびやかされ、収入を求めて焦躁に駆られた身辺事情は、マリアンネの伝記に書かれている。(9) ウェーバーはインフレの進行がドイツ経済を崩壊させることを恐れていた。さきにも述べ、また後段でも再説するように、ウェーバーの貨幣論は、貨幣の購買力（貨幣価値）の経済理論をテーマとしていない。

しかし、『経済と社会』の貨幣項の末尾部分、とくに校正時の追記と思われる個所で、通貨増発によるインフレにかなり立ち入っていて、「インフレーションは何よりも、つねに特定利害関係者の購買力の創造の特別な種類を意味する[10]」こと、インフレの受益者層（企業者）と被害者層（固定的レントの受領者、賃金・給料生活者）が生じ、財産・所得の社会的再分配（「インフレによる収奪」）を意味すること、したがって貨幣は、たんなる「計算単位」（ウェーバーは後段で述べるように、貨幣の計算的性格を重視しているのだが）や「指図証券」といった中立的なものではないこと、すべてのひとは債権者であると同時に債務者であるから貨幣価値の「減価」は無差別的・中立的であると主張するクナップはこの点で完全に間違っていることを指摘しているのは[11]、興味ぶかい。ウェーバーは、一定年齢以上の現代日本人が第二次世界大戦中と戦後に体験したのと似たインフレを体験し、かれのインフレ論は、一九四〇年代の日本のマルクス経済学のインフレ論と共通する点がある。しかし、ウェーバーは管理通貨制度定着下のクリーピング・インフレーションを知らなかった。

(3)　ウェーバーはやはり最晩年に、ドイツにおける「社会化」政策と[12]、ソビエト社会主義政権の初期（ネップ以前）を知っている。ウェーバーの晩年は、社会主義が貨幣なき実物経済的共同体経済として表象せられ、計画経済の可能・不可能論争の発端をなす文献が出はじめた時期である。

(4)　晩年のマルクスが、モーガンの『古代社会』（一八七七年）をはじめ、原始未開の社会史につよい関心をよせたことは、晩年のノートによって明らかであるが[13]、未開社会の「貨幣」に関する研究が出はじめたのは、マルクスの死後である。未開社会のフィールド・ワークの画期はウェーバーの死後に来るが、ウェーバーはマルクスとは異なって、未開社会の貨幣にかんする、いわゆる「原始貨幣」

論の好文献を知ることができた。

以上、マルクスとわれわれとの中間の時期に生きたウェーバーの時代の、貨幣制度史的および貨幣論史的状況について述べた。そのうち、(1)はウェーバー周辺およびウェーバーの貨幣論の理解にとって前提をなす基礎事実である。(2)はそれ自体興味あることがらであるが、本稿の論構からして、ここでの指摘にとどめざるをえない。(3)、(4)については、本稿第Ⅲ節でその内容に言及するであろう。

(1) Seyfarth, C. u. Schmidt, G., *Max Weber Bibliographie : Eine Dokumentation der Sekundärliteratur*, 1997. 嘉目克彦編「マックス・ヴェーバー文献目録・外国篇」(『知の考古学』一九七七年第八・九号)、天野敬太郎編『日本マックス・ヴェーバー書誌、第二版』一九七二年、同「マックス・ヴェーバー文献目録、日本篇(一九七一―七五年)」『知の考古学』(同前号)のいずれにもウェーバーの貨幣論の研究文献を見ない。しかし、富永健一による『経済と社会』第一部第二章の邦訳(『ウェーバー』、世界の名著 50』、中央公論社、一九七五年、所収)、厚東洋輔による同第三章の邦訳(同前所収)、水沼知一による富永訳省略部分の邦訳「G・クナップの貨幣国定理論について」(『経済と経済学』、一九七七年一月)により、ウェーバーの貨幣論研究の便宜が与えられた。『経済史』の青山秀夫訳註と前記『経済と社会』第二章の富永訳註に参照すべきものがある。貨幣論研究の側からは、ふるくは高垣寅次郎『貨幣の生成』(同文館、一九二六年)八一―八二ページ、あたらしくは吉沢英成「交換・貨幣の原型を求めて」(村上泰亮・西部邁編『経済体制論Ⅱ』、東洋経済新報社、一九七八年)七五―八一ページに、ウェーバー『経済史』の貨幣についての論及がある。

(2) 田中真晴「マックス・ウェーバーの貨幣論新資料――ウェーバーのクナップ宛、一九〇六年七月二一日付書簡――」(『甲南経済学論集』第一八巻三号、一九七八年二月〔本書に第一部第四章として収録〕)

（3） 代表的な事典の「貨幣」の項をみると、*Handwörterbuch d. Staatswissenschaften*, 4. Aufl., IV. Bd., 1927, S. 681 ff. は「貨幣の理論（概説）」「貨幣理論の歴史的展開」「貨幣価値の測定」「貨幣国定説」「貨幣改革論者」の諸節から成り、セリグマン編の、*Encyclopaedia of the Social Sciences*, Vol. X, 1933, p. 601 ff. は「貨幣の本質」「貨幣の起源と重量」「貨幣の本質にかんする諸理論の分類」「貨幣の購買力」「現代の貨幣問題」から成り、*International Encyclopaedia of the Social Sciences*, Vol. 10, 1968, p. 426 ff. はフリードマンの新貨幣数量説が中心で、別項で流動性選好説が紹介されている。

（4）「国内的流通部面では、ただ一商品のみが価値尺度として、したがってまた貨幣として、役立つことができる。世界市場では二通りの価値尺度（doppeltes Wertmass）が、金と銀とが支配している」（*MEW*., Bd. 23, S. 157）。『資本論』第一部第三章第三節C「世界貨幣」のなかのこの句に対し、ようやく第四版（一八九〇年）でエンゲルスが複本位制の理念を嘲笑し、「銀は世界市場においても、ますますその貨幣資格を失ってゆくであろう」と註記している。

（5） もちろん、国際金本位制の成立には、金銀比価の変化や大不況その他の要因があげられ、本文に紹介した点が唯一の要因ではないけれども、馬場宏二『世界経済――基軸と周辺』（東京大学出版会、一九七三年）第二章、侘美光彦『国際通貨体制』（同前、一九七六年）、吉岡昭彦「国際金本位制の成立に関する覚書」（岡田与好他編『社会科学と諸思想の展開』、創文社、一九七七年）は等しくこの点に注目している。

（6） 前掲、吉岡論文、同書、五九九ページ以下、Vgl., Knapp, G. F., *Staatliche Theorie des Geldes*, 1905, S. 263-87. 宮田喜代蔵訳『貨幣国定学説』（岩波書店、一九二二年）三八五―九二ページ。

（7） Weber, M., *Wirtschaft u. Gesellschaft*, 5. Aufl., 1972, S. 93, 106, 109. 前掲富永訳、四三四、四六一ページ、前掲水沼訳、八九ページ。以下、ウェーバーの原典について、『経済と社会』は *WuG*. 『宗教社会学論集』は *GAzRS*.『科学論論集』は *GAzW*.『社会・経済史論集』は、*GAzSuW*. 講義録『経済史』は *Wg.* と略記する。

(8) Vgl., Buraway, J., *Der Nominalismus Knapps, Bendixens u. Elsters, seine Kritik durch die Literatur u. seine Rechtfertigung*, 1929, bes., S. 17—56.

(9) マリアンネ・ウェーバー、大久保和郎訳『マックス・ウェーバー』II（みすず書房、一九六二年）、五二二ページ参照。インフレの進行状況については日本銀行調査局『レンテンマルクの奇蹟』（実業之日本社、一九四六年）、三—五ページを参照。

(10) *WuG.*, S. 108. 富永訳、四六九ページ。*ibid.*, S. 41. 富永訳、三二五ページをも参照。

(11) *ibid.*, S. 111-13. 水沼訳、九二—九六ページ。

(12) ウェーバーが、「社会化」政策に同調できないという理由で、ドイツ民主党の役員を辞する旨をカール・ペーテルゼンに書いた、一九二〇年四月一四日付書簡の全文が公表された。Frye, B. B., A letter from Max Weber, *Journal of Modern History*, Vol. 39, 1967, pp. 119—25.

(13) 田中真晴「晩年のマルクス覚え書」（『経済論叢』第一〇九巻一号、一九七二年一月）参照。その後、『マル・エン全集』補巻4、（大月書店、一九七七年）等によって、晩年のマルクスのノートを知る便宜がひろげられた。

マルクスは壮年期の『経済学批判要綱』（一八五七年—五八年）の貨幣章において、西アフリカ海岸の土着民のバール（鉄棒）のことを書いており（高木幸二郎監訳、大月書店、第一分冊、六三—六四ページ）、貨幣素材についても豊富な叙述がみられるが、晩年の、貨幣制度史についてのノートをあわせてみても、やはりウェーバー時代にくらべて文献的制約を感じさせられる。

II

ウェーバーは、非常な博識の学者であったが、同時代に存在した文献のうちでかれの視界に入ったものは、当然、存在したものの一部にすぎない。読んだかいなか、とくに読まなかったということを確証するのは、一般に、きわめて困難であるけれども、ウェーバーの著作に痕跡をとどめているかどうかを基準とするならば、同時代の経済学にかんするかれの視圏は、経済史を別とすれば、ドイツ語文献に限られていたように思われる(1)。

ウェーバーはオーストリア学派の限界効用理論を、その心理主義的基礎づけから切りはなして、理念型として解釈し、それが同時代までの最良の経済理論であると考えていた(2)。ウェーバー自身は、若いころに、農業労働者の状態の現状分析、取引所の機構の研究、のちには工場労働者の調査などに能力を発揮して、ひろい意味での経済の構造分析に、経済学者としてのすぐれた業績をもっている。かれは経済学の教授でもあった。ここでわたくしは、前節において貨幣論ということばと貨幣理論ということばとを使いわけたのと同様に、経済学と経済理論とを使いわけていうのであるが、ウェーバーは経済学者ではあったが、経済理論については専門家としての資格を欠くことを自覚していた。そうした意味での経済学者ウェーバーは、法制史家ゴールドシュミットや古代史家モムゼンの薫陶を、経済学者になる以前に受けていて、法制史・経済史についての該博な知識を、歴史学派経済学がその一翼であるところの、ドイツ歴史主義の学問的遺産として継承していた。

方法論的反省・論争期を経過したウェーバーは、社会学の構築を指向した。その社会学は、西欧近代合理主義の特質の認識を中心とする普遍史的・比較史的認識との連携において構想されていたはずである。しかし、それ自体としては概念の分類学たる『経済と社会』第一部を有意味に読みとることは、けっして容易ではない。わたくしは、同書第一部第二章「経済行為の社会学的基礎範疇」の第六節―第一四節、第三二節―第三六節余論を『経済と社会』の貨幣項と名づけることにする。[3]貨幣についてのウェーバーの諸規定はこの貨幣項にみられる。いまひとつの文献は講義録『経済史』の序章「概念にかんする序説」第一節(c)および第三章第六節である。[4]じつは、ウェーバーが貨幣について書いているところとなると、それだけにはとどまらない。初期著作は除いても、『国家学事典』第三版寄稿の大論稿「古代農業事情」[5]（一九〇九年）における古代オリエント諸帝国、ギリシア、ローマの貨幣と貨幣制度、『宗教社会学論集』の論文「儒教と道教」（一九一六年稿、一九二〇年加筆）の冒頭の中国の貨幣制度史[6]などがあって、とくに中国貨幣制度史の知識は『経済と社会』の貨幣項の思考素材として活用されているというような関係がみられる。しかし、ここでは、貨幣の定義という一点にしぼって、その含意と学史的系譜を考えてみたい。

『経済と社会』第一部第二章第六節「交換手段・支払手段・貨幣」（貨幣項の最初の節で、かつ内容からみてもっとも重要）における貨幣の定義は、「貨幣とは交換手段であるような表券的支払手段を指すものとする（Geld soll ein chartales Zahlungsmittel, welches Tauschmittel ist.）」[7]という、まことにそっけないものである。『経済史』序章第一節(c)では、右の定義の周辺の説明をとりいれて、いますこしていねいに、「貨幣とは、一定の人間の範囲の内部において同時に交換手段でもあるような、そして——典型的には額面（Nennwert）にしたがって個片にわけられていることによって——計算することができるような、支払手段である(8)」となっている。ややわかりやすいが、本質的には変わらない。

このような貨幣の定義は、どのようにして生まれたのであろうか。この定義が、直接には、クナップ『貨幣国定学説』（一九〇五年）に対する、ウェーバーの高い評価にもとづく検討によるものであった次第は、わたくしの前稿において述べた。その要点をすこし角度をかえて、かんたんにいうと、(1)クナップが「貨幣は法制の創造物である(9)」とするのに対して、ウェーバーは「国家の法制による」という限定をはずして、ヨリひろく、慣習によるのであれ、法制によるのであれ、契約によるのであれ、どのような事由によるかにかかわりなく、一定の人間または地域の範囲内で、現実に通用力をもっているものであればよい、というように規定し直している。(2)クナップは、支払手段は交換手段よりも上位の概念であり、交換手段は支払手段に従属するものと考え、債務決済手段を、貨幣の基礎的・包摂的機能としている。すなわち国家の法制によって定められた支払手段が貨幣である、というのである。これに対して、ウェーバーは「交換手段であるような（表券的）支払手段」が貨幣である、と定義しているのだから、クナップとの対比においていうなら、ウェーバーは交換手段を支払手段に従属包摂せしめないで、交換手段として通用しているものであることが、支払手段（債務決済手段）のなかでも貨幣として認められるべきものの必要条件であるとしているのだから、交換手段の独立的意義を定義においておしだしているところにその特徴がある。そして、貨幣項のなかには、「交換」「市場状態」等についての諸規定にあてられた部分（とくに第七節）があり、市民社会的経済の基礎要素についての、ウェーバーらしい特色のある把握がみられる。

しかし、クナップと対比したばあいのウェーバーの貨幣定義の特徴は右のようであっても、いますこしひろい展望のなかで、ウェーバーの貨幣定義をみるならば、話はちがってくる。わたくしは、さきに、ウェーバーがドイツ歴史主義の学問的遺産を継承したという、ウェーバー研究としては書くのも恥ずかしいような常識を書いたが、ウェーバーの貨幣定義の性格・系譜が、この常識の認識によって照射されるということは、常識ではない。

クナップ（一八四二―一九二六年）は社会政策学会の創立（一八七二年）に参加した、社会政策学派の第一世代に属する歴史学派経済学者である。国家に対する租税支払という債務だけからではないが、すくなくともそれをはじめから念頭において考えられたクナップの支払手段優位の論構は、市民社会的経済――社会的分業と交換――のなかから貨幣を考えるスミス的な古典学派的貨幣論の論構とは、まったく異質的である。マルクスの経済学は、古典経済学に対する経済学批判であり、商品の価値形態の展開から貨幣形態を導出する手法はマルクス独自のものであるが、価値形態論そのものが、いうなれば交換可能性にかんする論理であり、そのあとに交換過程論をもつ。宇野弘蔵のように交換過程論を消去して、価値形態論に一本化するにしても、貨幣をもっぱら商品交換の論構においてとらえるという点に変わりはない。マルクスの経済学が古典経済学批判であると同時に古典経済学批判であることは、貨幣論の論構においてもはっきりしている。それに対して、ウェーバーのばあいはどうか。ウェーバーの学問が歴史学派批判であることは、同じく歴史学派批判であることを含意しているのであって、ウェーバーの貨幣定義は、クナップに対しては交換手段機能の重視を特徴とするが、ヨリひろい視野からみれば、明らかに支払手段の重視を特徴としている。わたくしは、この支払手段の重視、支払手段の意味内容の特殊性に、歴史学派経済学の貨幣論の特殊性があると考えるのだが、そのまえに、オーストリア学派について述べておかなければならない。

クナップとほぼ同年齢の、オーストリア学派の創始者、カール・メンガー（一八四〇―一九二一年）の見解をみよう。メンガーは、純経済的関係（財貨・用役の交換関係）以外の諸関係からの財貨の一方的移転・債務支払等が存在する事実を認めるが、「（それによって）貨幣にいまひとつ別の、支払手段という機能を帰せしめることは、行きすぎである[10]」と述べている。メンガーは、交換からの貨幣の論理的導出を精密に展開することに腐心し、そこにかれの理論的特色があった。ウェーバーはさきにも述べたように、経済理論としては、メンガー以下のオーストリア学派を考えていた。かれは貨幣論においても、かれ自身のテーマのそとにおいた貨幣理論――ウェーバーの用語では「実質的貨幣理論」（materiale Theorie des Geldes）――市場経済における貨幣の購買力（貨幣価値）すなわち価格に関係する経済理論については、やはりオーストリア学派の貨幣理論を考えていて、それにいわば託していたのであって、かれは「全体的にみて、いちばんよいと思われる実質的貨幣理論はミーゼスの理論である[11]」と註記している。ミーゼス『貨幣および流通手段の理論』（一九一二年）を指しているのだが、ミーゼスがオーストリア学派系の若手の理論家であり、ウィーン学派の代表者のひとりになることは、知られている。ウェーバーは、しかしながら同時に、支払手段を交換手段に従属させて、支払手段の独自性を考えないミーゼス（さきに引用のメンガーの論構の系譜）の貨幣の質的規定に対しては批判的であって、「国家もまた支払手段を交換手段としてのみ需要する」というミーゼスの命題は限られた妥当性をもつにすぎない、と指摘している。[12] なお、ウェーバーが批評をくわえながらも、クナップの著書を「見事な労作」として、高く評価し、貨幣の定義論だけでなく、貨幣項のほぼ全体にわたって、クナップの新造語を受容してクナップとの対質をつづけているのとはまさに対照的に、ミーゼスはけんもほろろにクナップを拒否しているのをみると、[13] 上述の関係が、いっそうよくわかるであろう。

さて、支払手段の特殊的重視の系譜を歴史学派経済学者の貨幣論文献について実証する予定の文段に到着したが、紙数の関係で、端折って述べるにとどめねばならなくなった。

歴史学派のなかでも、クナップのようなのは、例外的に極端なケースであって、ふつうはやはり、交換から貨幣を説いている。また、歴史学派は方法論的主張と経済学の内容とが一致せず、経済理論は古典学派やのちにはオーストリア学派等からの借用であって独自の経済理論をつくりださなかったのだから、歴史学派固有の貨幣理論が存在しないだけでなく、貨幣論としても学派としての筋の通った共通性を見出しにくい。しかしまさにそのような意味で、クニースの大著『貨幣と信用』の第一部『貨幣論』[14]（一八七三年）は歴史学派のひとつの代表作といえるのではなかろうか。

クニースは、やはり交換から貨幣の発生を説いている。しかし、かれの『貨幣論』には意外にもマルクスの影響が顕著であって、貨幣の諸機能を、(1)価値尺度、(2)一般的交換手段（鋳貨・貨幣代用物はここで説かれる）、(3)支払手段、(4)価値保持物（Wertträger）という順序で述べていることだけからも、その影響が知られるであろう。予想されるように、クニースのマルクス理解は浅薄というほかない。たとえば、マルクスのあの問題的な、二商品に共通な「第三者」から価値実体を導出する論法自体を承認して借用しながら、共通なるものはマルクスのいうような「労働」ではなくて、「使用価値一般」だ、とかれは主張するのである。[15] クニースは、貨幣価値は貨幣財が貨幣以外の用途（anderweitige Verwendung）において有する使用価値に根拠をもち、それから離れえないと考えているという意味で、貨幣実体論者であり、金属主義者である。さて、(3)支払手段にいたると、マルクス模倣から内容が転調する。「承認された、有効な権力諸関係の結果としておこなわれる財の移転が第三の基礎範疇（支払手段のこと）をつくり出す[16]」とかれは述べる。ここに有機体的国家が経済に割りこみ、(4)価値保持物にも特殊な意味を認めて信用とくに公信用論への展開を準備し、その間に貨幣の法理論に多くの紙量が費されている。これが歴史学派に共通な、とはいえないにしても、代表的な歴史学派経済学者のひとつの貨幣論であった。

（1）　ウェーバーが、ジェヴォンズ、マーシャル、ワルラス、パレート、初期のケインズらの経済学を知っていたという形跡は見出されない。「倫理」論文にペティ、スミスらの引用はあるが、「倫理」論文の文脈においての利用である。ウェーバーがリカードゥ、マルクスを読むことをゼミ学生にすすめたという伝聞がある（安藤英治『ウェーバー紀行』、岩波書店、一九七二年、一五二ページ）が、ウェーバー自身がリカードゥ、マルクスの経済学にふかい関心をよせていたと論定するには足りないように思われる。ただし、ウェーバーはマルクスの思想の基本構造については、要点をただしく理解していた、とわたくしは考えている。たとえば、講演「社会主義」（一九一八年）（『世界教養全集』18『ウェーバー』、河出書房新社、一九六二年）三九五ページ以下を参照。

（2）　出口勇蔵『増補・マックス・ウェーバーの経済学方法論』（ミネルヴァ書房、一九六六年）、一〇四―一一二ページを参照。

（3）　*WuG.*, S. 38―62 ; S. 97―113. 富永訳、三一八―六〇ページ、四四二―六八ページ、水沼訳、八九―九五ページ。富永健一は貨幣項の前半部に「市場経済原理」、後半部に「貨幣制度」という、原典にはない見出しをつけているが、ほぼ妥当であると思う。貨幣項の前半と後半の中間に、「分業の諸形態」（一五節―二四節 a）、「資本計算の合理性」（二五―三一節）がある。わたくしが主として問題にするのは貨幣項の前半部である。

（4）　*Wg.*, 3. Aufl., 1958, S. 3―6 ; S. 208―23. 黒正巌・青山秀夫訳『一般社会経済史要論』上巻（岩波書店、一九五四年）、一二―一五ページ。同、下巻（同、一九五五年）六九―九二ページ。おおざっぱにいうと前者は『経済と社会』の貨幣項の前半部、後者は後半部に対応するが、厳密にいえばかならずしもそうではない。

（5）　Weber, M., Agrarverhältnisse im Altertum, 1909, in *GAzSuW.*, S. 1―288. 渡辺金一・弓削達訳『古代社会経済史』（東洋経済新報社、一九五九年）。貨幣・貨幣制度は邦訳の目次と索引から検出することができる。

（6）　*GAzRS.*, Bd. 1, S. 276―90. 木全徳雄訳『儒教と道教』（創文社、一九七一年）第一章「社会学的基礎」第一節「貨幣制度」、三―四八ページ。

（7）　*WuG.*, S. 39. 富永訳、三一八ページ。chartal というのは、クナップの造語のひとつ。ラテン語の charta（元来はエジプトのパピルス、記録された紙）に由来し、中世では特許状などの意をもつようにもなった。magna charta, Chartist などの例を参照されたい。（貨幣であることがわかる）しるしをもっている、という意味であって、紙幣でもよいが紙幣には限らず、金属その他でもよい。ただし、ウェーバーは自然物そのままでは貨幣たりえず、なんらかの仕方での加工物でなければならないとしている。

（8）　*Wg.*, S. 5. 邦訳、一二ページ。ただしこの個所が属する序章部分の邦訳は、訳というよりも解説にちかい。
(9) Knapp, G. F., *Staatliche Theorie des Geldes*, 1905, S. 1. 宮田喜代蔵訳『貨幣国定学説』(岩波書店、一九二二年。一九二一年の第三版からの訳、原典第四章を省略) 一ページ。
(10) Menger, C., Geld, in *Gesammelte Werke*, Bd. IV, 2 Aufl., 1970, S. 52.『国家学辞典』第三版の「貨幣」項として、一八九二年執筆の論文である。同第四版のヴィーザーの貨幣項論文の論構も同様である。Vgl., *HwdSw.*, 4 Aufl., 1927, S. 631 ff.
(11)(12) *WuG.*, S. 40. 富永訳、三二一ページ。
(13) Mises, L. von, *Theorie des Geldes und der Umlaufsmittel*, 1912, 2 Aufl., 1924, S. 243—50. 東米雄訳『貨幣及び流通手段の理論』(実業之日本社、一九四九年、原典第二版の訳) 二八〇—九〇ページを参照。ミーゼスはクナップにインフレの責任まで負わせている。
(14) Knies, C., *Geld und Credit, Abt. 1, Das Geld*, 1873, *Abt. 2, Der Credit*, 1876 u. 1879. 山口正吾訳『貨幣論』(日本評論社、一九〇三年) は第一部の第二版の訳。
(15) *ibid.*, 1. Aufl., 1873, S. 123—24. 邦訳、一九〇ページ。マルクスはクニースのこの書物を読んでいて、嘲笑している。Vgl., *Ex Libris K. Marx u. F. Engels*, 1967, S. 115.「マルクスのエンゲルスへの手紙、一八七七年七月二五日」(『マル・エン全集』第三四巻、五二—五三ページ)、川鍋正敏「国際社会史研究所所蔵マルクス・エンゲルスの草稿および蔵書目録」(『立教経済学研究』第二〇巻三号、一九六七年三月)、六三ページを参照。
(16) *ibid.*, S. 194. 邦訳、二五九ページ。赤羽豊治郎『ドイツ歴史派経済学研究』(風間書房、一九七〇年)、三二三—五一ページに、クニースの貨幣論が論じられているが、論点・解釈ともに私見と異なっている。

III

ウェーバーはクニースの講義を聴き、またクニース引退のあと、その後任者としてハイデルベルク大学哲学科経済学講座の教授に迎えられた（一八九六年）という因縁があるが、クニースの貨幣論から積極的に学んだという形跡は見当らない。(1) ウェーバーにかぎらず、ウェーバー周辺の貨幣論の著者たちは、およそ一世代前のクニースの大著を無視するか、暗に批判的であるかであったようである。

ウェーバーの『経済と社会』の貨幣項の諸概念が、クナップの著書と緊密に関係していることは、前節で述べたとおりであるが、ウェーバーはクナップの著書よりもさき、病気が快方にむかって、読書を再開した一九〇二年に、ジンメル『貨幣の哲学』(2)（一九〇〇年）を読んでいる。ウェーバーの貨幣論にとって、いまひとつ重要なのは、シュルツ『貨幣形成史概要』(3)（一八九八年）である。ウェーバーがこの書物を読んだのがいつごろかはわからないが、たぶんかなり後であろう。ジンメルとシュルツとでは、ウェーバーへの影響の性質がまったくちがっている。ウェーバーは、するどい才能と多くの業績にもかかわらず、文部当局のユダヤ人種に対する偏見のために、不遇な地位に甘んじさせられていた、年長の友人ジンメルのために、心をくだいたのであったが、ジンメルの華麗奔放な労作について、「誤りさえもが、読者の思考を触発して前進させる刺激に充ちていて、それにくらべれば、他の学者たちの最良の業績でも、多くは空虚で退屈に思われるほどである」(4)と感じると同時に、ジンメルの「誤謬」にみられる偶然でない傾向性、その方法論に対して、きびしい批判的意識をもっていた。

ウェーバーがジンメルの『貨幣の哲学』と『社会学』の批判を意図した草稿断片が、最近、英訳で発表されたが、惜しいことに、内容の検討に入るまえで中絶している。(5) シュルツの著書は、ジンメルの著書が哲学的であるのに対して、実証的である。シュルツは多くの実態報告文献に拠って、「文化民族」とは異なる「自然民族」のもとでの「原始貨幣」の特質と貨幣の形成史を、理論化してみせている。かれは自著を、経済学ではなく、民族学（Völkerkunde）の研究書だと言っている。(6) ウェーバーがシュルツの著書を存分に活用していることは、以下の行論の過程で、若干知られるであろう。

さて、前節で述べたウェーバーの貨幣の定義を想起して、そこから貨幣項の理解をすすめたいが、ここでひとつ、ことわっておきたいことがある。ウェーバーの範疇論は、概念規定の精密・周到さが、かれ自身の苦心と自負のありどころであり、そのためにかれ独特の術語や言いまわしが使用されているのだが、それにしたがって書くと、途方もなく長くなってしまう。限られた紙数のなかで、ウェーバーの考えの要点を、われわれの関心にひきよせて論じるために、ウェーバーの厳密な内在的理解をすこしは傷つけることになっても、精密にして煩瑣なウェーバー語を、ときにはおおざっぱでも、わかりやすい表現に言いかえて話をすすめる必要がある、ということがそれである。

ウェーバーの貨幣の定義は、まず、くだいていえば、それが貨幣であり、かついくらの額の貨幣であるかがわかるようになっていて、ひとつふたつ、あるいは一枚二枚と算えるだけで総計がわかるようなものである。貨幣と貨幣の前段階的な貨幣らしきものとを区別するのは、貨幣の定義そのものによるわけだが、ウェーバーの右のような定義によれば、受けわたしのさいに重量を秤らねばその額がきまらないような、いわゆる秤量貨幣は、貨幣にきわめて近い貨幣らしきものであるが、まだ貨幣ではない。いくらの額ということがわかるようになっていること、ウェーバーのいうNennwert（額面と訳すべきか、名称価値と訳すべきか）が、そのものにしるされていることが貨幣としての必要条件である。ウェーバーは、額面が表示されていることによって、機械的に計算が可能になるということの意味を、後述するように重視するが、抽象的な計算単位そのものは貨幣ではなく、貨幣は金属にせよ紙幣にせよ、ともかくものでなければならない、と考えている。

しるしづけられている額あるいは額面（名称価値）とはなにか。シェーケル、両、円、ポンド、マルク等の（貨幣）称呼による定量的表現である。

では、それはどのような意味をもつのか、マルクスによれば、貨幣の価値尺度（Mass der Werte）としての機能と価格の度量標準（Massstab der Preise）としての機能とは異なる。貨幣は、価値の尺度としては「人間労働の社会的化身」であり、いろいろの商品の価値を「表象された金の分量」に転形し、価格の度量標準としては、金の一定分量でいろいろの金の分量を計る。貨幣称呼は価格の度量標準の名である。マルクスは価格が量的に価値（比率）から乖離する可能性をもつだけでなく、価値でないものが価格をもちうることを認めたが、価値（比率）に対応する価格の線にそって、論理を運んでゆく。貨幣称呼は、商品の価値関係の必然的発展の所産ではあるが、それは「価値関係のあらゆる痕跡が消えうせて」いる「没概念的、物象的な社会的形態」[7]である。『資本論』における貨幣称呼の位置と性格は、このようである。ウェーバーにおける貨幣称呼＝しるしづけの意味は、まったく異なる。ウェーバーは、労働価値説を認めないだけでなく、概念規定と叙述の一義的明晰性を保持するために、多義性のまつわる「価値」という語そのものを使用しない[8]。ウェーバーにとって、貨幣として認められるに必要なことは、あるしるし（貨幣称呼）をもつものが、通用することだけである。「交換手段」としての通用力（Geltung）とは、そのものを受けとってもっておれば、「考えのうちに入るかぎりの未来」において、「損にならないような交換比率で、他財と交換できるであろう」という見込み（Chancen）があることが、受取り手の念頭に第一義的にあって、そのものを受取るのが典型的であるようなばあい、そのものは交換手段としての通用力をもつ、すなわち交換手段である、というふうに定義している。同様に、支払手段とは、そのものを引き渡せば、一定の給付義務を果たすことになることが、なんらかの仕方で保証されているようなものである。このようなウェーバーの定義の仕方は、実体概念を徹底的に排除して、行為の理解から概念を組み立ててゆく方法にもとづいている。いま述べた交換手段の定義をとってみると、ウェーバーの定義は、交換媒体としての一般的受領性（general acceptability）を貨幣のメルクマールと考えるグレゴリその他イギリス・アメリカにおける通説的な機能主義的貨幣論の定義と同じことを指しているし[9]、マルクスが価値形態論において、等価形態を直接的交換の可能性の形態としていることも想いおこされる。しかし、ウェーバーのばあい、支払手段の契機の重視のことは別にしても、行為の指向、すなわち、行為者が主観的にその行為について思いうかべる意味の型的性格に注目して、概念を組み立てる方法に特徴がある。

さて、通用力という概念は当然、通用領域（Geltungsbereich）を暗にふくんでいる。ウェーバーはここで、前述のシュルツから借用して、内部貨幣（Binnengeld）と外部貨幣（Aussengeld）という区別を導入する。一般的に表現すれば、ある集団の内部において貨幣として通用するものが内部貨幣であり、その集団のそとの集団（の成員）に対する関係においての貨幣が外部貨幣である。一定の集団――ウェーバーは「ひとびとの範囲」または「一定の地域」ともいう――のうちとそとという区別に貨幣が関係づけられることは、展望性をもつ概念定立であって、現代あるいは将来の貨幣に対しても有効な視野を提供するように、わたくしには思われるし、また、ウェーバー自身の体系にそくしては、あの有名な「対内道徳」と「対外道徳」の二重構造にも関係する点があって興味ぶかいが、それはさておいて、ウェーバーが依拠する当面関係のふかいシュルツの論点を要約すると、つぎのとおりである。(10)

(イ)　食糧・土地について部族（Stamm）の共産制が支配している状態において、個人財産とその相続が成立してくるのは、まず個人がこころをこめてつくった、自分の身体の「装飾品」、ついでは武器、器具類であった。

(ロ)　ある種の装飾品的なものに対する部族共同体の成員の評価が定まってくると、それが富の代表物となり、蓄蔵および部族内での支払手段（債務決済手段）になり、すすんでは交換手段にもなる。これが内部貨幣の成立史である。

(ハ)　贈与交換を端初とする対外取引では、内部貨幣とはちがった種類の財が使用される。商業貨幣（Handelsgeld）の起源はむしろ外部貨幣にある。外部貨幣が共同体内部に入ってきて内部貨幣になることもあり、外部貨幣と内部貨幣の融合現象が、ヨリ進んだ段階において起きる。

シュルツの右のような論述は、「商品交換は共同体の果てるところで、共同体が他の共同体またはその成員と接触する点ではじまる。……しかしそれは反作用的に内部的共同生活においても商品になる」(11)というマルクスの有名な命題を具体化するところがあることに気づかれるであろう。

ウェーバーは、私有財産成立との関連をふくめて、シュルツの貨幣成立史論を利用している。とりわけ、発展した「貨幣」においてはひとつのもの（貨幣）に集中して帰属している諸機能が、複数の「特殊貨幣」に分散して帰属しているところに、「原始貨幣」の特徴があるという認識は、ポランニーの原始貨幣論の先取といってよいであろう。(12) なお一言つけくわえておくと、ウェーバー自身は民族学（民俗誌）に立ち入らなかったけれども、「呪術の園」(Zaubergarten) を原点として合理化の諸方向を考えるかれの構想は、近代人とは異なる未開人の心性における「貨幣像」の理解について、ウェーバー時代以後の諸研究の成果を摂取する道を、方法論的に宿していると、わたくしは考える。

ウェーバーにもどって論をつづけると、かれは右のような原始貨幣の認識を踏まえ、原始貨幣との区別を意識して、「貨幣とは交換手段であるような表券的支払手段を指すものとする」と定義しているのである。交換手段と支払手段との発生径路はかならずしも同じでなく、また歴史的には後者のほうが先行したという認識が、この定義の裏にある。ウェーバーの「貨幣」は、ウェーバーの現代から、すくなくとも判定基準としては古代諸帝国にまで遡及して適用可能な、ひろい包括性をもつけれども、基本的には現代貨幣（「管理通貨」をふくめて）を典型とする貨幣の概念である。

ウェーバーの貨幣定義が、交換手段・支払手段によって規定されていることについて、普通あげられている貨幣のその他の諸機能をウェーバーはどのように処理しているのか、という疑問がうかぶであろう。その点はこうである。元来、『経済と社会』第一部第二章は、諸概念の定義と、「経済の内部における もっともかんたんな社会学的諸関係の確定(13)」とを課題としていて、貨幣については、第六節「交換手段・支払手段・貨幣」で定義を与えているのについで、第七節「典型的貨幣使用の第一次的諸結果（primäre Konsequenzen）、信用」において、他のことがらとともに述べられている。すなわち、貨幣使用（Geldgebrauch）によって、諸財の交換の場所的、時間的、人的、量的分離が可能となり、「交換可能性の範囲が飛躍的に増大する」ことなどと並べて、いわゆる「価値の蓄蔵（Wert-aufbewahrung）」が、「将来の交換機会にそなえて処分力を確保する手段としての、貨幣現物の保蔵、あるいはいつでも請求できる債権のかたちでの保蔵[14]」として述べられている。「価値の尺度」は、ウェーバーにはない。かれはそのかわりに、「貨幣計算（Geldrechnung）」すなわち、「交換において授受されるすべての財とサーヴィスを貨幣で評価する可能性」を、貨幣使用の第一次的な結果の「すべての基礎にある原理的にもっとも重要な要因[15]」として強調している。

この「貨幣計算」の意義は、ウェーバーの貨幣論のなかでもとくに注目に値いする。「貨幣計算」は「営利指向」「市場状態」「信用」の基礎である。さらに、「すべての合理的な経済に固有な配慮（Vorsorge）が数字で示されるような、計算可能な熟慮というかたちで表現される度合が高ければ高いほど、経済は形式的に合理的であるというべきである。……貨幣という形態が、最大の形式的な計算可能性を示す[16]」と。

ウェーバーは、知られているように、形式的合理性と実質的合理性とを区別し、前者の高度化が後者を損いうることを十分に認めたが、実質的合理性の内容がなにであるかは、評価基準によって多義的であり、普遍妥当的な価値評価体系というものはない、と確信していた。他方、近代経済の存立は、貨幣計算による形式的合理性を絶対に必要とすると、かれは考えていた。

いま述べたことは、社会主義経済についてのウェーバーの予測にかかわりをもつ。本稿第I節で触れたように、ウェーバーはドイツの「社会化」政策とネップ以前のソビエト経済の時期に発表されていた、計画経済論の端緒的文献だけしか知りえなかった。そしてかれは、ノイラートの実物計算可能論を部分的には承認したが[17]、『経済と社会』第一部の印刷中に読んだミーゼスの計画経済不可能論[18]に、より多くの真実があると考えた。そのばあい、社会主義経済は、市場の存在しない、労働と財との原単位計算による共同体経済として議論されていたのである。ウェーバーは、社会主義の「貨幣」を、本節で述べたかれの貨幣定義とは異質で、その定義のそとにあるものとし、「実物計算」の節でわずかに言及しているにとどまっている[19]。市場をもつ社会主義についての計画経済論は、ウェーバー死後のことであった。社会主義における貨幣にいたっては私見のおよぶかぎり、いまだに新鮮な見解に接しない。「社会主義経済」の考え直しをふくむ経済原論づくりの一環として、解明されるべき問題であろう。

(1)　ウェーバーは、クニース『貨幣と信用』が、著者の主張した「歴史的方法から完全に離れている」とだけ指摘している。*GAzW*, 3. Aufl., 1968, S. 42. 松井秀親訳『ロッシャーとクニース(一)』(未来社、一九五五年)、九二ページ。*WuG.* その他には、私見のおよぶかぎりクニースの貨幣論への言及は見出されない。

(2)　Simmel, G., *Philosophie des Geldes*, 1900, 2. Aufl., 1907. 堀井実訳『貨幣の哲学・分析篇』(斯文書院、一九三三年)、傍島省三訳『ジムメル・貨幣の哲学』(日本評論社、一九四〇年)のいずれも、同書第二部・総合篇を訳出していない。恒藤恭『ジムメルの経済哲学』(改造社、一九二三年)も同書第一部分析篇の略述である。ウェーバーが『貨幣の哲学』を読んだ時期については、マリアンネ・ウェーバー、前掲邦訳I、二〇一ページを参照。

(3) Schurtz, H., *Grundriss einer Entstehungsgeschichte des Geldes*, 1898.

(4) Weber M., Georg Simmel as sociologist, intr, by D. N. Levine, in *Social Research*, Vol. 39, 1972, p. 158.

(5) 「社会学者および貨幣経済の理論家としてのゲオルク・ジンメル」(“Georg Simmel als Soziolog und Theoretiker der Geldwirtschaft”) というタイトルで、一九〇八年執筆と推定されている。前註(4)がそれである。ヴィンケルマンの手にあるウェーバー文書のなかから発見され、レヴァインの解説を前文に付して英訳された印刷六ページの短い断片である。

(6) Vgl., Schurtz. H, *a. a. O.*, S. 1, 5.

(7) 本文のこの近辺の要約については、『資本論』第一部第一篇第三章第一節を参照。

(8) *WuG.*, S. 31. 富永訳、三〇一ページ。ウェーバーが述べているのではないが、たとえば本稿前節に登場させた貨幣諸論の「貨幣の価値」についてみても実に多義的であって、クニースは貨幣財の使用価値を、クナップは貨幣称呼自体を、オーストリア学派は、貨幣の購買力(=客観的価値。主観的価値からいかにして客観的価値を論理的に導出しうるかが、この学派のかかえたアポリアであった)を考えていた。なお、田中真晴、前掲論文〔本書に第一部第四章として収録〕を参照。

(9) cf., *Encyclopaedia of the Social Sciences*, Vol. X, 1933, p. 601., *Encyclopaedia Britannica*, Vol. 16, 1965, p. 701.

(10) 以下のシュルツの要約的紹介は、Schurtz, H., *a. a. O.* S. 7—15, 17, 62—67, 75, 159, 171—74. ウェーバーのシュルツの利用は、*WuG.*, S. 40. 富永訳、三二一ページ、*Wg.* S. 4—5, S. 209—13. 前掲邦訳、上巻、一二—一三ページ、同下巻、六九—七六ページ。

(11) *MEW*, Bd. 23, S. 102—03. マルクスのこの有名な命題が、推論によるのか、文献に拠るのか、当時すでにある程度は知られていたことなのか、知りたく思う。

（12）　カール・ポランニーの原始貨幣論については、玉野井芳郎・平野健一郎編訳『経済の文明史』（日本経済新聞社、一九七五年）、第一部第三章として所収の「貨幣使用の意味論」、とくに訳出されていない同論文の補論、*Primitive, Archaic, and Modern Economies*――*Essays of Karl Polanyi*, ed. by. G. Dalton, 1968, pp. 175―203. が明確である。吉沢英成「原始貨幣論を超えて」上・下（『甲南経済学論集』第一七巻三号、四号、一九七七年二月、三月）参照。

（13）　*WuG.*, S. 31. 富永訳、三〇一ページ。

（14）（15）　*WuG.*, S. 42. 富永訳、三二三―二四ページ、およびその近傍参照。

（16）　*ibid.*, S. 45. 同訳、三七一ページ。

（17）　Neurath, O., *Wesen und Weg der Sozializierung*, 1919.（筆者未見）、*WuG.*, S. 56. 富永訳、三五五ページ。

（18）　Mises, L., Die Wirtschaftsrechnung im sozialistischen Gemeinwesen, *Archiv f. Sw. u. Sp.*, Bd. 47, 1920, S. 86―121. *WuG.*, S. 58. 富永訳、三五八ページ。

（19）　「一定の財に対する、たとえば（有用的と認められた）一定量の労働を基礎として探し求められる、社会主義的な指図証券（Anweisung）は蓄蔵貨幣や交換の対象にもなりうるであろうが、（ばあいによっては間接的な）実物交換の規則にしたがうものと考えられるであろう」（*WuG.*, S. 41. 富永訳、三二一ページ）。

IV

『経済と社会』の貨幣項は、いうまでもなく、それに先立つ方法論と概念規定、およびそれに接続する諸項と関連して、歴史としての現在をふくむ、ひろい意味での普遍史的・比較史的研究のために有用な概念装置であるべきことを意図して書かれていたはずである。ここでは、方法としては「理解」、接続諸項のうちからは「資本」にかんして若干の指摘をしておきたい。比較の対象として、ジンメルとマルクスにすこしばかり顔を出してもらう。

(1)　ウェーバーがジンメルの才能に感嘆すると同時に、根本的に受け容れえないものがあると考えていたことを、前節のはじめに内容の説明ぬきで述べておいたが、ウェーバーが「承認できない」と考えたのは、第一に方法論についてである。

ウェーバーの社会学は、社会的行為の意味の理解を基点としている。意味には二つのまったく異なる語義があって、行為の当人（単数でも複数でもよい）がその行為において「思いうかべていた（いる）意味」、くだいていえば、当事者が、どのような心算でそうした（する）のか、ということと、研究者（観察者）が、当事者自身のそのような行為の主観的意味あるいは諸行為の合成結果を、どのように考え、それにどのような意義を認めるか、という位相での意味（「研究主体にとって妥当する意味」）とがあり、この二つの相異なる意味を峻別しなければならないこと、そして理解社会学の方法の枢点は、まずもって、第一の意味の「理解」（こまかい区別をする解釈もあるが、動機理解といってよいと思う）を通して社会的諸事象を把握することにあるというのが、ウェーバーの主張する方法である。しかるに、ウェーバーによれば「ジンメルは、二つの意味を区別しないことがあるばかりか、しばしば故意に混同させている」のである。(1)

わたくしが読んだかぎりにおいて、ウェーバーのジンメル批判は当っていると思う。『貨幣の哲学』

では、諸個人の貨幣をめぐる動機理解の視点が確保されずに、しかも全体としては多分に心理主義的な展開によって、「近代の計算的本質（das rechnende Wesen d. Neuzeit）」「存在の相対的性格の歴史的シンボルとしての貨幣」という歴史哲学的意味が論定されているように思われる。ただし、ウェーバーは、ジンメルから、貨幣計算の意味を社会学の地盤に移して、多くを学んだと考えられる。(2)

(2)　ウェーバーがジンメルを批判する第二点は、「ジンメルの『貨幣の哲学』においても、貨幣経済と資本主義とが、ほとんど同一視されていて、それが内容的な説明をそこなう結果にもなっている(3)」ことである。ふたたび、わたくしの読んだかぎりでのことであるが、『貨幣の哲学』には、資本主義という概念が見当らない。ジンメルは、生の全体に対する、貨幣の量化作用の浸潤に近代（現代）の意味をみるのであるから、貨幣一元史観的であり、前近代から近代への移行も、貨幣経済化の度合の問題に帰着している。

ウェーバーは貨幣と資本を区別する。かれは、貨幣計算によってのみ可能な経済の形式的合理性の基礎的意義を十分に認めるが、貨幣計算はいまだ資本計算ではない。「資本計算は合理的な営利経済にとくに固有な貨幣計算の特殊形態」であり、「資本計算とは、営利機会とその損益を評価し、かつ、検査することである。(4)」こうして、行為の次元での資本主義とは「営業成果の貨幣評価額と営業元本の貨幣評価額の比較へと現実に指向していること、これが経済的行為を決定的に制約していること(5)」である。「近代資本主義」は、それがやはり資本主義であるということと、資本主義のなかでも独自の特徴をもつ資本主義であるということとに、ウェーバーは注目する。「資本主義はたしかに、持続的かつ合理的な資本主義的経営という姿をとっておこなわれる利潤の追求である。……総体としての資本主義的経済秩序の内部におかれたばあい、収利性の確保を目指さない資本主義的個別経営などというものは没落するほかない[6]」。みられるとおり、ここでは経済組織の次元に話がすすんでいる。そして、ウェーバーが、冒険的、政治的、軍事的な「資本主義」に対して、「交換の機会（Chancen）を利用しつくすことによって利潤の獲得を期待する」こと、「合理的な労働組織」をもつことに、「近代資本主義」の固有の特徴的性格をみたことは、すでによく知られている。

　ウェーバーの右のような近代資本主義のとらえかたが、歴史学派がジンメルとは対立的で、むしろ、方法論も用語も異なりながら、内容的にはマルクスのそれと親近性をもつ、ないしは重なりあう面をもつことについては、もはやスペースがないし、またすでに言われているところであるから、指摘するにとどめる。本稿の論点との関係では、範疇論における「貨幣」の位置づけ、「貨幣」と「資本」との区別が、右のような両者の親近面をつくりだす概念規定的基礎であることを確認しておけば、いちおうことは足りている。

(3)　最後に、方法論的にはもっとも重要で、問題的な、「理解」が残った。この点では、基本的には、ジンメルとマルクスとに、ウェーバーが対立するのだが、もはや展開の紙量がない。そこで、わたくし自身の覚え書きを書きつけておく。動機理解の方法はたしかに有効性をもつし、利用できるものは利用してゆきたい。しかし、同時に、動機理解から構造分析を導出することは不可能であり、動機理解にかたよると、それこそ俗流経済学・俗流社会学になる危険がある。社会科学の本筋はやはり客観的構造分析であり、動機理解からではなくて動機理解を通してということの有効面と限界を心得ていることが大切なのではなかろうか。

動機理解の有効性を示す点をあげよう。ジンメルでは、貨幣経済化は「個人の解放」と「高貴な諸価値の解体」を一義的に意味する。それに対して、ウェーバーの方法は、たとえば地代の金納化のもとでも、地主対農民の伝統的行為様式・関係が存続するというような、微妙で重要な分析視角を提供する。ウェーバーが論文「儒教と道教」のはじめの部分で、一六、一七世紀における中国での貴金属の顕著な増加は「たしかに貨幣経済への発展を、とくに国家財政面において、疑いもなくある程度強化したが、それは伝統主義の打破と手をたずさえて進んだのではなくて、むしろ、伝統主義のまぎれもない強化と手をとりあっていた……」(7)と書いているのは、動機理解にだけよるのではもちろんないが、動機理解の契機をうちにふくんでいる。

動機理解への偏倚が俗流化に導く危険性の例としては、たとえば、利潤の説明にさいして、利潤がないのなら誰も投資しないだろう。もうかると思えばこそ、そして経験的にはおおむねもうかるからこそ投資するのだ、利潤は資本家が現在の享楽を犠牲にして投資（＝資本の前貸）をすることに対する社会的報酬である、というような、資本家の動機理解から出立して、節欲説におわるような利潤論に典型的にみられるであろう。客観的構造分析を欠くばあい、理解的方法は実に危うい。

ウェーバーの仕事を全体としてみると、理解的方法による社会学的範疇論を展開しながら、現実分析においては、実はそれとは異なる構造分析的方法を用い、そのなかに動機理解を有効に活用していることにこそ、すぐれた点があると考えられる。そしてわたくしにとっては、当面、ウェーバーの貨幣論にみられる理解的方法を、どのように批判的に摂取しうるかが、貨幣論の素材的消化とともに、ウェーバーから投げかけられている問題である(8)。

(1) *WuG.*, S. 1, 清水幾太郎訳『社会学の根本問題』(岩波文庫、一九七二年) 八ページ。
(2) Simmel, G., *a. a. O.*, S. 479, 501, 584—85.
(3) *GAzRS.*, I, S. 5 (Anm). 大塚久雄・生松敬三訳『宗教社会学論選』(みすず書房、一九七二年)、一三ページ。
(4) *WuG.*, S. 48. 富永訳、三三八ページ。
(5) *GAzRS.*, I, S. 6. 前掲訳、一三ページ。
(6) *ibid.*, S. 4. 同、一〇ページ。
(7) *ibid.*, S. 290. 木全徳雄訳『儒教と道教』(創文社、一九七一年) 一五ページ。
(8) 内田義彦は、スミスが動機理解と構造分析とをたくみに駆使したことを明らかにし、かれ自身も学史研究において意識的に両方法を使っている。両方法の性格については、とくに同『社会認識の歩み』(岩波新書、一九七一年)、一六七ページ以下を参照。

ウェーバーの理解社会学の方法の問題については、ウェーバー生誕百年記念シンポジウムにおける丸山真男の発言がするどく、示唆的である。大塚久雄編『マックス・ヴェーバー研究』(東京大学出版会、一九六五年) 三七二—七六ページを参照。出口勇蔵『社会思想史』(筑摩書房、初版、一九六七年、第二版一九七六年) における「人間中心の思想」と「体制中心の思想」という分類は、社会思想の型についての区別であって、動機理解と構造分析という方法の区別と同じではないが、親近的であると考えられる。

経済学史において、構造分析的理論の典型として、ケネーの経済表、リカードゥ、マルクス、スラッファがあり、新古典派には動機理解の契機がつよく、ケインズは動機理解の洞察力において卓抜であったと思う。

マルクス経済学において、宇野弘蔵が価値形態論に商品所有者の交換欲望をいれているのは、理解的方法の導入である。また、廣松渉の「für es と für uns の区別の論理」が、ウェーバーの「二つの意味」に内容的に一致するのではなかろうか。同『資本論の哲学』（現代評論社、一九七四年）、とくに同「貨幣論のためのプレリュード」（『現代思想』一九七七年十月号）を参照。

〔**追記**〕紙数超過のため、(1) クニースとジンメルの貨幣論の紹介の一部、(2) ウェーバーの「貨幣」と「資本」との区別、「近代資本主義」の概念が、ゾンバルト——ゾンバルトはマルクスから学んでいる——に大きく負うことの論述、を削除した。『経済と社会』における「貨幣」「資本」と分業論（経済的給付の類型論）との関連は、一義的な解釈を許さず、厖大になるので、本稿のテーマから省いた。

〔初出 行沢・田中・平井・山口編『社会科学の方法と歴史』ミネルヴァ書房（一九七八年）〕

第二部　経済思想史論考

第一章　貨幣生成の論理

I

わたくしが本稿で試みようとするのは、商品から貨幣が成立してくる過程を、マルクスを手がかりにして、しかし必ずしもマルクスと同様にではなく、再考することである。

マルクスの貨幣論は固有の特徴をもっているが、ひろい視野からみると、古典学派、オーストリア学派、新古典学派らと共通する性格をもっている。商品貨幣説あるいは交換説ということがそれである。貨幣の生成を財あるいは商品の交換に求めることは、マルクス経済学をふくめて、経済学の主流的な伝統である。(1) マルクスの貨幣論は交換からではなくて、価値表現（価値形態論）を交換過程に先立って説くという特徴をもつが、価値形態論は後段ですこしく述べるように、等価形態の商品に付着する直接的交換可能性に貨幣の萌芽をみるのであって、ひろい意味での交換説である。

交換説に対する異論はドイツ歴史学派の流れのなかから出された。(2) もっとも著名なのは、クナップの貨幣国定説であるが、ラウムの神聖貨幣説などもそうである。(3) それらは、貨幣の起源を経済的な交換以外の、国家とか宗教とかに求め、それに相即して、交換手段ではなくて支払手段を貨幣の本源的機能であると考えた。

交換説に対する異論はまた、未開社会の実態調査を基礎として、文化人類学者から出されている。それらに拠れば、未開社会にも貨幣あるいは貨幣様のものが多種多様なかたちで存在していて、交換とは異なる起源と機能をもっているというのである。[4] 原始貨幣の諸研究を素材として、一定の体系化を試みたカール・ポランニーは、支払（payment）、尺度標準（standard of measure）、蓄蔵（hoarding）、交換（exchange）のいずれかの機能を担う「量化可能物」を貨幣とし、未開社会においては貨幣諸機能が一財一機能的に分散し、ときに支払手段にしても、支払の対象によって支払手段となる財が異なるというようなことがあり、一般的にいって、特定目的貨幣であるのに対して、市場交換の支配する社会における貨幣は、交換手段たることを中心にして一財で貨幣諸機能を兼ねそなえる全目的貨幣であるという。かれは、原始貨幣もまた貨幣であり、ただ、現代貨幣とは異なった様相の貨幣であり、その様相の相違は、貨幣が置かれている社会的文脈のちがい――経済が社会に「埋めこまれている」ような社会か、経済が「自己調節的市場経済」として自律化する社会か――に由来する、と考えるのである。[5]

このような議論に対して、本稿の趣旨を述べておきたい。まず、ドイツ歴史学派系の、古代史の実証にもとづく貨幣の系譜論的研究に対しては、その可否をいうことはできない。古代の鋳貨に牛の刻印のあることとの起源が、神々に対する犠牲の牛に由来するというような議論は説得的に思われる。そのような系譜的起源論に反論しようというのではない。わたくしが本稿で試みたいと思うのは、貨幣の系譜論的起源論ではなくて、商品は貨幣を生み出さずにはおかない、財の商品化過程は商品の一般商品と貨幣商品とへの分裂をひきおこす、という論理の彫琢である。それは歴史的実在との接点をもってはいるけれども、それ自体としては本質的に論理的な貨幣発生論あるいは貨幣の論理発生的考察である。そしてわたくしが貨幣の完成態として表象においているのは現代貨幣（兌換、不換貨幣の両者をふくむ）である。

いま述べたことから、原始貨幣論に対する本稿の関係あるいは無関係が知られるであろう。ポランニーの議論は、原始貨幣と現代貨幣との相違に重点をおいているのだが、原始貨幣も貨幣であるとすることによって、貨幣の通時的遍在説への道を開いてもいる。(6) わたくしは原始貨幣論を興味ある学問的収穫と思うが、原始貨幣はやはり前貨幣的なものがその多くを占めていて、貨幣とは言いがたいと考える。このようなわたくしの意見は、定義の仕方の問題ともいえるが、定義の背景には貨幣というものによって何をイメージに浮かべるかのちがいがあり、さらにそれは、テーマ意識、全体としての問題意識のちがいにつながるものがあるであろう。ただここでひとこと述べておきたいのだが、ポランニーは原始貨幣を特定目的貨幣、現代貨幣を全目的貨幣としてきれいに特徴づけているが、実は貨幣の諸機能の内容がいわゆる原始貨幣と現代貨幣とでは異なることに注意しておきたい。たとえば蓄蔵手段についていえば、威信財の集積あるいは不時に備えての耐久的価値物の隠匿と、商品貨幣経済に必然的な手持現金とのあいだの相違がある。尺度標準（価値尺度）についていえば、古代オリエント帝国等の国庫管理、貢納において、諸財のあいだの価値比率をきめるさいの基準財とか、あるいは古代ギリシャにおいて牛自体は交換の対象とはならずに、相互に交換される他の諸財が牛を基準にして価値比率を定められるといったことと、現代貨幣の価値尺度機能とは同じではない。たしかに現代貨幣も現実には売られないものの価値を測定する（国富調査、財産査定等）。しかしながら、現代貨幣は購買過程において諸商品の価値をも測ることを根本としていて、商品でない諸財の価値測定も、間接的にそれに結びつけられ、それに由来している。支払手段についていえば、賠償、婚資等が重きを占めているのと、売買における繰延べ支払（決済）が中心を占めるのとのちがいがある。租税は貨幣が支払手段として機能する重要項目であるが、ふるい時代の貢納とはちがって、現代貨幣（このばあいは相当に時代を遡りうるが）は交換手段であるがゆえに支払手段でもある。賠償金についてもその事情は変らない。特定目的貨幣対全目的貨幣という対比では尽くされない、諸機能の内容的相違が存在するのである。

さて、冒頭において述べた本稿のテーマにかんして、他の方面からはつぎのような疑問が出されることが予想される。なぜマルクスを手がかりとするのか。またなぜマルクスそのままではいけなくて、マルクスとは異なった考えかたをするのか、と。このような問いに対する回答は後段の行論自体のうちに宿されるべきであるが、あらかじめわたくしの行論の方向と意味にかかわらせて、つぎの諸点を指摘しておきたい。

なぜマルクスを手がかりとするのか。さきに触れたようにマルクスの貨幣生成論はひろい意味での交換説に属するが、きわだった特徴をもっている。普通の交換説は、財交換から貨幣を導出しようとするが、マルクスは財（労働生産物）の商品形態に注目し、価値形態論というかたちで貨幣を説く。もっとも重要なポイントは二商品間の関係のうちに貨幣の萌芽をみていることである。財（労働生産物）自体のうちに貨幣の萌芽があるのではないし、物々交換の不便の解決策として貨幣を案出するのでもない。マルクスの価値形態論は、難渋でついに理解できない点をふくんではいろけれども、その卓抜な構想は、貨幣の論理的発生論の出立点として継承されるべきものであるとわたくしは考える。ではなぜマルクスどおりであることに満足しないのか。それはマルクスの行論に受け入れにくい要素があり、難点があると思われるからである。

(1)　マルクスは価値形態論に先立って価値実体論を展開し、等価交換を前提して議論している。しかし等価交換のマルクスの証明方法はボェーム・バヴェルクが「蒸溜法」として批判して以来、多くの批判と反批判のあるところであることは周知のとおりであるが、わたくしはやはり無理な証明方法であると考える。価値形態論は等価交換法則を前提しないで展開すべきであろう。

(2)　マルクスの貨幣生成論は価値形態論と交換過程論とにわかれている。マルクスは価値形態論においては、商品の交換ではなくて、商品の価値表現・価値形態の展開の帰結として貨幣形態を導出し、交換過程論においては商品所有者を登場させて、商品交換の矛盾の解決として貨幣を説いている。価値形態論と交換過程論との関係についてはマルクス経済学者のあいだでおおいに議論があったが、(7) 私見によれば、交換過程論は、商品交換というものの社会的意義、労働生産物の商品化の歴史等についてきわめて興味ある叙述をふくんでいるけれども、貨幣生成の論理としては、別に新しい説得的なものを提出しているとはいえない。そこでわたくしは、商品→貨幣を価値形態論一本で説いて交換過程論を抹殺する宇野弘蔵の主張に理があると考え、多くを学ぶのであるが、後論に示されるように、交換過程論にふくまれている示唆を価値形態論のなかに織りこんでゆくことも必要である。

(3)　マルクスの価値形態論の最大の弱点は第II形態から第III形態への移行の論理である。第II形態すなわち、相対的価値形態にある一商品が他の諸商品を等価形態としてもつ形態から、諸商品が相対的価値形態にあり、一商品が等価形態に置かれる第Ⅲ形態への移行を、左辺（相対的価値形態）と右辺（等価形態）とを入れかえるという仕方でおこなっている。「二〇エレのリンネル＝一着の上衣または＝一〇ポンドの茶または＝等々という列を逆にすれば、すなわち、事実上すでにこの列（第Ⅱ形態）に含まれている逆関係を言いあらわしてみれば、次のような形態（第Ⅲ形態すなわち一般的価値形態）が与えられる(8)」と。しかしながら、相対的価値形態と等価形態とは元来、相互にまったく異なる意義をもっていて、転倒させることができないはずである。もし、価値形態論が、価値表現にはこういう型もあり、こういう型もあるという意味での類型の提示にとどまるものであってよいのならば、第Ⅱ形態の「逆関係」が第Ⅲ形態だというのでもよいであろう。しかし、マルクスはたんなる類型の提示ではなくて、諸形態の発生論的な移行を追求しようとしていたのであるし、またそうであるべきである。そうだとすれば、第Ⅲ形態への移行は、相対的価値形態の商品と等価形態の商品とを入れ替えるというような仕方ではなく、第Ⅱ形態自体のうちにどこまで第Ⅲ形態へのモメントがふくまれているか、そしてまた、どのようなモメントを考慮に入れることによって第Ⅲ形態が出現するかを追求しなければならないであろう。本稿の中心はこの点の考究にある。

(4)　マルクスは金属貨幣の時代の人であり、またおそらくはかれの哲学的立場にも由来するところがあるのかと思われるのであるが、金を貨幣の最終的にして動かしえないものとしている。わたくしたちは管理通貨（紙幣）の時代に生きていて、貨幣の最終的・決定的形態が金とはいえないことを知っている。貨幣の素材価値からの脱却は、貨幣におけるいわば観念のモメントの重要性を指示している。もちろん、管理通貨制度の成立は金本位制のもとでの中央銀行を中心とする信用制度の整備を前提としての、通貨への国家の介入というような、本稿のテーマとする貨幣成立の論理からみれば、はるかに複雑な諸要因の組み合わせによって現実化した。価値形態論を手がかりとして貨幣成立の論理を考究するかぎり、そこでの貨幣は商品貨幣（貨幣商品）であるほかはない。しかしながらそれでもなお、貨幣というものが、紙幣にまでいたりつきうるということは念頭に置かれているべきであって、貨幣成立過程における観念の要因に注意したい。このことは具体的には、前述の第II形態から第III形態への移行のモメントの検討においておこなわれるはずである。

(1)　貨幣の生成を交換に求めることは、貨幣の第一機能を交換手段とすることと多くのばあいに結びついているが、両者は必ずしも同じではなく、たとえば貨幣の第一機能を価値尺度とすることとも両立しうる（マルクスのばあい）。

(2)　ドイツ歴史学派のすべてがそうだというのではない。ロッシャー、クニース、シュモラーらはみな、交換説である。ウェーバーはクナップの労作をたかく評価しながらも、法制的規定に先行する貨幣の自然発生的な交換手段としての存在を認めた。拙稿「マックス・ウェーバーの貨幣論新資料——ウェーバーのクナップ宛、一九〇六年七月一二日付書簡——」（『甲南経済学論集』第一八巻三号、一九七八年二月〔本書に第一部第四章として収録〕）、同「ウェーバーの貨幣論」（行沢健三他編『社会科学の方法と歴史』ミネルヴァ書房、一九七八年所収〔本書に第一部第五章として収録〕）を参照。

(3)　Knapp, G. F., *Staatliche Theorie des Geldes*, 1905. 宮田喜代蔵訳『貨幣国定学説』（岩波書店、一九二二年。一九二一年の第三版から訳出、原典第四章を省いている）。ラウムは有名な Laum. B., *Heiliges Geld*, 1924. の他、戦後にも同じ主張の線で議論を展開しており、牛が貨幣であったかいなかをめぐって、否定論のケールと論争し、ケールの考えは交換説に毒されていることを述べている。

Vgl., Kehl, P., Der Ursprung und Anfänge von Geld, Kapital und öffentlicher Finanzwirtschaft, *Finanzarchiv*, 12 Bd., 1950—51, S. 131—47 ; Laum, B., Über den Ursprung der altrömischen Geldbezeichnung "pecunia", *ibid*., S. 352—360 ; ditto, Viehgeld als Prototyp des Sozialgeldes, *ibid*., S. 462—86.; ditto., Über die soziale Funktion der Münze, *ibid*., 13 Bd., 1951—52, S. 120—43.

カール・メンガーの交換説に対する批判としては、Lotz, W., Die Lehre vom Ursprung des Geldes, *Jahrbücher für Nationalökonomie und Statistik*, 7 Bd., 1894, S. 337—59 ; Ridgeway, W., *The Origin of Metallic Currency and Weight Standards*, 1892. がある。

わが国では、福田徳三が支払手段説であったが、高垣寅次郎は多くの文献を紹介・検討した末に交換説に帰着した。福田徳三『流通経済講話』（大燈閣、一九二五年）第九章とくに四六四—七四、五五〇—五一ページ、高垣寅次郎『貨幣の生成』（同文館、一九二六年）とくに九六—九八ページ。

（4）早期の原始貨幣論については高垣前掲書に紹介があり、比較的最近の諸論については、吉沢英成『貨幣と象徴』（日本経済新聞社、一九八一年）栗本慎一郎『経済人類学』（東洋経済新報社、一九七九年）など。

（5）ポランニーの原始貨幣論の集約的な論述は、とくに、*Primitive, Archaic, and Modern Economies, Essays of Karl Polanyi*, ed. by G. Dalton, 1968, pp. 175—203. ポランニー、玉野井芳郎、平野健一郎編訳『経済の文明史』（日本経済新聞社、一九七五年）第三章、同、玉野井芳郎、中野忠訳『人間の経済』II（岩波書店、一九八〇年）補論三。ポランニーの原始貨幣論についての紹介は前註の吉沢、栗本の著書のほか、玉野井芳郎『転換する経済学』（東大出版会、一九七五年）IVの一、その他数多い。

（6）吉沢英成『貨幣と象徴』の特徴的な主張は、原始貨幣と現代貨幣を通じての貨幣の本質を問い、貨幣素材に先立って貨幣観念があり、貨幣は諸財の中心のシンボルとして通時的に遍在し、生成も消滅もしない、というイメージにある。このような貨幣イメージは普通には「財宝」といわれているものを貨幣とすることによっている。

(7)　基本的な対立的主張は、宇野・久留間論争でほぼ尽くされている。久留間鮫造『価値形態論と交換過程論』(岩波書店、一九五七年)、『貨幣論』(大月書店、一九七九年):宇野弘蔵『宇野弘蔵著作集』第三巻(岩波書店、一九七三年)所収の「価値論」(一九四七年初出)、『価値論の研究』(一九五二年初出)。価値形態論と交換過程論との関係について、中野正『価値形態論』(日本評論社、一九五八年)は、交換過程論はマルクスにおける古典学派的残滓であって、価値形態論によって本来その存在意義を失ったものと解している。富塚良三「価値形態論と交換過程論」(同『恐慌論研究』、未来社、一九六二年)は価値形態論の難問が交換過程論で解決されると解している。鈴木鴻一郎は価値形態論を補足するものとして交換過程論を位置づけようとした。同編『資本論研究』(青木書店、一九五九年)。価値形態論にかんする議論は、基本的に宇野批判という意味で久留間を継承しながら、細かい点で久留間を批判するという方向での多くの議論が現在もつづいている。尼寺義弘『価値形態論』(青木書店、一九七八年)その他。

(8)　マルクス『資本論』第一部第一章三節Bの末尾。「逆転(転倒)の論理」にかんする諸議論は、宇野弘蔵編『資本論研究』I、(筑摩書房、一九六七年)一三七—四〇ページを参照。

II

価値形態の第I形態、二〇エレのリンネル＝一着の上衣についてわたくしの理解の仕方を述べる。二〇エレのリンネルが相対的価値形態(左辺)にあるということはどういうことか。それはリンネルの側から一着の上衣に対する交換を求めるサインがでていること、一着の上衣と交換に二〇エレのリンネルを譲渡してもよい、というリンネル所有者の交換欲求が働いていることを意味する。relative Wertform は相対的価値形態という邦訳が定着しているが、relativ は絶対的に対する相対的であるよりも、他に対する関係をもつ、関連するという意味の方がつよいと解したい。(1) 相対的等価形態は能動的であって、その交換欲求の被働体として、一着の上衣は等価形態に置かれることになる。そして、リンネルの側から交換を求められることによって、上衣の方はリンネルとの交換を欲するといなとにかかわらず、一着の上衣が二〇エレのリンネルと交換がつねに可能であるということになる。直接的交換可能性ということが等価形態の特性であり、そこに貨幣の萌芽的なるものがある。

マルクスのばあいには、価値形態論に先立って価値実体論を述べ、等価交換法則を前提しているから、二〇エレのリンネルと一着の上衣が等しい社会的必要労働量の対象化物ということになる。わたくしは宇野と同じく等価交換法則の前提を排するが、宇野と異なって、商品が労働生産物であるということ、なんらかの労働の対象化物であるということは、価値形態論においても考慮に入れておくべきであると考える。なぜなら、価値形態の展開は、社会的分業（社会的な労働の分割）と私的所有の展開に関係しており、社会的労働の特殊歴史的な存在形態に関連するからである。したがってわたくしのばあい、二〇エレのリンネルと一着の上衣は不等量の労働生産物であってもよいが、労働生産物たる商品ではある。不等量の労働の生産物でもありうる以上、そして、等価形態とは相対的価値形態の商品側からの一方的働きかけによって、主観的に等価とせられるものであるかぎり、そのことを表現するために、＝印に代えて──→印を使用する方がふさわしいであろう。(2)

価値形態論は、価値表現の理論であって交換の理論ではない、と一般に解せられている。しかしながら、リンネルが一着の上衣によって自己の価値を表現するということは、リンネルの側からの交換欲求が一着の上衣に向けられているということなしにはありえないのであって、それによって、一着の上衣という使用価値がリンネルの価値（＝交換価値）をあらわすものとなる。ただし、それはさきに述べたように、リンネル所有者の交換欲求にもとづくのであるから一方的な関係行為であって、交換が成立するかどうかは不定である。そして労働の次元についてみれば、一着の上衣に対象化されている労働は、リンネルとの関係においては、一着の上衣が直接的交換可能性をもつことを通して、直接に社会的な労働たる性格を帯びることになる。リンネルに対象化された労働は、リンネルが上衣と交換されてはじめて社会的労働であることの証明を獲得するのであって、そうでないばあい、あるいはそれ以前においては、私的労働にとどまる。そういう意味で、価値形態論は初発において現実的交換の理論ではないが、交換可能性（不可能をふくむ意味での）の理論あるいは可能態（潜勢態）における交換の理論である。なお、価値形態の展開を追ってゆくと、後段で示されるように、交換の慣習という契機が考えられなければならなくなってくる。

わたくしが交換欲求というのは文字通り交換欲求であればよいのであって、交換欲求の底にある動機の種類を問わない。日常的な生活資料や生産のための原料等を入手するという経済的動機が自然に思えるけれども、呪術的あるいは宗教的な動機があっても支障はない。個人主義的な合理主義的経済人を想定する必要はない。

二商品間の価値関係においても、それぞれの商品の所有権とその主体は特定されていなければならない。所有権といったが、必ずしも法的規定としての所有権ではなくて慣習的なものでもよい。すなわち他者からの介入を排除するところの処分権といったものが商品について成立しておればよい。商品所有主体は、私的個人と考えるのが自然であるし、価値形態の展開においては、社会的分業と私的所有の拡がりが想定されるけれども、初発においては、小共同体を代表する首長間の交換関係などをふくめることも可能であろう。

価値形態論における商品は、発展した商品経済からの抽象であるとするほうが論理的な明確性をもつ点のあることは認められるけれども、価値形態の展開は、社会的分業と私有の拡がりに相即的な労働生産物の商品化過程という歴史的歩みを、抽象的にではあるが映し出すべきものと考える。ただし、価値形態論を、原始共同体の解体過程とか、封建制の特定の時期とかに直接対応させるのは誤りであって、価値形態論はそれ自体、歴史的ではなく論理的な性格を基本としながら、間接的あるいは抽象的に、歴史を映すものであろう。わたくしが商品所有主体等について、いわば緩やかな想定を許すものとするのはそのためである。(3)

第I形態から第II形態に移ろう。マルクスは第II形態を、

z量の商品A＝u量の商品B　または＝v量の商品C　またはw量の商品D　またはx量の商品E　または＝etc.

（二〇エレのリンネル＝一着の上衣　または＝一〇ポンドの茶　または＝四〇ポンドのコーヒー　または＝一クォーターの小麦　または＝二オンスの金　または＝½トンの鉄　または＝その他）

というように書いている。第I形態から第II形態への移行のモメントは明らかである。二つの商品で

はなくて、多数の商品が登場している。それは社会的分業と私的所有の発展を映し出しているとみられる。リンネルはいまや一着の上衣というただひとつの等価物ではなく、多くの等価物をもつ。しかし、リンネルだけが相対的価値形態をとりうるのではなく、上衣、茶その他の商品もみなそれぞれ相対的価値形態をとり、自己以外の諸商品を等価物とするであろう。『資本論』第一巻初版にある第Ⅳ形態は、このことを明示的にあらわしている。それは、

二〇エレのリンネル＝一着の上衣　または　＝u量のコーヒー　または　v量の茶　または　＝x量の鉄　または　＝y量の小麦　または　＝等々

一着の上衣　＝二〇エレのリンネル　または＝u量のコーヒー　または＝v量の茶　または　＝x量の鉄　または　＝y量の小麦　または　＝等々

u量のコーヒー＝二〇エレのリンネル　または　＝一着の上衣　または　＝v量の茶　または　＝x量の鉄　または　＝y量の小麦　または　＝等々

v量の茶＝等々

というように書かれている。(4)『資本論』第一巻初版にあるこの第Ⅳ形態は一般的価値形態をあらわす第Ⅲ形態のあとに置かれていたのだが、第二版以降においては撤回されてその代りに第Ⅳ形態として貨幣形態が登場することになる。マルクスが初版第Ⅳ形態を撤回したのは、第Ⅲ形態に比べて、貨幣への接近を示していないばかりか、実は第Ⅱ形態のなかにふくまれている関係を明示的に示したものにほかならないことに気づいたためであろう。しかしわたくしはむしろそうしたものとして、初版第Ⅳ形態を本来の（明示された）第Ⅱ形態として採りたいと考える。

ただし、つぎのことに注意しなければならない。マルクスの表示では、ある商品の等価物にはその商品を除く他のすべての商品がなることになっている。だから、すべての商品が相対的価値形態をとると同時に、すべての商品が等価形態にあることになり、貨幣へ向けての糸口がなくなってしまうのである。それに反して、価値表現というものは、商品所有者の交換欲求を基礎として成立するものであるという解釈の立場からすると、存在するすべての商品が相対的価値形態をとる（いかなるものとも交換を欲求しないような商品はありえない）けれども、それぞれの商品（相対的価値形態）に対する等価物となるのは、それ自身を除いて存在するすべての商品ではなくて、それぞれの商品所有者の交換欲求の対象となるところの商品または諸商品だけである。したがって、上の例でいえば、リンネル所有者が上衣、茶、小麦に対しては交換欲求をもつが、コーヒーと鉄は求めないとするならば、上衣、茶、小麦はリンネルの等価物であるが、コーヒー、鉄はリンネルの等価物ではない。以下同様にして、上衣の等価物はリンネルと茶：コーヒーの等価物は茶と小麦：茶の等価物はリンネル、上衣、鉄：鉄の等価物はリンネル、コーヒー：小麦の等価物は茶、鉄：というようなことが考えられるであろう。そして、さきに述べたような趣旨で＝印に代えて──→印を使用すると、第II形態はつぎのようにあらわされる。(5)

リンネル──→上衣、茶、小麦
上　衣──→リンネル、茶
コーヒー──→茶、小麦

茶　　――→リンネル、上衣、鉄
鉄　　――→リンネル、コーヒー
小　麦――→茶、鉄

わたくしは後段での展開との関係でこの表を第II形態原型と名づけておく。それぞれの商品所有者の交換欲求の内容が斉一的でないかぎり、等価物としてあらわれる商品の種類と個数に差異があるのは当然である。上例でみると、リンネルは等価物として三度、上衣は二度、コーヒーは一度、茶は四度、鉄は二度、小麦も二度あらわれている。このように、それぞれの商品が等価物としてあらわれる頻度に差異があること、このことが後段で示されるように、第II形態のうちにある第III形態への方向のモメントである。(6)

第II形態原型を一般的なかたちで述べるとつぎのようである。商品A～Nのそれぞれに対応する等価形態にある商品(群)が考えられる。商品Aについての等価物となる商品(群)をaとすると、集合aの要素はB～Nのすべてではなくて、たとえば、a(B、D、G、L)というようになる。商品Aの所有者の交換欲求の対象となるのが、商品B、D、G、Lであり、その他の商品は、商品Aの所有者の交換欲求の対象にならない商品であって、したがって、商品Aの等価物の集合aの要素を形成しないわけである。以下、商品Bの等価物集合bから商品Nの等価物集合nにいたるまで、それぞれの集合の要素は、商品の種類と数を異にして、同様のことが考えられる。そうすると、商品A～Nのあいだには、等価物集合a～nのなかに要素としてあらわれる頻度の差異が当然生じるであろう。たとえばDがもっとも頻度が高く、Jはもっとも低いというように。もちろん頻度が同じという商品もあるであろう。商品A～Nはすべて必ず相対的価値形態に立つが、等価物としても、最低一度は等価物集合（a～n）のどれかの要素としてあらわれるはずである。なぜなら、その商品所有者がまったく交換欲求をもたないような商品は商品でないのと同じく、いかなる商品所有者の交換欲求の対象にもならないような商品は商品としての資格を欠くからである。

（1）Wahring, *Deutsches Wörterbuch*, 1971. によれば、relativ は、in einem Verhältnis zu etwas anderem zu betrachten ; bedingt, verhältnismäßig. となる。なぜある商品が相対的価値形態にあり、他の商品が等価形態にあるのかということを、ある商品の所有者の他の商品に対する交換欲求から説明するのは、いうまでもなく、宇野弘蔵に由来している。宇野弘蔵、前掲書参照。

（2）したがって第I形態は、

二〇エレのリンネル――→一着の上衣

と書かれる。＝印にかえて――→印を使用しているのは、日高晋『経済原論』（時潮社、一九六四年）、鈴木鴻一郎編『経済学原理論』上（東京大学出版会、一九六〇年）等であり、いずれも宇野の発想の記号化である。

（3）共同体の対外的交換と共同体内の交換を区別し、前者の後者に対する先行性を説いたマルクス、ウェーバー、また、交易・貨幣・市場の別個の起源を説くポランニーの見解は、財の商品への転化について、重要な論点を提供している。しかし、価値形態論においては、たとえば共同体の対外的交換と内部的交換を区別し、共同体内における財の商品化過程とそれに伴う商品の貨幣への転化を描くものというような限定を加えることは行き過ぎであろう。

（4）Marx, K., *Das Kapital*, 1. Bd., 1867, S. 34. 岡崎次郎訳『資本論第一巻初版』（国民文庫、一九七

六年）七五ページ。富塚良三、前掲論文（初出一九五九年）は初版第Ⅳ形態に注意を向けた早い文献である。

（5）厳密には、

二〇エレのリンネル―→一着の上衣、半ポンドの茶、一クォーターの小麦

というように量的規定を付すべきである。そしてそれによって、たとえば二〇エレのリンネル―→一着の上衣：一着の上衣―→三〇エレのリンネル、のばあいには、質的には交換欲求が相互的であるが、量的希望のちがいのために交換不成立のばあいもありうることが示されうる。しかしあまりに煩瑣になることを避けて、第Ⅱ形態以降は本来は省略すべきではない量的規定を省略する。貨幣生成のメカニズムを考えるのには、省略しても議論の本筋には支障がない。

（6）第Ⅱ形態原型において、諸商品が等価物としてあらわれる頻度に差異があるということは、第Ⅰ形態において商品所有者の交換欲求というモメントを基礎においたことから自然に導き出される命題であるが、等価物としてあらわれる頻度差ということへの着目において、われわれは、カール・メンガーの貨幣論と重なりあうものをもつことになる。メンガーは、諸財のあいだに「販売力」Absatzfähigkeit、「市場通用性」Marktgängigkeit、「通用性」Gangbarkeit――いずれも同じ意味、『経済学原理』初版、一八七一年、においては「販売力」を使用し、その後、あとの二つとくに「市場通用性」をも使用するようになった――の程度（Grad）に差異があることに注目し、「市場通用性」のもっとも大きい商品が貨幣になるという理論を展開している。メンガーのいう市場通用性の差異とは、その財に対する交換欲求者の広狭の意味であるから、わたくしの第Ⅱ形態において諸商品の等価物としてあらわれる頻度差と内容的に同じことであるといえる。等価形態の属性である直接的交換可能性がメンガーでは「販売力」「市場通用性」なのである。たしかに売買という概念は貨幣の存在を前提して使用されるのが普通であって、貨幣生成以前にはたんに交換（財の双方的譲渡）というほうがよ

いであろうが、メンガーが「販売力」「市場通用性」という言葉を使用したからといって、あらかじめ貨幣を前提していることにはならない。わたくしの議論がメンガーと重なりあうとすると、それではなぜマルクスを手がかりにするのか、メンガーから出発してもよいではないか、という疑問が出されるであろう。その疑問に対しては、さしあたりつぎのように答えておく。(1) われわれがメンガーと出会うのは第II形態においてであって、メンガーには、第I形態における二商品の価値関係のうちに商品の貨幣性の萌芽をみるという議論はない。(2) メンガーのばあいには財のなかから直接に貨幣が出てくる。マルクスのばあいには、財（労働生産物）の商品化過程と商品のなかからの貨幣の分出とが概念的に区別されており、価値形態論は商品のなかからの貨幣の分出を対象としている。この二つの点において、わたくしはメンガーではなくてマルクスを出立点として採るべきだと考えるのである。貨幣論におけるマルクスとメンガーという問題意識は、吉沢英成、前掲書、八四―八九ページ、玉野井芳郎『転換する経済学』（東京大学出版会、一九七五年）一〇三―一四ページ、にみられる。

私見によれば、メンガーの貨幣生成論の骨子は、『経済学原理』初版、第七章第二節、第八章第一節において基本的に確立されており、On the Origin of Money, *Economic Journal*, Vol. 2, 1892, pp. 239—55. において平明に叙述され、Geld, in *Handwörterbuch der Staatswissenschaften*, 3 Aufl., IV. Bd., 1909, Menger, C., *Gesammelte Werke*, IV. Bd., 2. Aufl., 1970, S. 1—97. 所収において多くの歴史、民俗誌の文献をも引照しているが、理論の骨組みには変化がない。(『国家学辞典』初版、一八九二年の「貨幣」項は第三版のそれの初稿であるが、これは未見)。遺稿による『経済学原理』第二版、一九二三年、の第九章「貨幣理論」は『国家学辞典』の「貨幣」とすこし目次を異にしているところがあるが、同書第八章二節および大きな第九章をあわせた貨幣論の詳細については、近く刊行されるはずの同書の邦訳（八木紀一郎・中村友太郎・中島芳郎訳、カール・メンガー『一般理論経済学』、I、は既刊、みすず書房、一九八二年、第八、第九章をふくむII、は未刊）によって知られるであろう。

ポランニーはメンガー『経済学原理』の初版から二版への「経済」の概念の根本的な転換を主張するものであるが、貨幣論の骨子には変化がないものとわたくしは考える。K・ポランニー、玉野井芳郎、栗本慎一郎訳『人間の経済』I、(岩波書店、一九八〇年、原典、一九七七年)六三―六七ページ・・同、玉野井芳郎、平野健一郎訳『経済の文明史』(日本経済新聞社、一九七五年)、一六一ページを参照。

III

第II形態の考察を続けよう。諸商品が等価形態のなかにあらわれる頻度に高低の差異のあることを述べた。その頻度の高い商品は、貨幣候補であるが、もちろんまだ貨幣ではない。貨幣であるためには、多くの商品の等価物であるのでは不十分であって、それ自体を除く他のすべての商品の等価物であり、かつ、排他的にそれだけが等価物にならなければならない。第II形態においては、茶の他にも、頻度は茶よりも低いにしても五種類の商品が、なんらかの商品に対する等価物となっている。一般的にいえば、存在するn種類の商品が最低一度は等価物としてあらわれる。したがって、いかなる商品もそれだけが唯一の等価物であることはできない。この点が決定的に重要である。等価物としての頻度のもっとも多い茶は四度であるが、これが仮に五度すなわち自己を除く他のすべての等価物としてあらわれていたとしても、リンネル、小麦、その他もまたいくばくかの等価物として存在する限りは、第III形態ではない。

ありうるケースを網羅して考えると、(1) 他のすべての商品の等価物となる商品がただひとつ存在するばあい、(2) そのような商品が複数に存在するばあい、(3) そのような商品はひとつも存在しないばあい、の三通りが考えられるであろう。誤りに陥りやすいのは、(1)を想定して、それを第III形態と考えてしまうことだが、それが安易な誤りであることはいま述べた。(2)のばあいはどうなるか。このばあいには最高頻度の商品が複数にあることからだけでも、等価物としての頻度を唯一の基準として貨幣候補を特定することはできない。わたくしは第II形態としては(3)のばあい、すなわち共通の等価物はひとつも存在しないようなケースがもっともありそうなケースという意味で典型的だと考える。第II形態の例示表はそのようにつくってある。ただし例示表では茶が等価物としてあらわれる度数がもっとも多いのだが、そのように相対的な頻度数のもっとも多いものはただひとつ茶であるという保障はどこにもないのであって、たとえばリンネルも四度であることも考えられるであろう。だから、第II形態においてある商品が等価物としてあらわれる頻度が高いということは、それが貨幣候補商品であることを予想させるにとどまる。

それでは第II形態からつぎへ進みうるモメントはなにか。ここですこし立ちどまって、つぎのことをあらかじめ述べておかなければならない。

第一点。『資本論』第二版以降のマルクスは、第III形態を一般的価値形態とし、第IV形態を貨幣形態としている。(1) しかしマルクスは、第III形態から第IV形態への移行には「本質的な変化はない」「前進はただ直接的な一般的交換可能性の形態または一般的等価形態がいまや社会的慣習 (gesellschaftliche Gewohnheit) によって金という商品の独自的な自然的形態と最終的に癒着した、という点だけである」[2]と述べている。わたくしは第Ⅲ形態と第Ⅳ形態との間には、形態上の変化がないのであるから、価値形態は基本的には三つでよく、一般的価値形態＝貨幣形態とするほうがよいと考える。

わたくしはまた、マルクスがとくに貨幣＝金としていることに異議がある。金本位制がマルクスの時代から第一次世界大戦まで支配的であり、その後も一九七〇年代初頭まで、なんらかのかたちで貨幣を金に結びつける試みがおこなわれたことは歴史的事実である。しかし国際的な金本位制の成立は「金はうまれながらにして貨幣」といえるほどの、貨幣は金でなければならぬというような抜群の貨幣適合的自然属性を備えていることによるよりは、別の歴史的事情によるところが大きいと考えられる。[3]さらに、貨幣生成論の論理段階で貨幣となりうるものは、金だけでなく、銀や銅やその他のものであってもよい。また貨幣の現在においての最終形態をいうならば、金ではなくて紙幣である。

いまひとつ言うならば、マルクスの第Ⅲ形態（第Ⅳ形態と区別しての）の特徴は、いろいろな商品が代りあって一般的価値形態の位置を占めうることにあるのだが、これは純粋な論理の型としては面白いけれども、発生論的な型としてみれば、ある場所、ある時代に一般的価値形態にある商品はすなわちその場所、その時代においての貨幣であり、第Ⅲ形態と第Ⅳ形態との区別は消滅するといわねばなるまい。そうした理由で価値形態の発生論的な型は三つであり、第Ⅲ形態＝一般的価値形態＝貨幣形態であるとわたくしは考える。

第二点。わたくしは本稿の第Ⅰ節において、マルクスが第Ⅱ形態から第Ⅲ形態への移行を、第Ⅱ形態の左辺と右辺を転倒させることによって説いていることを大きな難点であると述べた。たしかに、第Ⅱ形態から第Ⅲ形態への移行にかんするマルクスの主たる論法は転倒である。しかし実はマルクスはそれだけでなく、別のことも述べている。

そのひとつは、第II形態（もちろんマルクス自身の第II形態）は「未完成」であり「欠陥」をもつという指摘である。(4) マルクス自身は、第II形態は未完成であり、欠陥をふくむがゆえに、第III形態へ進むのだ、とは言っていない。しかしそのように読みとろうとすることもできるようなところがある。事実そのように解するマルクス経済学者もいるのであって、左辺と右辺とを入れかえて第III形態を説くマルクスの論法を排したあとに残る「論理」として、第II形態の「欠陥」そのものが第III形態への移行のモメントだというわけである。(5) こういう論法はわたくしにはまったく悪しき「弁証法」の見本だとしか思えない。

第II形態から第III形態への移行について、マルクスはいまひとつのことを述べている。「事実上では、もしある人が自分のリンネルを他の多くの商品と交換し、したがってリンネルの価値を一連の他の諸商品で表現するとすれば、その場合には必然的に、他の多くの商品所有者たちもまた、かれらの諸商品をリンネルと交換し、したがって、かれらの種々の商品の諸価値をリンネルという同じ第三の商品で表現せざるをえない(6)」と。一読しただけではちょっとわかりにくい文章であるが、マルクスはここでは、交換という過程によって第II形態から第III形態への移行を説明しているのである。交換というものは、二商品間の相互的な価値表現（二〇エレのリンネルが一着の上衣で価値表現すると同時に、一着の上衣が二〇エレのリンネルで価値表現する、すなわち両商品が相互に相対的価値形態であり等価形態であること）によって、成立することを考えると、引用文中交換されるから価値表現するというように書いている個所は、マルクスの元来の思考と矛盾するように思われるのであるが、それはさて措いてマルクスの言おうとしていることは、もし、リンネルが他のすべての商品と交換されるならば、そのことは、他のすべての商品はリンネルで価値表現する、すなわち、リンネルを等価形態としている（リンネルの価値は他のすべての商品の使用価値で表現される）ことを意味するのだから、他のすべての商品を左側に、リンネルを右側に書くことができる、すなわち一般的等価形態がえられる、ということである。マルクスの論理の運びの全体からみて、マルクスが、「実際上は…」という説明の部分にどれほどのウェイトを置いていたかは、問題のあるところであろう。マルクスの論理の運びからいうと、かれが交換そのものを価値形態移行の決め手の説明としているとは思えないのであって、主要な筋は第II形態を「転倒」すれば第III形態がえられる、というのであって、それを事実的過程にそくしていえば、リンネルがすべての商品と交換されればそうなるのだというふうに、補足説明として交換が用いられているのだと解するのが妥当であろう。

マルクスはそのように、第II形態から第III形態への移行の論述にさいして、補足的説明として交換（現実的交換）に論及しているのであるが、わたくしはこの交換という契機こそが、第II形態から第III形態への移行を発生論的に解く鍵であると考える。たんなる「転倒」は価値形態論の本来の論理構成に対する違反であり、「未完成」なるがゆえに完成に向かうというのは、独善的詭弁である。交換を正面にもち出すことについては、おそらく、つぎのような反対論が出されるであろう。価値形態論は価値表現の論理であって、交換の論理ではないと。それはその通りである。価値表現は交換可能性の論理ではあるが現実的交換の論理ではない。わたくしもそのように解しており、価値形態論は、第I形態から第III形態にいたるまですべて、交換欲求の対象となる商品が等価物すなわち直接的交換可能性（貨幣的性格）を帯びるという論理で一貫した性格をもっている。それは交換可能性（不可能性をふくむ意味での）の諸形態であって、現実的交換過程の叙述ではない。このことはたしかにそうである。しかし、このことは、価値形態の展開（第II形態から第III形態への移行）を可能ならしめる媒介的な過程が交換であることと矛盾しない。交換という現実的過程に媒介されて第II形態から第III形態への移行が果たされると考えるのが、そしてその過程を分析的に明らかにすることが、肝要である。マルクスも補足的にではあるが、「リンネルがすべての他の商品と交換されるならば」第III形態が成立すると述べた。マルクス学者のなかにも、それと同じく、ある商品がすべての他の商品と交換されるようになると第III形態が成立すると説いているものがある。(7)そして、その説明方法は原則的に、あるいは方向としては正しい。しかしながら、一挙にどうして「リンネルがすべての商品と交換されるならば」というような仮定を設けることができるのか。それは飛躍した想定である。ある商品がすべての商品と交換されるようになる過程の分析的・段階的な説明がなされなければならない。そうでなければ、きわめて都合のよい想定の持ちこみにすぎないであろう。

以上、マルクスの論述にやや詳しく立ちいって問題の所在を明らかにした。わたくし自身の第II形態に立ち帰って論を進めよう。第II形態においては、諸商品のあいだに等価物としてあらわれる頻度の差異がある。等価物になるということはその商品が相手方商品（相対的価値形態の商品）に対して直接的交換可能性をもつということであり、諸商品のあいだに交換力の差異（それで獲得しうる商品種類の範囲の広狭）があるということである。例示表でいえば、茶はリンネル、上衣、コーヒーと交換可能だが、コーヒーは鉄とだけ交換可能である。しかし、間接的交換の可能性というモメントを導入してみると、どのようになるであろうか。

リンネルの所有者は上衣、茶、小麦を欲求している。そのうち、上衣、茶とは直接的交換が可能である。なぜならば、上衣、茶のそれぞれの等価物のなかにリンネルがある、すなわち、上衣の所有者、茶の所有者もまたリンネルを欲求しているから。小麦については、リンネル側からの一方的交換欲求があるだけである。しかし、茶でなら小麦を入手できる（小麦の等価物のなかに茶がある）のだから、リンネルの所有者は、茶を茶自体の使用価値のために求めるだけでなく、小麦を入手するための媒体としても求めることになる。

上衣はリンネル、茶と直接的に交換可能であって、交換媒介を必要としない。

コーヒーは茶とも小麦とも直接交換が不可能であるが、もし茶を入手できれば茶を媒介にして小麦を入手することができる。茶はそれ自体の使用価値のためにと、交換媒体としてのためとの二重の意味で欲求せられるであろう。

茶はリンネル、上衣とは直接的交換が可能、鉄とは不可能であるが、リンネルを媒介として鉄を入手しうるから、ここではリンネルがやはり二重の意味で欲求される。

鉄はリンネル、コーヒーのいずれとも直接的交換が不可能であるが、もし茶を入手できるなら、茶を媒介にしてリンネル、コーヒーを入手しうるのだから、交換媒体として茶を欲求するであろう。

小麦は茶、鉄のいずれとも直接的交換が不可能であるが、リンネルを媒介としてなら茶、鉄を入手できるから、交換媒体としてリンネルを欲求するであろう。

さて、交換媒体としてある商品が交換欲求の対象となるということは、まさに交換媒体であるがゆえに、交換欲求の直接的対象となり、もともとその使用価値のゆえに欲求せられていた商品の方は、間接交換によって入手せられるものとして、交換欲求の直接の対象ではなく、間接的な媒介された対象となる。だから、価値形態の表の等価物をいま述べた意味での交換欲求の直接的対象だけに限ると、直接的に欲求される商品と交換媒体として欲求される商品とが等価形態の位置を占め、交換媒体を経過してえられる商品は等価形態から姿を消すことになる。交換媒体として欲求される商品には傍線をほどこすことにして第II形態原型を書きなおすと、つぎのようになる。

第II形態変型表

リンネル——→上衣、茶
上衣　——→リンネル、茶
コーヒー——→茶
茶　——→リンネル、上衣、小麦、コーヒー
鉄　——→茶
小麦　——→リンネル

この変型表をさきの原型表とくらべてみると、等価物が相当に整理されて、簡素化している。変型表について、つぎのことが注意されねばならない。

(1)　変型表はもちろん価値形態の表であって現実的交換の表示ではないから、相対的価値形態にある商品とその等価形態にある商品との交換が可能かいなかは別問題である。じっさい、上述のところ

から知られるように、たとえば、リンネル──→上衣、茶は、茶──→リンネル、上衣──→リンネルでもあるから交換可能であるが、コーヒー──→茶はコーヒーの側から一方的価値表現（交換欲求）であって、交換は不可能である。

(2)　変型表では、商品所有者たちは自己の交換欲求を充足させるために、目的合理的に交換媒体を選択して、それを交換欲求の対象とすることになっている。たしかに、ある商品所有者にとってなにを交換媒体とするのが合理的かということは客観的にきまっているのだが、それを知っているのは、実はわたくしたちであって、当事者たる商品所有者たちがあらかじめ知っているという保障はない。なにがかれにとって合理的な交換媒体であるかを知っているということは、他の商品所有者たち相互の交換欲求にもとづく諸商品間の交換可能性（不可能性をふくむ）をすべて知っていることを意味する。これはひろい意味における市場にかんする完全情報を各商品所有者がもっていることにほかならない。そういうことをあらかじめ想定するのは超合理的仮定であって、現実的ではないといわねばならないであろう。

(3)　もし各商品所有者がいま述べた意味での情報をまったくもたないとすれば、第II形態原型の段階にいつまでもとどまっていることになる。他方、各商品所有者が完全情報をもっていれば第II形態変型へただちに進むことになる。ここに、たんなる交換欲求だけではなく、情報という要素が決定的に重要な要因として登場してきている。この点はどのように考えられるべきであろうか。各商品の所有者がいつまでもゼロ情報にとどまると考えるのは、あらかじめ完全情報を想定するのと同様に、非現実的である。情報はゼロからはじまっても、次第に増大してゆくと考えるのが妥当であろう。情報の増大はどうして可能なのかといえば、現実に他商品間の交換がおこなわれているのを見聞して、各商品所有者がどの商品を入手すれば、どの商品と交換できるかという情報を次第に獲得してゆくことによってである。そして、その極限として各商品所有者が完全情報をもつという、実際には完全には実現しがたいが、趨勢の極限として考えられる完全情報の状態において、第II形態変型が成立するのである。原型から変型への形態移行には、試行錯誤的におこなわれる交換、それも一回的なものではなく繰返しおこなわれる交換が、現実的過程として存在しており、そこからえられる情報の蓄積があると考えられねばならない。

(4)　第II形態変型における等価形態のなかには交換欲求の直接的対象商品である商品と、交換媒体として欲求される商品との二種類があり、後者には傍線をほどこしてある。前者すなわち交換欲求の直接的対象として表にあらわれているのは、多くは直接に交換可能な商品（たとえばリンネル──→上衣と、上衣──→リンネル）である。そして貨幣の生成を考えるばあいに問題となるのはいうまでもなく交換媒体商品のほうである。交換媒体的商品としてこの表にあらわれているのは茶（三度）とリンネル（二度）である。第II形態原型において等価物としてあらわれる頻度の高い商品が、第II形態変型の等価形態のなかに交換媒体商品としてあらわれるであろうことは、直観的にも予想されることであるが、事実その通りであった。第II形態原型において、等価形態として頻度二以下のものは姿を消し、上位一位および二位の商品すなわち茶とリンネルの二つだけが第II形態変型の交換媒体商品として残ることになる。ただし、第II形態原型表のつくりかたには種々のヴァリアントがありうるわけであって、それによって第II形態変型表はさまざまになるのであり、細部まで一般的にいうことはできないけれども、第II形態原型の等価形態頻度の高い商品が第II形態変型の等価形態のなかの交換媒体商品としてあらわれてくることは、種々のヴァリアント表をつくって調べてみても、一般的な傾向として言えることである。それゆえ、第II形態原型の等価物としての頻度の高い商品は、交換媒体として貨幣候補商品となるといってよい。しかしまだ貨幣ではない。

（1）『資本論』第一巻初版の本文の第Ⅳ形態はさきに述べたとおりであるが、同書「付録価値形態」においては、第Ⅳ形態がすでに「貨幣形態」になっている。

（2）岡崎次郎訳『資本論』⑴（大月書店、一九七二年）一三一—三二ページ。なお宇野弘蔵および宇野理論のひとたちが、第Ⅲ形態と第Ⅳ形態とを区別する理由については、前掲『資本論研究』Ｉ、二六三—六五ページを参照。

（3）一九世紀においてイギリスが世界市場の中心を占め、ロンドン金融市場の中枢的地位が、各国に自国通貨の対ポンド為替相場の安定化のためにイギリスに追随して金本位制を採用せざるをえないようにしたという歴史的事情および関係文献については、前掲拙稿「ウェーバーの貨幣論」、第一節および同註（4）、（5）、（6）を参照されたい。

（4）マルクスは、第II形態においては、商品の相対的価値表現が完結せず、ばらばらの「寄木細工」をなし、各商品の価値表現が他の商品とは異なる価値表現の「無限の価値表現の列」をなし、等価形態もそれを反映して、相互に排除しあう特殊的価値形態でしかない、ということを「未完成」、「欠陥」というのである。『資本論』前掲訳、一二一—一二二ページ。

（5）鈴木鴻一郎編『経済学原理』上（東京大学出版会、一九六〇年）は「私見によれば、拡大された価値形態から一般的価値形態への移行はこれ（「拡大された価値形態」の不充分性の指摘）によってはじめて論理的に媒介されるのではないかと考えられる」（同書、三三ページ）として、未完成だから完成へ向う、不充分だから充分なものがつぎにあらわれる、という論理（？）を評価し、使用している。そのため、同書は観念的で難渋な「弁証法」に充ちたものになっている。

（6）『資本論』前掲訳、一二二ページ（訳文はすこし変更した）。

（7）『宇野弘蔵著作集』第二巻、二二一―二二三ページ、『資本論研究』I（前掲）二六四ページ、日高晋『経済原論』（前掲）二〇ページ。宇野、日高らは交換を媒介にして第III形態への移行を考えている点では正しい。しかし、すべての人によって交換欲求の対象となるような商品がかんたんに存在すると考えているのは誤りである。問題はそこにこそあるのだ。

IV

第III形態（一般的価値形態＝貨幣形態）はつぎのようにあらわされる。

リンネル→
上　衣→
コーヒー→
茶→
鉄→
小　麦→
　　貨幣商品

ただし、相対的価値形態に置いた商品のなかで貨幣商品になるひとつの商品は下に移るから、上の商品種類は五個になるわけである。

第II形態変型から第III形態へはどのようにして移行するのか。そのモメントはなにであるのか。これが最後の問題である。

第II形態変型から第III形態へ移るためには、等価形態にある諸商品がひとつに絞られてこなければならない。そのことをさらに細かくいうと、貨幣候補商品間において決着がついて貨幣商品がきまってくることと、現物交換が消滅してゆくこととの二つの側面にわけて考えることができる。いまいちど第II形態変型をみると、茶は交換媒体として三度、交換欲求の直接的対象として一度、リンネルは交換媒体として二度、交換欲求の直接対象として一度、上衣は交換欲求の直接的対象として二度、それぞれ等価物となっている。貨幣候補商品は交換媒体である茶とリンネルであり、それらの間でのいわば貨幣への競争という面と、上衣および貨幣競争に敗れた商品（茶またはリンネル）が等価形態から姿を消すという面とがあり、もちろん両者は同一過程の連関的両側面である。

茶とリンネルとのいずれが貨幣になるのか。第II形態原型における等価物としての頻度の差異は第II形態変型における交換媒体としての頻度にも反映していて、茶のほうが有力にみえる。しかし第II形態変型における相対的優位から直接に貨幣を導出するのは飛躍である。第II形態変型は、交換欲求と間接的交換についての情報という二つの契機だけからは、いわば行きつくところまで行きついた状態を表現しているのであって、それ以上に動くモメントをもっていない。

そのうえ、たまたま茶とリンネルとの交換媒体としての頻度に差がある表になっているが、頻度第一位の商品が複数存在することもありうる。逆に第II形態変型においてただひとつの商品だけが等価形態にあるというようなことも極端なばあいとしては可能であるが、それでは第II形態変型がすなわち第III形態になってしまうわけで、問題そのものを抹殺することになる。だからわれわれの第II形態変型のように、交換媒体としての頻度に差があるか、もしくは頻度第一位の商品が複数に存在するばあいを考えなければならない。ではそれ自体としてはそれ以上に動くモメントをもたない第II形態変型を変えてゆくものはなにか。

間接的交換が現実におこなわれてゆく過程で、交換媒体として媒介する商品の範囲を拡げてゆき、交換媒体の地位を固めてゆく商品は、交換媒体としての頻度の高い商品のうちでも、保存に適当であるとか、小単位に分けることができて計算に便利であるとか、運搬に便利であるとか、品質が一定しているとかいうような属性をもつ商品であろう。それはつぎの理由によってである。第II形態変型は第II形態原型から導出されたものであって、そこでは、交換欲求の対象物を入手するための媒介ということだけを原則として交換媒体商品が選ばれている。だから、そこでは、商品所有者の行為を規定する要因として「将来のための配慮」(1)というモメントは捨象されている。第II形態原型・同変型があらわしているのは、「将来のための配慮」をふくまない、直接的な現在の交換欲求とその充足のための目的合理的媒介体系である。

しかし、商品所有者たちが現在の欲求だけでなく、将来への配慮ということをも念頭において行為するということを考えると、商品所有者たちは将来における交換にそなえて、他の商品所有者たちが、それとならば交換を承知すると思われるような商品を手許にいくらかでも所持していたいと思うであろう。(2)自己の交換欲求の対象が将来においても現在どおりであるとは限らないことも「将来のための配慮」のうちに入ってくるはずである。そして、そのような貯蔵商品としては、第II形態変型における交換媒体としての頻度の高い商品が求められるにちがいないが、必ずしも頻度一位の商品が求められるとは限らず、頻度がそれよりはすこし低くても、たとえば保存に便利等々というような属性をもつ商品の方が求められるということが十分に可能であるし、現実的であろう。交換媒体としての頻度の低い商品はたとえば保存の点などですぐれていても、将来への配慮にもとづく貯蔵商品としては求められないであろう。なぜなら商品所有者たちは、交換とくに媒介的交換において頻出する商品を経験的に（完全情報ではなくても）すくなくともある程度には知っているからである。少数の人しか受けとらないような商品を将来の交換にそなえて貯蔵するいわれはない。交換媒体の頻度第一位の商品が複数に存在するばあいには、そのなかで貯蔵商品になるのは保存その他の属性においてすぐれた商品であるだろう。私の例での茶とリンネルのばあいには、交換媒体としての頻度が接近していて、しかも貯蔵商品としての適性においても決定的な優劣はないともいえようが、綜合して茶のほうが貯蔵商品としてもすぐれているとしよう。

いま述べたように、商品所有者たちの「将来のための配慮」というモメントを入れてくると第II形態変型は変化してくる。相対的価値形態側の商品には変化はないが、等価形態側には変化がおこる。さしあたりすべての商品所有者ではないにしても、若干の、あるいは多くの商品所有者たちが、「将来のための配慮」から、茶を貯蔵商品として欲求することによって、茶はさらに等価形態に追加されることになる。たとえばリンネルの所有者は直接的な交換媒体商品としての茶の他に、貯蔵商品としても茶を欲求し、上衣の所有者は直接的欲求の対象としての茶の他に、やはり貯蔵商品としての茶も欲求し、小麦の所有者も、交換媒体商品リンネルのほかに、貯蔵商品としての茶を欲求するというように。

「将来のための配慮」から商品所有者の多くが茶を貯蔵商品として欲求するようになると、まさにそのこと自体によって、交換媒体商品としての茶の地位が高められ、リンネルの地位がそれにつれて低くなってゆくであろう。茶であればたいていの商品と交換できるという観念の拡がり、強化というまさにそのことによって、商品所有者たちは安んじて茶と自己の商品を交換するようになり、茶は次第に貨幣らしくなってゆくのである。茶が慣習的に交換の媒体商品となってゆくにつれて、茶を媒介しない直接交換は衰退してゆくであろう。なぜなら、茶ならば、いつでも、そして多くの商品と交換可能であり、茶は保存可能であり、また分量の点においても、そのときどきに必要な量での交換が可能であるのに対して、茶を媒介しない直接交換は、たまたまある時点において、双方の商品所有者の交換欲求の対象が質・量ともに一致する（双方の商品が互いに相対的価値形態、等価形態になる）にしても、いつでもそうだとは限らない。たとえ質的な相互的一致の関係は安定的であっても、そのときどきに入手希望の量の点では不一致のあらわれる蓋然性が高いであろう。茶を媒介にするばあいにはそういう不都合は除かれるであろう。したがって、等価形態のなかで茶が地位を強化してゆく過程は、同時に、茶以外の他の商品が等価形態のなかから次第に姿を消してゆく過程でもあるのだ。

茶は相当に貨幣らしくなった。しかしまだ貨幣というには足りない。なぜならば、多くの商品所有者のあいだでは茶が貨幣らしいものになったが、貨幣であるためには、多くではなくて、すべての商品所有者にとってそうでなければならない。多ではなくて一般でなければならない。第II形態変型の等価形態から茶以外のすべての商品が姿を消してしまい、茶だけが残らなければならない。そしてすくなくともある程度に長い期間中、茶がその地位を独占するのでなければならない。多から一般への歩みのモメントはなにであるのか。それは多数者による少数者への無意識的強制と少数者が多数者を模倣することである。無意識的強制というのは、多数者のあいだで茶が貯蔵商品であることを伴う交換媒体商品となることによって、ひとは茶を媒介にしなければ商品交換に参加できなくなってくることである。第II形態変型では、自己の交換欲求を充足させるためには直接的交換にしても間接的交換にしても茶を必要としない上衣の所有者や小麦の所有者もまた、茶を入手しなければ交換に参加できなくなってくる。というのは、さきに述べたような理由で茶を媒介しない交換が衰退してゆくからである。しかしそれだけでなく、目的合理的行為とはいえないような模倣[3]というモメントが働いて、茶を欲求し貯蔵するということもあるであろう。そうした諸行為の結果として、茶はついに、多数者にとってのすべての交換媒体からすべてのものにとっての交換媒体となる。多から一般への移行が完了する。茶は他のすべての商品に対する唯一の等価物となり、第III形態（一般的価値形態＝貨幣形態）が成立する。

ただし上に述べたことは、六つの商品から成る例示表についての論述であって、一般的なかたちで価値形態を考えるときには、補訂を要する点があり、説き残した点もあるので、それらのことを述べておきたい。

第II形態の一般的な型としてはA〜Nの商品の存在を考えた。第III形態においてもそうであるべきである。しかし、このことは第II形態にもさかのぼって補訂しなければならないのだが、n種の商品の存在を考えるというだけでは不十分であって、現存する商品種類はn種であるが、商品種類はさらに増加してゆく可能性のあるものとして、開かれたかたちで考えるのでなければならない。なぜなら、社会的分業と私有制の発展は、財（労働生産物）の種類を増加させ、財の商品への転化を増加させてゆくものとしなければならないからである。そして財の商品への転化、商品世界の拡がりというダイナミックな過程のなかで、商品世界のなかからの貨幣商品の分出・自立化が進行する。商品種類の多様化は直接的交換をますます不可能にするであろう。したがって、第II形態が商品種類の増加可能性をふくむかたちで考えておかねばならないことを反映して、第III形態においても、相対的価値形態の商品種類は増える可能性をもつものとしなければならない。だがそれだけではすまない。新しい種類の商品は、交換欲求の対象として、また交換媒体としての適性において、旧貨幣商品たとえば茶よりもすぐれていて、貨幣商品の交替がおこなわれることがあるかも知れない。おそらくマルクスは、金こそもはやそれ以上の交替のおこなわれない貨幣商品として一般的価値形態（第III形態）と貨幣形態（第IV形態）とを区別したのであろうが、わたくしのばあいには、すでに前述したような理由で、金をマルクスが考えたほどには絶対的なものとは考えないから、貨幣商品は交替可能なものであり、ある地域において、ある時間にわたって一般的等価形態の地位を占める商品がすなわち貨幣なのである。だから新種商品の登場による貨幣商品の交替は理論的には支障ないことになる。

歴史具体的には、第III形態が自然発生的に完成する以前に、法的な貨幣制定がおこなわれることが多いであろう。そしてそれによって貨幣の地位がたしかなものになるであろう。そして、本稿の例では茶が貨幣商品になったが、貝殻や家畜、塩、タバコといった例が知られているものの、文明のすすんだ段階においては、金属貨幣が圧倒的になることも周知のことがらである。そして貨幣には、「しるし」が付されるのが普通である。しかしながら逆に、「貨幣」が国家権力によって鋳造されても、それが実際に流通せず財宝として保蔵されてしまうならば、それは経済学的な意味では貨幣ではない。皇朝十二銭よりはかえって米帛のほうが貨幣的であったといえよう。(5) そうした歴史的過程に立ち入ることは本稿のテーマではない。価値形態論は商品とその所有者たちだけから成り立つようなモデル的な経済社会において、外生的な力を借りずに貨幣が生成すること、生成する論理的必然性のあることを論証することにある。

最後に、商品のなかから貨幣が生まれてくる論理的諸段階に対応する人間のあらわれかたをふりかえっておこう。マルクスの価値形態論では人間は登場しないのだが、わたくしのばあいには、はじめには抽象的な、そして段階の進行とともに、次第に具体的な契機をそなえた人間が出てきた。

第I形態すなわち二つの商品の関係において、ある商品（リンネル）の所有者の交換欲求だけが必要であった。等価形態に置かれる側の商品（上衣）の所有者の交換欲求は問題にならないという意味で、ただひとりの商品所有者が他商品に対する交換欲求をもつ、ということだけが人間のあらわれのすべてである。

第II形態原型においては、多数の商品所有者が交換欲求の主体として想定される。そして各商品所有者は、第I形態のときとはちがって、交換欲求のただひとつの対象をもつのではなくて、複数の対象をもっている。しかし、商品所有者としての人間が、ただ自己の交換欲求の主体としてだけあらわれるという点では、第I形態と変らない。

第II形態変型においては、事情がすこし変化する。ここでは自己の交換欲求の他に、他人相互のあいだでおこなわれる交換についての情報をもつ人間が想定される。そして、交換を慣習的におこない、自己の交換欲求を間接的交換によって目的合理的に実現しようとする人間になってくる。交換媒体商品の出現は商品所有者としての人間にそのような属性の想定を要請するのである。

第Ⅲ形態の成立には、「将来のための配慮」から交換媒体的商品を貯蔵するという契機が加わり、多数者の少数者に対する無意識的強制と少数者のかならずしも目的合理的ではない模倣という契機が想定される。慣習はいっそう重みを加える。

全体を通してベースをなすのは、商品所有者の交換欲求であり、商品所有者たちの諸行為の「意図せざる結果」として貨幣が成立する。ただし上に述べてきたように、交換欲求は軸ではあるが、交換欲求とそれにもとづく目的合理的行為だけでは、不十分なことも判明した。慣習や模倣というような契機が働かねばならないのである。そして、諸個人が特定商品を貨幣的なるもの（一般的に通用する交換媒体）と認める意識あるいは観念を共有するようになることが、最終的に貨幣を成立させるのである。その局面をとりだせば、貨幣は集合意識あるいは共同主観の産物であるといえる。人間は本来集合意識、共同主観をそなえているといえよう。しかし、貨幣は原初から存在したものではなく生成したものである。集合意識・共同主観自体は人間の社会的存在とともにあるものにしても、それから一挙に貨幣を説くのは、貨幣生成の分析を放棄することである。

価値形態論における貨幣はいうまでもなく商品貨幣であり、それ自体の財としての使用価値は誰かの欲求対象である。しかしながら、交換媒体として（貨幣として）人に求められるということは、それ自体の財としての使用価値が貨幣を求める当事者にとっては問題ではないことを意味する。そしてそこに、商品貨幣においてさえも存在する観念的要素がある。貨幣候補商品が貨幣的性格を強めてゆく過程は、財としての使用価値よりも交換媒体としての社会的属性が優位を占めてゆく過程であり、次第に多くの商品を、そしてついにはすべての商品を購買しうるにいたると、貨幣商品の財としての使用価値は、多くの人にとって直接には関心の対象ではなくなり、捨象されるようになる。財としての使用価値のゆえにではなく、まさに貨幣であるがゆえに求められ、尊ばれるようになる。「意図せざる結果」として生まれ出た貨幣は、並の諸商品に対立して君臨する存在となり、価値尺度その他の諸機能を一身に兼ねそなえるにいたるのである。

（1）　メンガーは、人間の経済的行為の本質的な要素として「先慮」（Vorsorge）ということを考えていた。「人間の先慮的行為」（die vorsorgliche Tätigkeit der Menschen——『原理』第二版邦訳では「先行的配慮」と訳されている。Menger, *Gesammelte Werke*, Bd. 1, S. 77. 安井琢磨訳、『国民経済学原理』、日本評論社、一九三七年、七四ページ、八木他、前掲邦訳、一五六ページ）という視点は『原理』を貫流しており、貨幣論においても確保されている。これはメンガーから学ぶべきすぐれた点である。

（2）　スミスはすでにつぎのように述べている。「およそ社会のどの時代においても、慎慮ある者は誰しも自分の勤労の特殊な生産物以外に何かの一財貨——他人はたぶんかれらの勤労の生産物とこの財貨を交換することを拒みはしないだろうと彼の推定するような——の一定量をつねに手もとに保有しておくというような仕方で事態を処理しようと、おのずから努めたにちがいない」（『国富論』第一篇第四章）。

（3）　模倣を基本的な社会行為としたのは周知のようにタルドであるが、ウェーバーは、「反射的な模倣（Nachahmung）は特殊に社会的な行為ではないであろう」（Weber, M., *Wirtschaft und Gesell-*

schaft, 5 Aufl., 1972, S. 11）と言っている。しかし本文でいう模倣は、たんに反射的なものだけではなく、当事者の主観においては、すくなくともある程度には目的合理的なものをふくんでいる。

メンガーもまた、「馴れ（Übung）、模倣（Nachahmung）、慣習（Gewohnheit）」が一般的交換手段（貨幣）の成立に対して決定的に重要な意味をもつことを強調した。Menger, C., Geld. *op. cit.*, 4. Bd., S. 12—13.

（4）　ゴドリエが伝えるバリヤ族の「塩貨幣」は内部交換では使用されない対外貨幣であるが、ガルブレイスが注目しているヴァージニア州等でのタバコは、一六一九年ごろから通貨として使われはじめ、その地域での法定通貨にも制定され（一六四二年）、二世紀近く（メリーランド州では一世紀半）もそれが続いたと伝えられている。M・ゴドリエ、山内昶訳『人類学の地平と針路』（紀伊国屋書店、一九七六年、原典一九七三年）二一九—五八ページ、J・K・ガルブレイス、都留重人監訳『マネー』（TBSブリタニカ、一九七六年、原典一九七五年）八〇—八四ページ参照。

（5）　小葉田淳『改訂増補日本貨幣流通史』（刀江書院、一九四三年）六ページ。

（一九八二年一一月一六日脱稿）

〔初出　『甲南経済学論集』第二三巻第三号、一九八三年一月〕

第二章　ヒュームの死とスミス

I

本稿で紹介するのは、つぎの二通の書簡である。

〔**資料Ⅰ**〕 Hume, D., *The Life of David Hume, Esq. written by himself.* [*with*] *Letter from Adam Smith, LL. D. to William Strahan, Esq.* London: Strahan, 1777. iv, 62 p. の pp. 37—62 に載せられているスミスの書簡。この書簡は *The Correspondence of Adam Smith*, ed. by Ernest Campbell Mossner and Ian Simpson Ross, 1977, pp. 217—221（書簡ナンバー一七八）に所収。後者から訳出し、念のためテキストを原典（京都大学上野文庫所蔵本）と照合した。原典が改行ごとに一行アケ印刷であるなどの点を除いて相違はなかった。

〔**資料Ⅱ**〕 上記 *Correspondence*, pp. 203—204 にあるナンバー一六三の書簡の部分訳。**資料Ⅰ**の訳出を前提として、以下に述べるような意味において重要な部分だけを訳出した。

資料Ⅰは、レーの『アダム・スミス伝』をはじめ、スミスの諸伝記とヒューム研究において利用せられ、部分的には邦訳されているが、その全訳は、管見のかぎりでは見当たらない。**資料Ⅱ**は、グラスゴウ版スミス著作集の『アダム・スミス書簡集』においてはじめて公刊された。

スミスは手紙をあまり書かない人であった。そして、事務的なものが大部分を占め、内容の濃い手紙はすくない、といわれる。まめに手紙を書いたヒュームは、スミスの怠りを責めて、「わたくしだって、貴方と同様、稀にしか書かず、また短く書くことも、しようと思えばできるのですよ」[1]また「わたくしも貴方と同様、手紙を書くのは億劫なのです。けれども、貴方のことが気がかりだから、書かずにはいられないのです」[2]と書いたことがある。モスナーは、スミスの書簡がすくないことについて「イギリスの書簡史における最大の世紀」[3]たる一八世紀の文筆家としては異例のことであると述べ、手紙のすくなさがスミスの伝記を書くことを困難ならしめている一因である、と歎いている。

モスナーはそれでも、『アダム・スミス書簡集』の刊行が『アダム・スミス伝』の前提であるとして、ロスとともに、書簡集の編纂に携わったのであるが、業半ばにして逝去した。ヒュームの決定版的な伝記[4]の実績をもち、本格的スミス伝を書きうるほとんど唯一の人と目されたモスナーの死は、まことに惜しい。

『アダム・スミス書簡集』はロスによって最終的に編集された。スミスの書簡とスミスへの書簡をあわせて、計三〇四通を収めているが、とりわけ、スミスの未公刊書簡四八通をふくんでいることが注目をひく。[5]ロスの序文は、わりあいかんたんであって、『道徳感情論』の改訂にかんする書簡と、『国富論』の素材にかんする書簡などに注意を促しているだけである。スミス研究の盛んなわが国でも、『書簡集』は必ずしも積極的な注意を惹いていないようである。[6]しかし、私見によれば、ロスは注意を促していないが、ヒュームの死の前後の書簡は、けっして事務的ではなく、真情にあふれている。そして数も多い。そして、ヒュームとともにスミスの人となりや人生観をうかがわせるものがある。本稿ではそれらのうちでもとりわけ重要と思われるものを訳出したのである。

訳出書簡の成り立ちをかんたんに説明しておこう。

ヒューム（一七一一―七六年）が身体の変調を覚えたのは一七七二年であったが、七五年になると急速にわるくなり、一年間に体重が三〇キロも減った。(7) 夜間の発熱、烈しい下痢、出血がつづいた。かれは、七六年の春、友人スミスの『国富論』とギボンの『ローマ帝国衰亡史』の刊行のよろこびをえたが、そのころにはかなりおとろえていた。ヒューム自身はすでに不治の病と覚悟していたが、訳出書簡にあるように、同年四月、友人たちのすすめを受け容れてロンドンへ旅立ち、バースの鉱泉を試みた。だが病状は悪化し、エジンバラへ帰って、八月二四日に逝去した。この間の経緯については省略する。

ヒュームは知られているように、無神論者といわれて多くの敵をもった。おそらく、ヒュームは無神論者というよりも、sceptic という方が当たっているであろうが、それはともかくとして、キリスト教会の批判者であることに間違いない。ヒュームの敵たちは、ヒュームはろくな死に方はすまい、死に臨めば悔い改めるであろう、などといっていた。それゆえ、ヒュームにとって、自己の死にざまは、自己の哲学の真理性を実践的に世に問うという思想的意義を賭けるものであった。そしてヒュームはまことにその哲学にふさわしく、平静心をもって逝ったのであった。(8) それはボズウェルら敵を当惑させ、友人を感動させた。ただ一言注意しておくと、友人たちといっても、こと宗教にかんするかぎり、ヒュームと同じ立場ではなかった。現にストラーンは病めるヒュームに改悛をすすめたし、スミスもヒュームと同じ立場とはいいにくかった。では、スミスの宗教的立場はなにであったかというと、一般に理神論といわれていて、その大枠は動かしがたいと思われるが、そのなかで、いますこし微妙な論点にかかわる資料のひとつが、紹介する書簡なのである。

スミスが宗教にかんして、ヒュームと同意見でなかったことは、ヒュームの遺言の問題にあらわれている。ヒュームは、ロンドンへ旅立つ三日前に短い自伝 "My Own Life"(9) を書き、死後の著作集の再版にはそれを付するように手配したのであったが、それだけでは足らず、*Dialogues Concerning Natural Religion* と "On Suicide" などの生前出版にさいして配慮から削除した小篇数点、とくに前者『自然宗教にかんする対話』(10) の死後出版を望んでやまなかった。『対話』は一七五〇年代のはじめに一応書かれており、死に先立つ数年間に書きなおしていたものであった。ヒュームの経済論が学史上どのように評価されるにせよ、ヒューム自身にとっては、経済論などは周辺的であって、哲学とくに晩年においては宗教論こそが、いのちを賭けた中心問題であった。ヒュームは、『対話』の死後出版をスミスに依頼したが、スミスはどうしても肯んじなかった。スミスの頑強な拒否の理由については、いくつかの推測がおこなわれているが、(11) すくなくとも、スミスが『対話』をおのれの思想としていなかったことだけは確かである。もし同じ思想であったならば、『対話』出版がまきおこすであろう攻撃に対して、スミス自身が反批判をもって答えることができるであろう。それができないから、そしてその根本の理由は、スミスがこと宗教にかんしては、ヒュームと同じではないから、刊行をひきうけなかったのだと考えられる。そして、この書の死後出版のために、ヒュームの折角のその他の著作まで不評をこうむることを恐れるから、ひきうけられない、という理由がでてくるのであろう。

スミスは、そのかわりに、ヒュームの死後、ヒュームの『自伝』に、ヒュームの死について自分が何かを書いて添える、という申し出をして、ヒュームの了解をえた。その書き添えが、他ならぬ**資料I**の書簡であって、共通の友人であり出版業者たるストラーンあてにヒュームの死にかたを報じる書簡のかたちをとっている。ヒュームは、『自伝』を『著作集』にいれてくれと遺言したのであるが、ストラーンは、『著作集』新版の刊行は目当てがつかないため、また、旧版の所有者の便のために、『自伝』に「スミスのストラーンへの書簡」を添えて、ヒュームの死の翌年、粗い組みの小型本にして刊行したのである。ところで、スミスがヒュームを人間としてこれ以上は望めないくらいに立派であったと書いたことが、攻撃の的となり、ストラーンが刊行をひきうけた『対話』のほうは、その難解さのために、反響がないという、皮肉な結果になったのである。[12]

これまで、スミスのストラーンへの書簡は、ヒュームの死にかたを伝える資料として、多く引用されてきた。そして、事実の正確な記述だと思われてきた。大筋としてはそれで誤りないであろう。ところが、『アダム・スミス書簡集』によってはじめて公刊されたスミスのウェダバーンあて書簡（**資料II**）をみると、大筋は同じであるが、ヒュームとスミスの会話の内容が、ストラーンあての書簡と一部ちがっている。そのちがいの部分だけを**資料II**として訳出したわけであるが、ウェダバーンあての書簡のほうが、日付からわかるように、スミスがヒュームに会って間もないころに書かれており、内容が露骨でなまなましい。明らかに、ストラーンあての書簡は、公刊のために、表現をやわらげて、支障がないように配慮されている。これだけのことを前置きとして、つぎに訳文をかかげよう。[13]

（1）ヒュームからスミスへ、一七六六年一月末（?）。*Letters of David Hume*（以下 *HL.* と略す）, ed. by J. Y. T. Greig, Vol. II, 1932, p. 5; *The Correspondence of Adam Smith*（以下、*Corresp.* と略す）p. 110.

（2）*HL.* II, p. 308; *Corresp.*, p. 185.

（3）Mossner, E. C., *Adam Smith; the biographical approach*, 1969, pp. 19—20. ヒュームの書簡が *HL.* I, II に五四四、*New letters of David Hume*, ed. by R. Klibansky and E. C. Mossner, 1954. に一二七、計六七一通に達するのとはまさに対照的である。

（4）Mossner, E. C., *The Life of David Hume*, 1954, 2nd ed., 1980.

（5）*Corresp.* のロスの序言によれば、

スミスの既公刊書簡	一三一	スミスへの既公刊書簡	九八
未公刊書簡	四八	未公刊書簡	二七
紛失書簡	五三	紛失書簡	四〇
	二三二		一六五

本書には前二段の合計三〇四通が収められている。

（6）須藤壬章氏は、日本にあるスミスの書簡四通のうち三通を *Corresp.* 印刷のものと照合して、*Corresp.* の編集が現物をみていないことに由来する粗漏を指摘している。同「Adam Smith の自筆書簡二通をめぐって」（『三田学会雑誌』七一巻三号、一九七八年六月、一一九—一二六ページ）、同「京都外国語大学付属図書館蔵 Adam Smith の自筆書簡について」（『GAIDAI BIBLIOTHECA』四一号、一九七八年六月、四—七ページ）

（7）以下、ヒュームについては、Mossner, E. C., *op. cit.*, pp. 589—608. に拠る。ヒュームの死とスミスについては Rae, *Life of Adam Smith*, 1895, 大内兵衛、大内節子訳『アダム・スミス伝』（岩波書店、一九七二年）第一九章：水田洋『アダム・スミス研究』未来社、一九六八年、一九八―二〇一ページ、などにも述べられるが、モスナーがもっともくわしい。

（8）ヒュームの病気が何であったかについてはヒュームを診察した医師たちのあいだで説がわかれていた。結腸狭窄、胆汁過多、肝臓悪性腫瘍等である。ヒュームは自分でも触れて分るので、肝臓腫瘍を信じた。ただし、病状からみて、ガンではなく、赤痢につづく潰瘍性大腸炎であったろうという現代医学者の推測が伝えられている。Mossner, *op. cit.*, p. 596.

（9）"My Own Life" の邦訳は、土井虎賀寿『ヒューム』（弘文堂、西哲叢書、一九二七年）と、ヒューム、福鎌達夫訳『人間悟性の研究』（彰考書院、一九四八年）所収の山崎正一訳とがある。

（10）ヒューム、福鎌忠恕、斎藤繁雄訳『自然宗教に関する対話』、法政大学出版局、一九七五年。

（11）註（7）のレー、水田洋の当該個所を参照されたい。

（12）William Strahan（一七一五―八五年）。印刷業、出版業者、エジンバラで教育を受け、はじめエジンバラ、のちロンドンに移って、ジョンソンの辞典を刊行。Andrew Millar と、のちには Thomas Cadell と組んで、ヒューム、ロバートソン、ギボン、ブラックストン、ブレア、アダム・スミスの著作を出版、著者たちと交際。一七七四―九四年には下院議員。

（13）Alexander Wedderburn（一七三三―一八〇五年）。法律家、政治家、一八七一―一八〇年には下院議員、貴族に列せられて、大蔵卿にもなる。スコットランドの文人たちの間に知友多く、ヒューム、スミスとも親交があった。政治的にはオポチュニストであったといわれる。

II

〔資料Ｉ〕

ウィリアム・ストラーンへの手紙

カーコールディ、ファイフシャー　一七七六年一一月九日

拝啓

いまは亡き畏友ヒューム氏が最後の病いのあいだに示した態度を貴方にお伝えするために机に向かっていますと、心ふさがりながらも、真の満足を感じます。

ヒューム氏自身は、自分の病いを不治の死病だと観念していたのですが、友人たちの懇願によって、旅行の効験を試してみることに、あえて説得せられたのでした。かれは旅立つ数日前に、他の書類といっしょに貴方に託したあの自伝を書きました。それゆえ、かれの自伝の終るところから、わたくしの話を始めたいと存じます。

かれは四月の末ごろにロンドンに向けて旅立ちましたが、エジンバラにかれがいることと思って、会うためにロンドンから旅してきたジョン・ヒューム氏(1)とわたくしとに、モーペスで出会いました。ジョン・ヒューム氏はかれといっしょにロンドンへ引き返し、かれのイングランド滞在中ずっとつき添って、親切さとやさしさこの上もない人柄にふさわしく、ゆきとどいた注意をもって、かれの面倒をみたのでした。わたくしはさきに母にあてて、スコットランドでお会いしますという手紙を出して

いたので、旅をつづけねばなりませんでした。ヒューム氏の病いは、運動と転地とに屈するかにみえました。ロンドンに着いたとき、かれの健康はエジンバラを出立したときよりも、見た目にはずっとよくなっていました。かれは勧めにしたがってバースへ行き、鉱泉を飲みました。それは、しばらくの間は、かれの身体にひじょうな効験をあらわし、希望的観測をもちたがらなかったかれ自身さえ、自分の健康に希望をもちはじめたほどでした。けれども、病いの症候は間もなく、いつもの勢いを盛りかえして戻ってきました。そしてそのときからかれは、回復の思いを一切捨てて、この上ない朗らかさ、完全な自足と諦念をもって、運命に服従したのです。エジンバラに帰ったとき、身体はまえよりもずっと弱っていましたが、かれの快活さはいささかも衰えをみせず、日ごろと同じく、自分の著作の新版のための改訂、娯しみのための読書、友人たちとの会話を楽しみつづけました。時には夕刻、好きなトランプのゲームに共にうち興じることもありました。たいへん朗らかであり、会話、娯楽もつね日ごろと同じ調子であったために、症候はきわめて悪かったにもかかわらず、多くの人には、かれが死に近づきつつあるとは信じられませんでした。ダンダス医師はある日、「あなたのご友人のエドモンドストーン大佐(2)に、貴方がずいぶんよくなられて、回復の軌道に乗っておられるのを見て別れましたと言います」というと、かれは「先生、あなたは真実しか言いたくないとお考えのことと思いますので、わたくしは、もしかりに敵がいるとするなら、敵が望みうるかぎりの速さで、だが、わたくしの友人たちが望みうるかぎり安らかさに、また朗らかに、死に近づいている、とかれにお伝え下さるほうがよろしかろうと存じます」といいました。エドモンドストーン大佐はその後まもなくヒューム氏に会いに来て、かれに別れを告げました。エドモンドストーン大佐は帰る途すがら、いまいちど永別の辞をしたため、アベ・ショリュウが自らの死を覚悟して友人ファール侯爵に、近づく別離を歎いたあの美しいフランスの詩を、死にゆく人としてのかれに、餞けとして書かずにはいられませんでした。(3)ヒューム氏の寛大さと不動心のほどは大したもので、もっとも親密な友人たちは、かれに死にゆく人として語りかけたり、手紙を書いたりしてもなんの恐れもないこと、またかれは、そのような率直さによって傷つけられるどころか、むしろそれを喜び歓迎することを知ったのです。わたくしがかれの部屋に入ったとき、かれは受け取ったばかりの手紙を読んでいるところでしたが、かれはすぐにその手紙をわたくしに見せました。わたくしはかれに、貴君はたいそう衰弱したこと、様子がいろいろたいへんわるいことはわかるが、貴君の朗らかさはいまだに大したものだし、生気はなお相当つよく身に宿っているようにみえるから、かすかな希望を抱かずにはいられない、と申しました。かれは「貴君の希望は根拠がないよ。一年以上もつづく慢性下痢は、年齢のいかんを問わず、ひじょうにわるい病気にちがいないが、わたくしの年では致命的な病いだ。わたくしは夜床につくときには、朝起きたときよりも弱ったと感じるし、朝起きるときには昨夜床についたときよりも弱ったと感じる。そのうえ、どこか致命的な部分がやられていることがわかるので、ぼくは間もなく死なねばならない」と答えました。「うん」わたくしは言いました。「たとえそうだとしても、貴君はすくなくとも、あとに残す友人たち、とりわけ兄さんの一家がたいへん順調だという満足はあるわけだ」と。かれはその満足は十分に感じているので、数日前にルシアン(4)の『死者の対話』を読んだとき、ケーロン(5)に対して、すぐさまかれの舟に乗らずにすむようにと人びとが言い張るあらゆる口実のなかに、自分に適したのを見つけることができなかった。なぜというに、自分には建築中の家もないし、嫁入り仕度をしてやらねばならぬ娘もいないし、みずから復讐したいと思うような敵もいないのだから、と言いました。かれは、「ぼくはケーロンにしばしの猶予を請うのにどのような言いわけができるのか、なかなか思い浮かばなかった。ぼくは、したいと思ったことをみな仕遂げたのだし、親族や友人たちに別れを告げるのに今よりもよい状況の時があろうとは思えない。だからぼくは、十分な理由をもって満足して死ぬのだ」といったのです。かれはそれから、自分がケーロンに言えそうな、いくつかの滑稽な言いわけを考え出し、さらに、それに対し、ケーロンの性格からして、間違いなく返ってきそうな答えを想像して、打ち興じました。「よく考えてみると、ケーロンさん、わたくしは新しい版のために自分の著作集の改訂をしているところです。その改訂個所を読者たちがどのように受けとるかを知ることができるために、いますこし時間をください」と言うと、ケーロンはそれに対して「お前は、その改訂の効果を知ったら、また別の改訂にとりかかるだろう。そんな言いわけはキリがあるまい。だからお前さん、どうか舟にお入りください」と答えるだろう。「ケーロンさん、ちょっと待ってください。わたくしは公衆の眼を開くために力をつくしてきました。いま数年生きながらえるなら、流布している迷信の体系のいくつかが崩壊するのを見て満足するかも知れません」とわたくしは言う。だが、ケーロンは勘忍袋の緒を切って態度を一変し、「このグズの悪党め、そんなことは何百年経っても起こりはせん。そんなに長い期間、わしがお前に猶予を与えるとでも思うのか。この、のろまの、グズのごろつきめ」と。（ヒューム氏はそのように言いました）。

ヒューム氏は、近づきつつある死について、おおいなる朗らかさをもってつねに語りはしましたが、しかし、自分の心の寛さを並べたてるような気取りはすこしもありませんでした。かれは会話が自然にそのことにおよぶとき以外には、その話題についてけっして話しませんでしたし、また、会話の運び工合からして必要な以上には、この話題に長くとどまることは、けっしてありませんでした。もっとも、かれに会いに来た友人たちが、かれの健康のぐあいをたずねるために、この話題はかなりひんぱんに出る話題ではありました。わたくしがさきに述べた会話は、八月八日の木曜日におこなわれたのですが、それがわたくしがかれと交した最後——ただ一回を除いて——の会話でした。かれはいまやひじょうに衰弱したので、もっとも親密な友人たちといっしょにいるだけでも、かれを疲れさせました。と申しますのは、かれの朗らかさは依然としてたいしたもので、持ち前の愛想のよさと社交的な気質がすこしも損われていないものですから、誰か友人がそばにいると、かれは衰えた肉体の許容限度をこえて、力をいれて話しつづけずにはいられなかったからです。そこでかれ自身の望みにしたがって、わたくしは滞在していたエジンバラ——わたくしの滞在費の一部はかれが負担したのです——を去ることに同意し、かれがわたくしに会いたくなったらいつでも使いをよこしてわたくしを呼ぶという条件で、当地カーコールディのわたくしの母の家へ帰りました。かれをいちばん頻繁に診ていた医師ブラック博士が、かれの健康状態の知らせを時どきわたくしに書き送ってくれることになりました。

八月二二日、ブラック博士はわたくしにつぎのような手紙を寄せられました。

「わたくしの前回の訪問以来、ヒューム氏はかなり楽に消閑されていましたが、一段と衰弱を加えられました。かれは日に一度床を離れて階下へ降り、読書を楽しみますが、ほとんど誰にも会いません。もっとも親密な友人の話からでさえ、疲労させられ、圧迫を受けることが分っているのです。かれが会話を必要としないのは幸いです。なぜというに、かれは不安、焦慮、意気消沈といったことからまったく解放されていますから。そして、読書の楽しみを支えにして、たいへん上手に時を過していま す」と。わたくしはその日、ヒューム氏自身からの手紙を受けとりました。その抜書きをつぎに掲げます。

エジンバラ、一七七六年八月二三日

「こよなく愛する友に。

今日は起きられないので、貴君へ手紙を書くのに、甥の手を借りなければならない。……わたくしは迅速に死に向かっている。昨夜はすこし発熱した。わたくしはそれによって、この退屈な病気にヨリはやく終止符を打つことができるかと喜んでいたのだが、残念にも発熱は大方おさまってしまった。一日のうちでほんのすこしの時間しか会うことができないのだから、わたくしのために貴君にここへ来てくれと申しでるわけにはゆかないが、ブラック博士が、そのときどきのわたくしの余力の程度について貴君に知らせてくれることができるのだから、その方がよい。さようなら……」

三日後に私はブラック博士からつぎのような手紙を受取りました。

エジンバラ、一七七六年八月二六日、月曜日

「拝啓

昨日午後四時ごろ、ヒューム氏は逝去されました。氏の臨終の近づきは、木曜日から金曜日にかけ

ての夜に、はっきりしました。その間に病勢あらたまり、かれをはなはだしく衰弱させたので、氏はもはや床から起き上ることができませんでした。氏は最後まで完全に意識明瞭で、かつ大きな苦痛や苦悩の感情をまぬがれておられました。氏はこれっぽっちも焦慮をあらわされませんでした。そして身辺のものに話しかけねばならぬときには、つねに愛情とやさしさをこめてそうされました。わたくしは、貴方にこちらへお越し願う手紙を書くのは適当でないと考えました。とりわけ、ヒューム氏自身が貴方に来てくれないように望むという手紙を口授したと聞きましたので。氏は極度に衰弱されて、話をするのにも努力がいりました。そして氏は、なにものもそれを凌ぐことはできないほどの、幸せな心の平静さのうちに逝去されたのです」

このようにして、こよなく秀れた終生忘れえぬ友は亡くなりました。かれの哲学上の見解にかんしては、もちろん、ひとびとはさまざまに判断されるでしょう。それぞれ、かれの見解がたまたま自分自身の見解に合致するか、しないかによって、かれの見解を是認したり非難したりするでしょう。しかしかれの性格と行為については、意見の相違はほとんどありえません。まことにかれの気質は、こういういい方が許されるとするならば、わたくしがこれまでに知っている、おそらく他のどの人よりも、よく均整がとれていたように思われました。逆境の底にあったときでさえも、かれはその偉大な、気質そのものにもとづく節倹によって、しかるべきばあいには慈善や気前のよさを、行為としてかならず示しました。かれの節倹は貪欲にもとづくのではなくて、自立を愛することにもとづく節倹でした。かれの性質の極度の優しさは、かれのゆるぎない心や確固たる決意を、けっして弱めたりはしませんでした。かれのいつものひょうきんさは、かれの善良な人柄とユーモア気質との純粋な流露であり、心のこまやかさと慎しみぶかさとによって調和されており、いささかも悪意を混じえていませんでした。他の人びとのばあいには、悪意がしばしば、いわゆる機智（ウィット）の不快な源でありがちなのですけれども。かれのは、ひとに恥をかかせるような嘲弄の意味をすこしも帯びていませんでした。だから、人を怒らせるどころか、その的にされた当人たちまでも、ほとんど間違いなく、喜ばせ、楽しませたのです。友人たちはしばしばその的にされたのですが、その友人たちにとって、かれの偉大なかつ愛すべき諸資質のすべてのうちで、かれとの会話を貴重なものにするのにこれ以上に寄与したものは、おそらくありませんでした。一般に、陽気な気質というものは、社交上愉快なものであると同時に、軽佻浮薄な性質を伴うことが多いのですが、かれにおいては、このうえなくきびしい勤勉、このうえない博学、このうえなく深い思想としっかり結びついていて、あらゆる面でもっとも包括的な能力でありました。まとめていえば、わたくしはつねにかれを、人間の脆い本性が許すかぎりにおいて、完全に賢明でかつ有徳な人間の理想に、できるだけ近づいたひとであると、かれの生前においても死後においても考えてきたし、いまもそう考えています。

敬　具

アダム・スミス

〔資料II〕

アレグザンダー・ウェダバーンへの手紙

カーコールディ　一七七六年八月一四日

拝啓

……………

ひじょうに愉快なようなことは何も申し上げることがありません。気の毒なデーヴィッド・ヒュームは急速に死に向かっていますが、おおいなる朗らかさと、気嫌のよさ、そして、神のご意志に服従しますと口先では言って死んでいった、哀れっぽくすすり泣く、どのキリスト教徒にくらべても、事物必然の行路に対する、ヨリ真実な服従をもって (with more real resignation to the necessary course of the things, than any Whining Christian ever dyed with pretended resignation to the will of God)、死に向かっているのです。……ヒュームは最近ルシアンの対話篇を読んでいたとき、……かれはケーロンに対して、しばしの猶予を請う口実として何があるかを考え始めた。……ついにわたくしは言えそうなことを思いついた。ケーロンさん、わたくしは人びとの眼を開くために、今日まで、努力してきました。教会が閉鎖され、坊主どもがお払い箱になるのを見る快をえるまで結構ですから、ほんのすこし待ってください (have a little patience only till I have the pleasure of seeing the churches shut up, and the Clergy sent about their business) と。しかしケーロンは、このぐずの悪党め、そんなことは今後二〇〇年の間起こりっこない。わしがそんなに長い暇を与えるとでも思っているのか、いますぐ舟に乗れ、と答えるであろう。……

敬具

アダム・スミス

(1) John Home (一七二二―一八〇八年)。エジンバラ大学に学んだ劇作家で多くの劇曲を書く。ジョージ三世の皇太子時代の師を勤めた。体験を織りこんだ、*History of Rebellion 1745*, 1802という著書もある。

（2）James Edmonstoune of Newton. 一七三九年に軍隊に入り一七六二年中佐に昇進、一七七〇年退役。ヒュームの旧友のひとり。スミスが綴りを書き誤ったのであろう。スミスはEdmondstoneと書いているので、それにしたがった。

（3）エドモンドストーンがヒュームを訪ねたのは八月六日であった。スミスは八月八日にヒュームを訪ねたさいに、その手紙（八月七日付）をみせてもらったのである。この手紙は未公刊、そこに書かれていた詩は未詳、ただし手紙は存在し（エジンバラ王立協会文書V. 7）、手紙の一部は*Correspondence of Adam Smith*の他の個所（*ibid*., p. 214. 註(4)）に載せられている。

（4）ギリシャ名ルーキアーノス（c. 115-c. 200）。哲学的諷刺劇作家ないしは哲学の諷刺作家。ユーフラテス河畔のサモスタにうまれ、修辞学、法律、文学、哲学等を学び、中年にアテネに住んで多くの対話篇を書く。とりわけエセ哲学者を攻撃、迷信を嘲笑、かれ自身の立場はデモクリトスやエピクロスに近かったらしい。その諷刺文体によって、トマス・モア、エラスムス、ラブレー、ヴォルテール、スウィフトらに大きな影響を与えた。ヴォルテールの『カンディード』はスタイルもテーマもルシアン風であるといわれる。ベーコンはルシアンを思索的無神論者と呼んだ。ヒュームはルシアンを尊敬して、倫理、宗教を論じるさいによく引用した。cf. *Encyclopedia of Philosophy*, ed. by P. Edwards et al., Vol. 5, 1967, pp. 98—99. 高津春繁、斎藤忍随『ギリシャ・ローマ古典文学案内』岩波文庫別冊、一九六三年、八八—八九ページ。モルレMorelletから一七六六年にルシアンの対話篇のひとつを贈られたのに対して、ヒュームは、原典と対照していたため礼状がおくれたこと、翻訳には若干の遺漏があることを述べ、「あなたの翻訳の批評によって、わたくしのギリシャ語の知識をお眼にかけたい」と書いた。*HL*. Vol. ii, pp. 157—58.

（5）Charon. ギリシャ語ではカロン。ギリシャ神話で、よみの国の渡し守。年をとって汚らしいけれども力がつよく、小舟に乗せて死者の魂をよみの国に渡す。プルフィンチ、野上弥生子訳『ギリシャ・ローマ神話』岩波文庫、三四一ページ。

III

みられるとおり、死にちかいヒュームを訪れたときに実際におこなわれたと考えられる会話では、ヒュームは、ケーロンとの架空の対話において「教会が閉鎖され、坊主どもがお払い箱になるのを見る」までの猶予をケーロンに請い、ケーロンは、そんなことは今後二〇〇年以内におこるはずがない、と答えている。それがストラーンへの書簡では「流布している迷信の体系のいくつかが崩壊するのを見る」というふうにぼやかされ、かつ、二〇〇年が数百年に変えられている。ウェダバーンへの手紙の叙述を裏からいえば、そんなことはすぐには無理だが、二〇〇年以上も経てばキリスト教の支配、聖職者の権威もなくなるだろう、とヒュームは思っていたことになる。

いまひとつ、スミス自身がヒュームの死の諦観を賛えて、「哀れっぽくすすり泣く、どのキリスト教徒」よりも立派、と書いていたのが、ストラーンへの書簡では消えていることである。「哀れっぽくすすり泣く」という形容は、『道徳感情論』においても使われていて、スミスは第六篇で追加された、同書第七部二篇一章において、ストア哲学者の死生観を紹介したあと、「このような学説の生気と男らしさは、若干の近代の体系の、哀れっぽくすすり泣くような調子と、おどろくべき対照をなしている[1]」と述べている。「哀れっぽくすすり泣くキリスト教徒」という句は、平素慎重なスミスが、死にゆくヒュームと会った感動のさめやらぬうちに洩らした言葉であり、スミスの真情であろう。

以上のことから何がひき出されるであろうか。もとより、二通の書簡とその対比だけから早急な論断をおこなうことは慎しまなければならない。しかし、ひとつには、ヒュームの反教会的態度の猛烈さ、いまひとつは、スミスが、ヒュームのストア的な死にかたに感動し、キリスト教徒以上のものをそこに見たことは、文面に示されているとおりである。

最後に、資料紹介のわくをすこしくはみ出て、心覚えを書き加えておきたい。

さきに、ヒュームは無神論というよりもscepticであるという通説にしたがったが、scepticといっても、よほど無神論に近いscepticであった、といえるであろう。『自然宗教に関する対話』は、たしかに難解で、ヒュームの真意を捕捉しがたい。しかし、遺稿「自殺論[2]」における自殺がなんで悪い、自殺罪悪説は坊主どものデッチあげだ、という主張は、スミスが自殺擁護論をしりぞけ、病からの自殺については、「非難ではなく哀れみの適切な対象である[3]」と書いているのとは著しい対照をなしている。スミスは宗教の名において犯されてきた罪悪や愚行の多いことを認めつつも、ヒュームとは異なって、宗教が道徳的に教化的な意義をもつことを容認している。このことは、『国富論』第五篇一章三節三項で、小宗派の自由競争が有益であると論じているところにもあらわれているし、『道徳感情論』の諸所においてもみられる。スミスが宗教とくにキリスト教に対して、一義的に否定的であったとは、とうてい言いえない。

しかしながらそのことは、スミス自身が信仰の人であったということとは、おのずから別である。

わたくしは、「スミスはいうまでもなくクリスチャンであり、神を信じていた[4]」という命題は、おおいに疑わしいと考える。

第一に、いま述べたように、『国富論』と、『道徳感情論』における宗教肯定の多くは、宗教の道徳的教化作用を認める議論であって、宗教の内面的必然性の論定ではない。宗教の内面的必然性に関わる文章は、『道徳感情論』第六版の、例のカラス事件にかんして、この世での誤審による不名誉な死に処せられた人に対して、「視野をこの世に限っている控え目な哲学はほとんど慰めを提供しない」「宗教だけがかれらに有効ななぐさめを提供しうる[5]」として、来世における神の公平な裁きへの期待を述べている箇所である。また、「胸中の人」を「神的存在の代理人」としていることを指摘できる。

しかしながら、「神」(God)「神的存在」(Deity)「摂理」(Providence)「自然」(Nature)「自然の創造者」(Creator of the nature) 等の表現で呼ばれているものは、かならずしもキリスト教の神を意味するものではない。スミスが大きな枠組みでは理神論者に属することは、誰しも言うことであるが、理神論における神は、これまたいちおうは知られているように、イエスの特殊決定的な意義が没却されて、世界の創造主としての絶対者としてだけ位置づけられるものであるために、伝統的なキリスト教信仰の立場からは異端とされたのであった[6]。それだけでなく、スミスのばあい、神や摂理は、キリスト教的意味ではなく、むしろストア哲学の文脈で理解されるべきであると思われる。そのように解してよいと考えられるのは、つぎのような事実があるからである。

スミスは『道徳感情論』第六版において、「啓示」と「贖罪」を肯定的に述べたパラグラフを削除した[7]。

他方、ストア哲学についての叙述は、第六版において大幅にふくれあがった。スミスが第六版の改訂の前あるいは改訂時に、エピクテートス、マルクス・アウレリウスその他を読みかえしたことはたしかである。第六版での追加部分は、一般に、章のテーマをときには逸脱して人生論風に思いを述べた趣きがつよいのであるが、ストア哲学についてもそうであって、ストアの哲人たちについての長い叙述には、スミス自身の人生観がにじみ出ているように思われる。

ただし、スミスはストア哲学を全的に肯定しているのではない。初版から五版までは、ストアの「男らしさ」や「平静」をもっぱら称賛していたのに対して、六版ではかえって、ストア（とくにその亜流）に対する批判をもつけ加えている。[8] スミスのストア哲学に対する批判の要点は、ストア哲学がすべて絶対者の立場からものをみるようにと説くのに対して、それは人間のなしうるわざでもなく、またそうすることが人間に必ずしもふさわしくはない、という一点である。人間は小我を離れえず、自愛心という強い動力をうちに持ち、自己からの「距離」によって心を動かされる度合がちがうという構造になっている。世界全般のことは絶対者（ストアの意味での）に委ねるほかはないのだ。人間には人間にふさわしいもっと些細な、しかし人間としては大切な日常の義務があるのだ、とスミスは考える。[9] スミスがストアと別れるまさにこの点に、スミスの近代性、スミスが経済学に打ちこみえた根拠がある。このことはたしかである。スミスは、自己の状態を改善せんとしてあくなき努力をつづける人間を肯定する。しかし、絶対者の摂理を思うことが、不幸の思いを慰め、また公平な眼をもつのにいかに大切であるかは、これまたスミスの説くところであった。そして、対象的な人間像の次元でよりも、スミス自身の内面的な人生観の次元において、ストアの教えは、スミスにつよく定着していたと考えられるのである。スミスは、おそらく若いころから、そうした人生観に親しんでいた人であろう。しかし、ヒュームのストア的な、男らしく平静な死が、スミスにストアに対するいっそうの敬意と親近感をいだかせ、ストアの哲人たちの書物を読みかえさせ、『道徳感情論』第六版になんらかの影響を与えた、という推測も可能であろう。

（1） Smith, A., *The Theory of Moral Sentiments*, ed. by D. D. Raphael and A. L. Macfie, 1976, p. 283. 水田洋訳『道徳感情論』筑摩書房、一九七三年、三五四ページ、米林富男訳『道徳情操論』未来社、下巻、一九七〇年、五九一ページ。

（2） "On Suicide" Hume, D., *Essays Moral, Political, and Literary*, Vol. II, ed. by Green T. H. and Grose, T. H., 1912, pp. 406—14. この小論は、自殺論史において注目すべき位置を占めている。ショウペンハウエル、斎藤信治訳『自殺について』(岩波文庫)、八六ページ以下：アルヴァレズ、早乙女忠訳『自殺の研究』新潮社、一九七四年、一六〇ページ以下参照。

（3） Smith, A., *op. cit.*, p. 287. 水田訳、三五八ページ。第六版における自殺論は、ヒュームの遺稿「自殺論」に対する批判として書かれた、と解されている。当時のイギリスでは、自殺者は墓地に埋葬されず、その財産は没収されるという法がなお存在していたのであるから、スミスの所論も現状批判の意味をもっていた。Vgl., Eckstein, W., *op. cit.*, S. 589, Anm, 71, 73.

（4） 高島善哉『アダム・スミス』岩波新書、一九六八年、一一八ページ。

（5） Smith, A., *op. cit.*, p. 120, 水田訳、二四〇ページ。

（6） 理神論 deism という言葉が現われたのは、一六世紀半ばであるが、一七、一八世紀がその最盛期である。サミュエル・ジョンソンは、理神論者を「特定の宗教には従わずに、神の存在だけを認め、その他の信仰箇条を拒否するもの」と定義した（一七五五年）。理神論は啓示宗教と対立するものである。イギリスでは、理神論は特定の流派を形成しなかった。サミュエル・クラークは、イギリスの理神論者には四種のタイプがあり、(1)摂理を否定するもの、(2)自然宗教における摂理は認めるが道徳における摂理を認めないもの、(3)来世を否認するが、神の道徳的役割を認めるもの、(4)来世および自然宗教その他の教義を認めるもの、にわかれると説いた（一七〇四年）。理神論研究者のR. Abelsonは、Lord Herbert of Cherbury (1583-1648), Charles Blount (1554-1693), John Toland (1670-1722), Anthony Collins (1676-1729), Mathew Tindal (1657-1733) のようなイギリスの代表的理神論者たちには上記の四種の型があらわれていると解している。cf. *Encyclopedia of Philosophy*, ed. by Edwards et al., Vol. 2, 1967, pp. 326—35.

（7）初版～五版の二部二篇三章末尾のパラグラフである。Smith, A., *op. cit.*, pp. 91—92 の註、水田訳、一四二—四五ページ参照。レーは、かってマギーが問題にしたこの箇所は、なんら実質的変更を意味するものではない、と述べているのに対して、エックシュタインは、『道徳感情論』において、キリスト教のドグマである「啓示」を肯定し、「贖罪」を合理的であるとしていたのはこの箇所だけであるから、注目すべき削除であるとしている。レー、前掲書、五三四—三六ページ：Adam Smith, *Theorie der ethischen Gefühle*, hrsg. von W. Eckstein, 2. Aufl., 1977, S. XLV—XL.『道徳感情論』新版の編者、D・D・ラファエルもこの削除を重要とみている。cf., Smith, A., *op. cit.*, p. 384 ff.

（8）『道徳感情論』はストア哲学について、初版～五版では、諸所での関説のほか、まとめては、一部四篇三章「ストア哲学について」と、六部二篇一章「徳性が適宜性にあるとする諸体系」のIII（ストア学説）において述べられていたのが、六版の改訂において、一部四篇三章は同二章と、七部（初版～五版では六部であったが七部となる）二篇一章のIIIに移されて章名が変わり、かつ、七部二篇一章のIIIは大幅にふくれあがった。

（9）「しかしながら、宇宙という偉大な体系の管理運営、すなわちすべての理性的で感受性ある存在の普遍的な幸福についての配慮は神の義務であって人間の業務ではない。……瞑想的な哲学者の、もっとも崇高な思索でも、最小の行動的な義務の軽視をめったにうめあわせることができないのである。」Smith, A., *op. cit.*, p. 237. 水田訳、四七二ページ。

〔初出『甲南経済学論集』第二二巻第四号一九八二年三月〕

第三章　一八九〇年代初頭の経済学界――イギリス――

I

この論文は、それを献呈する杉原四郎教授のご研究との関係においては、対象の面で、J・S・ミルを中心とする教授のイギリス経済思想史のほぼ下限時期に接続し[1]、方法の面では、教授が近代日本経済思想史において着目された雑誌とくに経済学雑誌の研究に学び、欧米の経済思想史研究に利用しようとするものである[2]。

わたくし自身の研究計画においては、経済思想史を通史として書き、あるいは講じうるようになるという、現在ではまだやや遠い目標を楽しみにして進めている勉強を手がかりにして、一八九〇年代の初頭という時期に視点を定め、いわば輪切りのかたちで諸国の経済思想を展望し、それぞれの国の経済思想の情況とともに、経済思想の国際的流通についての見通しを獲得することが当面のテーマであり、本稿はこのテーマについての最初の論文であって、イギリスをとりあげる。

なぜ一八九〇年代の初頭を選ぶのかという疑問に対しては、本稿およびそれにつづく論文の全体によって、一八九〇年代初頭が経済思想史研究における、ひとつの管制高地的性格を有することが具体的に明らかになることによって回答されるほかない。しかし、マルクス経済学をしばらく措いて、第二次世界大戦まではイギリスが経済学の中心国でありつづけたこと、そのイギリスにおいて、マーシャルの『経済学原理』の刊行と「イギリス経済学会」British Economic Association（一九〇二年から「王立経済学会」Royal Economic Society となる）の創立が一八九〇年、そして翌年には、『エコノミック・ジャーナル』*Economic Journal* の創刊号の刊行をみたことを挙げるだけで、さしあたりは足りるであろう。もちろん、諸国において、それぞれの経済思想史の山場が一八九〇年代初頭に並んでいるわけではない。しかし、この時期について諸国を横断することによって、各国別の時間の軸に沿っての経済思想史に、なにほどか横からの光をあてることができると思う。

さて、一八九〇年以前のイギリスの経済学者たちの組織をみると、公的な機関としては、「大英学術協会」British Association for the Advancement of Science（一八三一年創立）のF部会が、経済学・統計学にわりあてられていた。大英学術協会は年次大会をもち、科学の振興と普及に大きな役割を果たしてきた組織で、植民地からの参加もあった。経済学は独立の部ではなく、統計学とあわせてF部会の委員任命者を出していたわけである。経済学者と実業界のエコノミストとの交流の場としては、大英学術協会の創設よりもふるい「経済学クラブ」Political Economy Club（ロンドン、一八二一年創立、〔4〕を参照）があって、経済および経済学の研究と討論に大きな役割を果たしてきた。それから、「王立統計学会」Royal Statistical Society は一八三八年以来、機関誌 *Journal of the Royal Statistical Society* を刊行してきており、経済学者の若干は、この学会で報告し、それが同誌に掲載された（〔13〕を参照）。

経済学の講座についていえば、マルサスが東印度カレッジの近代史と経済学の教授（一八〇五—三四年）として、イギリスではじめて経済学の講義を担当したことは有名であるけれども、この学校は東インド統治の行政官養成のための専門学校であり、大学ではなく、後継者を育てる便もなかった。ケンブリッジ大学で、ジョージ・プライム George Pryme（一七八一—一八六八年）という人が一八一六年に経済学の講義をはじめ、一八二八年に教授になり、一八六三年に引退するまで経済学を担当したが無給であった。かれは経済学の講義概要を書いただけで、他に経済学の著述はない（*DNB*）。ケンブリッジ大学の最初の有給の経済学教授は、盲目の経済学者、H・フォーセット（在任、一八六三—八四年）である。オックスフォード大学では、N・W・シーニアがドラモンド経済学講座の初代教授（一八二五—三〇年）で、かつ再任（一八四七—五二年）された。J・E・ケアンズはダブリン大学（一八五六—六一年）のあとロンドン大学ユニヴァーシティ・カレッジ（一八六六—七一年）の経済学教授、W・S・ジェヴォンズは、マンチェスター大学の論理学・道徳哲学教授（一八六三—七六年）、ロンドン大学ユニヴァーシティ・カレッジの経済学教授（一八七六—八〇年）になった。しかし、イギリスにおける大学の経済学は、A・マーシャルが一八八五年（任命は一八八四年一二月）にケンブリッジ大学の経済学教授に就任する以前においては、概して微力であった。大学のカリキュラムに経済学が入っていても、経済学の地位は低かったし、経済学の教授は他学科との兼任であったりしたし、受講学生もすくなかったといわれる〔12〕1—2）。

イギリスの経済学は、知られているように、大学のそとで、リカードウ、J・S・ミルらを主力として展開してきた。フォーセットはミルの解説を出なかったといわれているし、シーニアはかなりの著述をしたが、ミルに及ぶものではなかった。ケアンズには理論的工夫があるが、最後の古典派経済学者として、やはり、リカードウ・ミルの圏内にある。ミルの『経済学原理』の支配に対して堪えがたい反発を感じ、『経済学の理論』（一八七一年）において「最終効用」の概念による価値論の変革を提示したジェヴォンズは、たしかに、新しい理論のさきがけとして、経済思想史において重要な地位を占めるが、しかし、ただちに経済学の体系を変革したのではなかった。その理由の一部は後論でふれるが、『経済学の理論』をミルおよびマーシャルの『経済学原理』と比較すれば、『理論』が二つの『原理』のような意味での体系書（treatise）ではないことは明らかであろう。

大学における経済学の弱かったことが、イギリスにおける（専門的）経済学雑誌の創刊のおくれの主たる原因である。つぎに、諸国の経済学雑誌の情況を調べえたかぎり、かんたんに紹介するが、みられるとおり、経済学雑誌の刊行は、大学かあるいは全国的規模の経済学会を基盤としている。そして全国的な経済学会は大学人以外をふくんでも、大学人が中心をなしている。したがって、経済学雑誌の創刊は、大学の教師としての、いわばプロフェッショナルとしての経済学者集団の成長の指標でもある。

イギリスには、一八四三年創刊の『エコノミスト』誌がある。しかし、この有名な週刊誌は、経済学的な論文が掲載されても、本質的に経済雑誌であって、経済学雑誌ではない。経済学雑誌としては、一八九一年一月に創刊号の出た、*Economic Review* がもっとも早く、ついで同年三月創刊の *Economic Journal* である。前者は「キリスト教社会連盟オックスフォード大学支部」による刊行であり、後者はイギリス経済学会の機関誌である。この二つの雑誌については本稿の後段で述べる。

アメリカでは、ハーヴァード大学の *Quarterly Journal of Economics*（一八八六年一〇月創刊）がメジャーな経済学雑誌としてはもっともはやい。つぎに、シカゴ大学の *Journal of Political Economy*（一八九二年一二月創刊）がくる。「アメリカ経済学会」American Economic Association は、一八八五年九月に創立されたが、同学会の機関誌 *American Economic Review* の創刊は一九一一年三月である。

ドイツでは、*Zeitschrift für die gesamte Staatswissenschaft* が一八四四年に創刊され、国家学全般のなかに経済論説がふくまれているが、経済学の専門誌としては、*Jahrbücher für National-ökonomie und Statistik*（イエナ、一八六三年）がもっともはやい。「法学および哲学博士、イエナ大学国家学教授ブルーノ・ヒルデブラントによる刊行」という厳めしい肩書がタイトル・ページに印刷されている。ヒルデブラントが刊行序言を書き、また、巻頭論文は「国民経済学の現在の課題」と題するかれの長文の論説である。この雑誌は一八七八年から一九一五年までJ・コンラートの編集になる。一八七二年にドイツ社会政策学会が創立され、学会は雑誌ではないが、学会の年報的性格をもつ厖大な叢書 *Schriften des Vereins für Sozialpolitik* をその翌年から刊行しはじめた。それよりもさき、一八七一年に *Jahrbuch für Gesetzgebung, Verwaltung und Rechtspflege des Deutschen Reiches* が創刊されたが、幾度も誌名を変更し、『シュモラー年報』の名で知られるこの雑誌が社会政策論中心になるのは、やや後のことで、はじめは社会政策論中心という意味での経済学雑誌ともいえない[3]。*Archiv für Soziale Gesetzgebung und Statistik*（一八八八年創刊、テュービンゲン）は『ブラウンス・アルヒーフ』の名で知られ、H・ブラウンの編集、「あらゆる国の社会状態の研究のための季刊誌」

という副題が付けられている。刊行の辞もブラウン筆である。この雑誌は知られているように一九〇四年、*Archiv für Sozialwissenschaft und Sozialpolitik* となり、M・ウェーバー、W・ゾムバルト、E・ヤッフェの編集に移る。

オーストリアでは、*Zeitschrift für Volkswirtschaft, Sozialpolitik und Verwaltung* が一八九二年に創刊された。「オーストリア経済学者協会の機関誌」という副題がつけられている。編集者はボェーム・バヴェルクほか三名で、かれが「われわれの課題」という長い刊行の辞を書いている。オーストリアといえばオーストリア学派の理論のイメージが浮かぶが、雑誌の内容は誌名の示すとおりであって、ドイツの諸雑誌とあまり違わない(4)。

フランスの *Journal des Économistes ; Revue mensuelle de la science économique et de la statistique* の創刊は一八四一年にさかのぼるが、幾度もシリーズを改めており、その初期のころの現物は未見なので、性格はわからない。一八九〇年以前にアカデミックな経済学・統計学雑誌になっていたことは、イギリスの『エコノミック・ジャーナル』の創刊号のイギリス経済学会創立総会の記事のなかで、外国の経済学雑誌としてアメリカの『クォータリー・ジャーナル・オブ・エコノミックス』と並べてこの雑誌をあげ、また経済学雑誌の紹介欄のなかにもこの雑誌が入れられていることから推察できる（*EJ*., Vol. 1, 5—6 ; Vol. 2, 191, 408)。また、C・ジイド、C・リストら五名の編集による *Revue d'Economie politique* が一八八七年パリで創刊された。

イタリアの *Gionale degli Economisti* は一八七五年ボローニャで創刊、発行地も編集者にも変遷があって、一八八六—九〇年はA・ゾルリ編集、一八九一—九六年にはローマでM・パンタレオーニら三人の自由主義者とゾルリの共同編集となっているから、雑誌の性格も歴史主義から自由主義に変ったのではないかと推測される。(5)

ロシアでは、エカテリーナ二世が一七六五年に創設した「帝国自由経済協会」Императское вольное экономическое общество が、一八九〇年代にはナロードニキに対するマルクス主義的・自由主義的論者のロシア資本主義論争の場となるが(6)、経済学の専門雑誌は帝政時代にはない。経済学の論文は、ロシア独特のぶあつい総合雑誌か、ドイツの経済学雑誌（とくに前述の『アルヒーフ』）に多く掲載された。

日本社会政策学会の胎動は一八九六年、公的発足は一九〇七年（明治四〇年）。経済学をふくむ東京大学の『国家学雑誌』の創刊が一八八七年、東京と神戸の両高商の教授たちが中心となった日本の経済学雑誌『国民経済雑誌』は一九〇六年（明治三九年）に創刊された（〔2〕二二九）。

（1）〔1〕の第一部の叙述は、一八七〇年に及んでいる。

（2）〔2〕の第二部「経済雑誌の変遷」とくに第三章を参照。ほかに同教授の小冊子『経済思想史研究と雑誌』、一橋大学社会科学古典資料センター、一九八四年三月、はミル、マルクス、河上肇の関係雑誌の研究である。経済学雑誌の特殊な研究の外国文献としては〔8〕がある。なお未刊であるが杉原四郎教授編『日本の経済雑誌』の原稿は仕上っていると聞く。

（3）この雑誌は、一八七七―一九一二年には、*Jahrbuch für Gesetzgebung, Verwaltung und Volkswirtschaft in Deutschen Reiche.* 一九一三年に *Schmollers Jahrbuch für Gesetzgebung*…… となり、一九四五年、一九六八年に誌名の小変更があって、一九七二年にシュモラーの名が消えて、現在の *Zeitschrift für Wirtschafts-und Sozialwissenschaften* となった。一八七一年の創刊号を調べたところ、

編集協力者のなかにA・ヴァグナーが加わっているが、鋳貨にかんする小記事があるだけである。

(4) この雑誌は一九一八―二〇年休刊、一九二一年から誌名をすこし変えて新シリーズになり、一九二〇年に *Zeitschrift für Nationalökonomie* に改変されて現在にいたる。

(5) イギリス、アメリカ、ドイツ、オーストリアの経済学雑誌のほとんどが季刊であるのに対して、フランスとイタリアでは月刊であることが目につく。

(6) 田中真晴『ロシア経済思想史の研究』ミネルヴァ書房、一九六七年、一八八、二一七(n)ページ参照。帝国自由経済協会の通史としては、Орешкин, В. В., *Вольное экономическое общество в России 1765—1917*, 1963. この協会は一七六五―一九一五年に「帝国自由経済協会紀要」を出しているが経済学雑誌とはいえない。

II

経済学の先進国イギリスにおいて、経済学雑誌の創刊・経済学会の創立がいかに遅れたかは、前節のサーヴェイで明らかであろう。フランスとイタリアについては内容を検討するにいたらなかったのでしばらく措くとして、ドイツにくらべればはるかに、アメリカにも遅れ、わずかにオーストリアとあまり違わない時点において、全国的経済学会が創立され、経済学雑誌が創刊されたのである。その遅れの主たる理由は前節ですでに述べた。逆にいえば、ドイツを筆頭に他の諸国では、経済学が当初から、あるいは早い時期に、大学を根拠地とし、大学の教師が経済学の主たる担い手であったことが理由である。

しかしイギリスにおいても、気運が熟して、一八九〇～九一年に経済学会の創立と経済学雑誌の創刊をみることになるが、その間の事情、それに先立つ時期について、若干述べなければならない。

(1)　一八七〇年代から八〇年代にかけて、イギリスの経済学が、大ざっぱないいかただが「社会」の信用を失った時期であることについては、研究者たちの見解が一致している。T・W・ハチスンは、ロンドン経済学クラブのスミス『国富論』一〇〇年祭記念の夕食討論会（一八七六年五月三一日）が、政策論の対立を根にもつ「方法論争」の観を呈したこと、またその前後に、W・バジョットが「経済学に対して以前のような信用が失われた」と書き、ケアンズが「経済学はいまや実り多い科学ではなくなった」と書いたことを紹介している（〔15〕三—五）。

A・W・コーツは、前節で言及した大英学術協会のF部会すなわち経済学・統計学部会が一八七七年には、「経済学は科学ではない」という理由で解散されそうになったことを伝えている（〔5〕143）。

ロンドン経済学クラブの討論テーマは、一八七六年以降、「経済法則というようなものが現実にあるのか。もしあるとすれば……」（W・T・ソーントンによる一八七八年六月七日の問題提起）といったようなものが多くなり、また、一八八三年以降においては、比較的小さい現実問題や技術的な論題が多くなった、と藤塚知義教授は書いている（〔4〕一〇六—一五）。

そして、一八七〇年代から八〇年代の半ばまでの間に、有力な経済学者たちが相継いで亡くなった。ミルは一八七三年、ケアンズは一八七五年、バジョットは一八七七年、ジェヴォンズは一八八二年に没した。

(2)　経済学が「社会」の信用を失ったということと、経済学者が自信を失ったということと、方法論の対立・論争が経済学者たちの分裂・抗争を招いたということとは、厳密にいえば同じことではないけれども、大局的には、経済学（＝古典派経済学）が自由放任主義の学説として受取られ、自由放任主義が現実に適合しなくなった、という社会意識が強くなってきたことによる。そしてその根底にはもちろん現実の変化があるわけだが、現実の変化が一価関数的に社会意識を規定するわけではない。労働者の状態が産業革命期に比べて改善されていても、労働者問題が社会の意識をより鋭く、より幅ひろくゆさぶり、社会問題として大きくクローズ・アップされうる。組織や運動においては、ハインドマンらの民主連盟（一八八一年）が社会民主連盟（一八八四年）になり、フェビアン協会（一八八三年）がウェッブ夫妻やバーナード・ショーの加入をえて発展し、また新組合主義の運動が勃興し、一八八九年にはロンドン港湾労働者の大ストなど、「イギリス社会主義の復活」がみられた。『資本論』第一巻は一八八六年に英訳された。しかしアメリカのH・ジョージの『進歩と貧困』（一八七九年）と遊説の方が一般の反響は大きかったらしい。ともあれ、イギリスにおいては、社会主義的立場の経済学はこの時期には、経済学の次元では有力ではなかった。しかしラスキンの思想的系譜につながる芸術的ヒューマニズムや、キリスト教の社会派など、ヨーロッパ大陸の基準では社会主義とは言えないが、倫理的・宗教的に資本主義の個人主義的競争・自由放任を嫌う思潮が知識人層に相当の拡がりをもったようである。そして、ラスキンの系譜からは、W・モリスや「異端の経済学者」J・A・ホブスンが出てきたし（〔14〕参照）、キリスト教社会倫理の側からは、キリスト教社会連盟オックスフォード大学支部がイギリスの最初の経済学雑誌 *Economic Review* を創刊することになる。

(3)　古典派経済学の伝統に対して、経済学の方法論という次元で挑んだのは、歴史主義である。ここではコーツの論文〔5〕に拠って、若干の点を紹介するにとどめざるをえない。コーツによれば、アメリカにおいては、ドイツの歴史学派の直接的影響を受けて、「旧派」(古典派)に対する「新派」が形成された(〔9〕を参照)のとは異なって、「イギリスの経済学における歴史主義の運動は、ふつうに認められている以上に、イギリスの内生的産物であった(〔5〕144)。R・ジョーンズの著作集の刊行(一八五九年)、法制史家H・メーンのC・レズリーに対する影響が主たる源泉であり、外国からのものとしてはA・コントのイングラムへの、そしてそれよりも弱い程度においてではあるが、カニンガムへの影響があった。ドイツ歴史学派の文献も引用されたが、それはむしろ補強剤としてであった。古典派経済学に対する「永遠主義」「コスモポリタニズム」というレッテル貼りがそれであると、コーツはいう。わたくしはコーツのようにドイツの影響を小さくみるのが正しいのかどうかについては判断できない。ともあれ、古典派の「自然主義」に対して、理論の妥当領域の歴史性と「社会発展の法則」の優位性を、古典派の「演繹」に対して「帰納」を主張するものであった。歴史主義の主張者たち相互の間にも意見のちがいがあり、また、古典派に対する理解のいたらなさがみられる。実際、J・S・ミルの「経済学の定義」と『論理学』第六篇を正確に読んでいたならば、経済学に対する歴史主義的批判のかなりの部分は無用であったとわたくしには思われるし、すくなくとも批判がもっと高い方法論的次元でおこなわれえたであろうに、と思われる。方法論争はそれ自体としては決着のつかないものであった。そして、イギリスにおいては古典派の伝統・自由主義は、ゆさぶられ傷つきはしても、根づよいものであった。

(4)　しかし、一八七〇―八〇年代に経済学の再建への歩みが、進められていた。新しい息吹きは、H・シジウィック、A・マーシャル、J・N・ケインズ、H・M・フォクスウェルらのケンブリッジ学派の形成である。この学派形成は道徳哲学の面をふくめて考察することが必要であるけれども、経済学においてのリーダーはもちろんマーシャルであった。彼は道徳哲学と数学を経過して一八六七年に経済学に指向を定めてから、ミルを検討し、クールノーを消化し、外国貿易の理論を考え、また、アメリカの保護主義の根拠をアメリカに渡って考察し、イギリスの現実問題と経済史の知識を蓄えるなど、着々と大型の経済学者としての自己形成に向かっていた。一八七九年には夫人との共著『産業の経済学』(1)を刊行し、一八八五年からケンブリッジ大学の経済学講座を担当した。

マーシャルより七歳若いフォックスウェル(2)が、*Quarterly Journal of Economics* の求めに応じて、アメリカの経済学者向けに書いた「イギリスにおける経済学の動向」(3)(一八八七年九月執筆、文献〔11〕)には、この時点においてすでにマーシャルを中心とするケンブリッジ学派の自信が示されている。かれはつぎのように述べている。

「経済学が二五〜三〇年前にくらべて人気と権威をおとしたことは事実だが……経済思想はその間に、堅実で連続的な発展を経過してきた」。経済学に対する三つの方向の批判、すなわち「理論的批判」(ジェヴォンズを指す)、「歴史的方法」、「人道主義的感情」は、それぞれのしかるべき根拠をもっている。しかし、いまやそれらの方向が「融合」して、新しい経済学が形成されている。マーシャルの『産業の経済学』はその一里程である。「連合王国の経済学講座の半ばはマーシャルの門弟によって占められている。イングランドの経済学教育において占めるマーシャルの門弟の比重はそれ以上である」(*ibid*., 92) と。そして、かれはイギリスにおいても経済学会の創設が考えられており、その経済学会は経済学雑誌の刊行、経済学古典の覆刻、外国経済学文献の翻訳などをおこなうであろう、と予告して論を終えている。

(1) 文献〔3〕はこの書物の新しい翻訳と解説である。〔20〕は初期マーシャルの経済学の形成についての編者の詳しい序説と、マーシャル自身のノート類などの豊富な資料を載せている。

(2) かれは、ゴールドスミス・ライブラリ、クレス・ライブラリなどに収まることになる書物の蒐集者である。〔18〕の一七章にはかれの学者としての個性が、マーシャルとのちがいをもふくめて、描かれている。

(3) 「イギリスにおける経済的動向」という訳語(〔18〕、二七三ページその他)は不適当である。たしかに、著者は大不況や労働組合、工場法等に言及し、批判的思想が時代の変化に根拠をもつことを述べてはいるが、テーマは経済学の動向であって経済の動向ではない。

III

フォックスウェルが予告した経済学会は、若干の曲折を経て、一八九〇年一一月二〇日、ロンドン大学ユニヴァーシティ・カレッジにおいてイギリス経済学会として誕生した。学会の成立にいたる経緯は *Economic Journal* (以下、*EJ*.) 創刊号のはじめにかんたんに書かれているが、同誌一九四〇年一二月号に載せられている「学会五〇年記念、一八九〇―一九四〇年」(*EJ*. Vol. 50, 401―09) のほうが詳しい[1]。それによると、同誌創刊号の記事からうかがえる以上にマーシャルの役割が大きかったことがわかる。マーシャルは一八九〇年に大英学術協会F部会の委員長であったことから、同年四月一〇日にF部会の委員たちに対して、イギリスの季刊経済学雑誌の刊行その他を任務とする学会を創設すべき時期と思われるが貴意はどうか、もし賛成ならその性格についての問題諸点を問う、という内容の回状を送り、委員会での討議を経て、同年一〇月二四日付マーシャル署名の「イギリス経済学会を創る提案」を、連合王国の経済学講義者の全員、統計学会の全員、ロンドン経済学クラブのメンバーその他有力者たちに送付した。そして創立大会が開かれたのである。しかし、この招待状は労働組合関係には送られなかったようである（〔7〕360）。

学会の創立・経済学雑誌の創刊が反対者なしに成就したのは、このころに方法論的抗争がすでに下火になって、融和の気運が高まっていたことと、実力者マーシャルの慎重で包容的な態度によるのであろう。とくに、学会の創立大会においても述べられているように、イギリスの経済学者たちは、論文発表の場としては、すでに述べた公的機関での報告が印刷されることのほかには、*Quarterly Review* その他イギリスの総合雑誌か外国の経済学雑誌（とくにアメリカの *QJE.*）に頼るほかなく、その不便はとくに若い経済学者たちにとって痛切であったから、全国的な、すべての経済学者に対して原則的に開かれた経済学雑誌の刊行は、一般的に強く要望されていたわけである。

学会の創立大会にいたる経過は端折り、大会の経過についても、つぎのことだけを述べておきたい。大会の議長は、名著の評のある『外国為替の理論』（一八六一年）の著者、G・J・ゴッシェンであった。かれは当時、保守党の第二次ソールズベリ内閣の蔵相である。議事はかれとマーシャルとが中心になって進められた。大会の参加者は約二〇〇名、大学の経済学者のほか経済学の素養をもつジャーナリスト、実業人らがふくまれているが、議案の提出者は大学の経済学者であり、あらかじめ打合わされていた。重要な問題点はつぎの三つであった。

(1)　会員資格の問題。イギリスの学会たとえば「統計学会」のように専門家に会員を限定するのか、それとも、アメリカ経済学会のように会費さえ払えば誰でも入会できることにするのか。会員資格を厳格にすれば入会できない人たちが、学会の閉鎖性や派閥性を言いたてるだろう。しかしやはり学会であるかぎり、誰でもというのでは困ることが起きかねない。結局、理事会の承認を経て年一ギニーを納入するものを会員とするという中間案（いずれかといえばアメリカ型寄りと思われる）に決まった。会員数を多くしたいのは、経済学雑誌刊行の資金の必要のためでもあった。

(2)　学会はアメリカ経済学会のように学問的討論のための大会を開くべきか、それとも経済学雑誌その他の刊行に任務を限定すべきか。討論大会を望む声もあった。しかし、マーシャルは討論大会が方法論争の再燃と学会内の感情をまじえた学派的対立を招くことを極端に恐れ、学会の基礎が固まるまでは、経済学雑誌その他の刊行だけに全力をそそぐべきであると説き、そのように決定した。イギリス経済学会が討論大会を催すことに決定するのは、はるか後、一九〇四年である。

(3)　学会役員の人事。学会会長には創立大会の議長ゴッシェンが予定されていた。ところが、参会者のひとりB・ショー（一八八四年以降フェビアン協会員）が、「ゴッシェン氏を心から尊敬しているが、学会会長は政党人であってはならないと思う」（*EJ*. Vol. 2, 13）と異議を唱えた。マーシャルとゴッシェンが同時に立ちあがった。マーシャルは、自分はゴッシェン氏と政治的意見を異にするものではあるが、同氏の見識の高さと学問における公平さのゆえに同氏こそ会長の最適任者である、と述べた。ゴッシェン自身は、ショー氏の発言には真実があるとし、会長には「政治的見解を公表していない学者」のほうが適任であろうと述べ、会長の決定は創立大会の直後に開かれる理事会——理事人事は提案通りに可決された——に委ねられ、その理事会ではやはりゴッシェンが会長になることに決まった。

因みにイギリス経済学会の会長は、一九二八年にいたるまで、大学人ではない（〔7〕368 (n. 3)）。決定された役員構成はつぎのとおりである。会長ゴッシェンの下に副会長四名が置かれ、うち三名は下院議員である。理事三二名の悉皆的調査は果たしえなかったが、教授はマーシャルら一〇名、教授ではない大学人が三名（以上?）、ジャーナリスト、公務員、実業家などで名著やすぐれた論文の著者あるいは著名人が六名（以上?）、そして下院議員二名がふくまれている。大学人が実質的にリードしたにしても、非大学人経済学者・エコノミストの層の厚さを物語っている。[2] 他に会計係、書記が置かれた。

学会刊行の『経済学雑誌』（*EJ.*）の編集という重責（年一〇〇ポンドの有給）はマーシャルと密接なF・Y・エッジワースが負うことになった。[3] そしてかれは、この雑誌のために生涯大半の時間をそそぐことになる。重要な問題については、いうまでもなくかれはマーシャルに相談し、その意見に従ったことが知られている。

（1）〔7〕はさらに書簡等を利用してより詳しい。とくに本稿においては省略した一八九〇年以前の、学会創設・経済学雑誌の計画の動きについては同論文を参照されたい。

（2）教授は、C. F. Bastable, W. Cunningham, H. S. Foxwell, E. Gonner, J. K. Ingram, A. Marshall,

J. Munro, J. S. Nicholson, H. Sidgwick, F. Y. Edgeworth。教授でない大学人はJ. N. Keynes, P. H. Wickstead, *ER.* 編集者のL. R. Phelps。J. Bonarは公務員、ロンドンの貧民調査で有名なC. Boothは船主、R. Giffenはジャーナリストでこの当時は商務省の役人、三巻本の経済学辞典（一八九四―一九〇八年）の編者Inglis Palgraveは『エコノミスト』誌の編集者（一八七七―八三年）でもあった。『イギリス村落共同体』（一八八三年）等の著者として有名な歴史家F. Seebohmも理事であるが地方公務員である。

（3）　かれは*EJ.* を一八九一―九五年のあいだ単独編集、一八九五―一九〇五年には副編集者H・ヒッグスの助力をえて編集、一九〇五―一一年には再び単独編集、一九一一―一八年はJ・M・ケインズの単独編集であるが、一九一八―二五年にはケインズとかれとの共同編集である。（*EJ.* Vol. 50, Dec., 1940, 409にその時点までの*EJ.* 編集者の表がある）。なお〔18〕一六章を参照。

かれは数理経済学における貢献をもって知られるが、マーシャルと同じく道徳哲学と数学を経て経済学にいたったひとであり、*EJ.* に実に多くの、しかもさまざまのテーマの書評を書いて知的関心のひろさを示している。

かれは、一八九一年にオックスフォード大学ドラモンド経済学教授になった。その就任講演〔10〕では、オックスフォード大学の人文学の伝統と経済学に共通な精神を強調している。

Ⅳ

Economic Journal（一八九一年三月創刊）の検討に入るまえに、それより二ヶ月先立って刊行された *Economic Review*（*ER.*）についてすこし述べておく。

この雑誌は、さきに述べたように「キリスト教社会連盟オックスフォード大学支部」による刊行である。イギリス経済学会の *EJ.* の創刊が迫っているときに、一歩さきに独立に同誌が刊行されることは、*EJ.* の計画の推進者たちの一部に不信と疑惑の感をおこさせたようである（「7」355）。しかし、イギリス経済学会の創立大会には、*ER.* の編集者のひとりであるL・R・フェルプスも出席しており、マーシャルが包容力をしめして、「〃エコノミック・レヴュー〃は、倫理的および宗教的問題」を主たるテーマとし、「〃エコノミック・ジャーナル〃はその背景にある経済の科学的研究」を主たるテーマとするのだから両誌は競合的でなく補完的であると述べ、フェルプスはマーシャルに感謝した。

ER. はその刊行主体から予想されるように、三人の編集者がすべて聖職者である。その創刊号の「刊行の辞」(Editorial—A Program) は、つぎのようである。

最近のイギリスにおいては、「一方において、社会の貧窮層の生活条件に対する責任感の急な目覚めがあり、他方においては、経済思想の新しい出立が、以前には経済学の教師をもって自任する人たちと世間一般が抱いていた、自然法則への干渉の懸念を払拭した」「この雑誌は本来、社会生活にかんする義務の研究のために創刊されるのである。したがって、キリストの教えの立場から、経済倫理ともいうべきものをテーマとするいくつかの論文が掲載されるであろう」と。そして、トーマス・アクィナスの当時以上に複雑で困難な現代という時代への取組みを訴えている。

はじめの方の引用文には、歴史学派の主張が社会改良主義の方向に受容されて——アメリカにおける「旧派」に対する「新派」（イリーら）の主張のイギリスへの影響があるのかもしれない——古典派がその線でかんたんに解されていることが示されている。

しかし「刊行の辞」はつづけて、この雑誌は、社会改良に資するかぎり、「個人主義」や「社会主義」の論文も歓迎し、立法のための寄与を目指したい。ただ、党派的政治論は拒否する、と言う。最後に、イギリス経済学会におけるマーシャル教授の寛容な態度に感謝し、創刊間近い *EJ*. との補完関係を述べて終っている（*ER*. Vol. 1, 1-3)。

同誌は季刊で、内容は「論文」「立法報告など」「書評と短評」「ノートと備忘」という項目にわかれている。第一巻（一〜四号）には、経済理論の論文がなく（後続諸巻にもあまり見当らない）、協同組合、八時間法運動、労働者保険、社会主義論、アシュリーの「村落共同体の破壊」などが並んでいる。書評には、マーシャル『経済学原理』、マメリーとホブスン共著の『産業の生理学』（J・M・ケインズが後に賞めることになる例の書物）、アヴェリングとエレアノール（マルクスの娘）共著『アメリカにおける労働者階級』などもとりあげている。この雑誌は一九一六年終刊（わたくしがみることができたのは一九一四年まで）であるが、紙量はともかく、内容的にはやはり国際級のメジャーな経済学雑誌とはいえないであろう。この雑誌については、カーディッシュの一九世紀後半におけるオックスフォード大学の経済学者群像の研究〔17〕のなかに若干の記述[1]があるが、立ち入った分析は加えられていない。オックスフォード大学といえば、本稿をふくむわたくしの予定論文シリーズの視点からは、マーシャルの側近で *EJ*. の編集者であるエッジワースが一八九一年にオックスフォード大学ドラモンド経済学講座の教授に就任したことに注目しておきたい（第Ⅲ節註（3）参照）。

先発誌 *ER*. の紹介は以上にとどめて、イギリス経済学会刊行の *EJ*. に移りたい。

同誌創刊号の冒頭には、「イギリス経済学会」という標題のもとにエッジワースの文責で、刊行の辞がある。いわく、「イギリス経済学会はすべての学派と立場に対して開かれていて、なにびともその見解のゆえをもって排除されることはない。……科学的研究の方法や結果を指図するような企ては決してなされないであろう」。ミルトンを引用して「寛容が合意をうみだす」ことを期待し、「ミルトンが一七世紀に神学に対して望んだことは、一九世紀の経済学についても妥当するであろう」云々と。アメリカの *QJE.*, *JPE.* さらには後の *AER.* まですべて、「刊行の辞」なしであるのにくらべて、なんとも対照的で荘重である。一九世紀末におけるイギリスとアメリカの文化的伝統と気質のちがいを感じさせられるが、それだけでなく、この時期のイギリスの大学の経済学者の多くが古典学、道徳哲学支配の大学のなかで、それを経由して、経済学に入っていったこと、経済学そのものはスミスによって人文学・道徳哲学から科学として成立していたのではあるけれども、大学に根拠をもち、大学の学科として自立的なひとつの学問としての認知を獲得するのは、イギリスにおいてはこの時期であるということも、想起されるべきであろう。刊行の辞はつづけて、「イギリス経済学会は、フェア・プレーと言論の自由を愛することにおいて〝イギリス的〟であるだけではなく、経済学の（Economic）という言葉が示唆するように、専門的知識と科学的厳密さという性格において、〝経済学的〟でなければならない」と主張している。

この「刊行の辞」のあとに、すでにさきに述べたイギリス経済学会創立大会のことが同じくエッジワースの文責で書かれている。経済学会の趣旨、規約、学会役員および会員名簿のリストは、同誌第二巻一号（一八九二年三月）のはじめに掲載されている。創立大会の参集者は前述のように約二〇〇名であったが、学会員は一八九一年末現在七一〇名、一八九三—九四年に約七五〇名、それからしばらくは漸減することになる。

EJ. は *ER*. やアメリカの *QJE*., *JPE*. と同じく季刊であり、経済学の総合雑誌である。年間紙量は、第一巻八四〇ページ、二巻から四巻までが七〇〇ページ台、五巻以降七〇〇ページ以下と漸減するが、とくに第一巻の紙量を他誌の第一巻すなわち、*QJE*. 五一二ページ、*ER*. 六〇六ページ、*JPE*. 六二六ページにくらべると、相当に上まわっている。

構成について、各号数点の論文が中心であることは各誌とも同じであるが、*EJ*. 創刊号は、さきに紹介した「イギリス経済学会」(刊行の辞) のあとは、論文 (Original Articles)、つぎに「ノートと備忘」(Notes and Memoranda) の項があり、そのあとに「書評」(Reviews) 最後に「近着雑誌と新刊書」(Recent Periodicals and New Books) の四項目にわかれており、論文七点計一七四ページ、「ノートと備忘」は小記事の計三〇ページ、「書評」三点九ページ、「近着雑誌と新刊書」は一一ページである。最後のものについていうと、内外の経済学雑誌および経済学に関係のふかい雑誌九点一七号の目次と、若干のものにはかんたんな内容紹介がおこなわれており、新刊書はタイトルだけで、「書評」での扱いとは異なっている。「ノートと備忘」は雑録といってよいもので、フランスとの一八九一年の貿易、ストライキやベアリング商会の破産などの時事経済評論である。

しかし創刊号だけで同誌の全貌を推断すると誤るおそれがある。号によっては、「最近の立法と議会文書」「最近の官公文書と報告書」の項目がある。また、第二巻一号からは、「論文」、「書評」、「ノートと備忘」、「時事問題」、「最近の官公文書と報告書」、「近着雑誌と新刊書」、それからこれは毎巻あるわけではないが第二巻では「編集者への手紙」、「追悼」という順序になり、これがその後かなりの期間つづく同誌の項目構成である。(2) 創刊号の「ノートと備忘」のような内容のものは、新設の「時事問題」(Current Topics) に移され、「ノートと備忘」は短い論説や、理論的批判とその回答、それから、同誌の通信員からの通信 (Correspondence) などを内容とするものに変わる。

この「通信」について一言しておくと、外国在住の通信員に委嘱して通信を載せることは、*QEJ*. でもおこなわれていたことであるが、*EJ*. はF・タウシッグ（アメリカ）、C・ジイド（フランス）、G・コーン（ドイツ）、S・バウアー（オーストリア＝ハンガリア）など一三名の通信員を委嘱、そのなかに添田寿一（日本）も加えられている。(3)

しかしなんといっても雑誌の内容の主たるものは、「論文」とそれについでは「書評」であろう。第一巻から第五巻までをその両者について量的にみると、論文数は、三二、二六、二三、一六、一六点であるが、書評は、四七、六九、六六、五九、六三点と、論文点数が減るのとは逆に、第一巻よりも第二巻以降の方が増えており、五年間計二〇号の一号平均一五点強（しかも一つの書評で数点の書物を対象としているものもある）である。

実はこのあと、*EJ*. の最初の二巻について、その内容の特徴の紹介をおこない、創刊号の巻頭論文が、J・レー「ヴィクトリアにおける八時間労働制」"The Eight Hours Day in Victoria"(4) という、ひとによっては意外と思われるような論説であることをはじめ、*EJ*. の最初の二巻すなわち一八九〇年代初頭の *EJ*. においては、マーシャル派すなわち *EJ*. を創り出したひとびとの論文が意外にすくなく、かれらは「書評」や「ノートと備忘」等の裏方にまわって同誌を支えていたこと、「すべての学派と立場に対して開かれている」というさきの「刊行の辞」はけっして空辞でないことを具体的

に述べる予定であった。(5)

マーシャルは、方法論争の再燃だけでなく、マーシャル派の専一的支配になることを極度におそれ、警戒した。学会の創立大会においても、マーシャルは、「すべての寄稿者がそれに適応しなければならないような正統（orthodoxy）の基準を設定するという意味での〃全面的影響〃（wholesome influence）を発揮すること」が学会の意図であってはならないことを強調し、「経済学は一個の科学であり、〃正統的科学〃なるものは矛盾した言葉である」とまで言っていた。この発言は、古典派経済学の再建と支配を望んでいた年長者たちを、焦らだてさえしたのである。(6)

マーシャルは「正統派」たることを拒否しながら、ケンブリッジ学派の「正統派」支配を、学会や学会誌 *EJ.* のコントロールによってではなく、学界的に確立した。さきに紹介したように、すでに一八九〇年以前にすでに紛うかたのないマーシャル派の支配化傾向があった。しかしやはり決定的なのは、一八九〇年九月に序文を書き終え（イギリス経済学会の創立大会は同年一一月二一日）、同年中に刊行され、ついで翌年はやくに改訂第二版の刊行をみた『経済学原理』であった。『経済学原理』はただちに、多くの書評と、またタイトルだけでは一見わからないが内容的には『原理』に対する書評というべき論文を産み出した。経済学雑誌以外にもその種のものがすくなくないようだが、イギリスの経済学雑誌に限っても、一八九一―九二年中に、*ER.* の二点、*EJ.* の三点（うち一点はマーシャルの「回答」）をわたくしは読み、それについては、本節につづく節に利用すべきものとして成稿している。そのほか、外国経済雑誌における書評・書評的論文について、アメリカ（*QJE.*）の一点、ドイツの二点を確認できた。それらを紹介、検討することによって、『経済学原理』はただちにイギリス経済学を支配したというだけの通説を越えて、一八九〇年代初頭における経済学雑誌の研究を媒介にして経済学史上におけるこの時期の意義を具体的に明らかにするという課題を果たしたいのだが、それには制限を超える紙幅が必要でもあり、また一部準備不足の点もあるので、本稿を当初のテーマの第一部とすることで終える。

（1）　*ER.* の刊行主体たる「キリスト教社会連盟オックスフォード大学支部」は一八八九年一一月六日に結成された（*ibid.*, p. 184）。*ER.* についてはとくに *ibid.*, p. 185 ff., 204 ff., を参照。〔17〕については、『経済学史学会年報』二二号（一九八四年一一月）五七ページに都築忠七教授による紹介がある。

（2）　「近着雑誌」はイギリス内外の経済学雑誌の概観に便利であるが、一九七〇年（Vol. 80）まで続き、翌年号からは、“Articles” “Notes and Memoranda” “Reviews and Notes on New Books……” という編成になる。

EJ. の Index は、一九一一—一九二〇年を対象とする一九二二年刊と一九二一—一九三〇年を対象とする一九三四年刊の二冊があるが、「学会五〇年記念」のなかで第二次世界大戦が終了すればただちに「*EJ*. 通巻五〇巻の索引をつくる」（*EJ*. Vol. 50, p. 401）という約束は果たされていない（わたくしの知る限りでは）。

（3）　添田寿一（一八六四—一九二九年）は大蔵省次官、台湾銀行頭取にもなった財政経済学者で、ケンブリッジ大学留学のときの機縁に由るのであろう。「日本における経済学研究」（*EJ*. Vol. 3, pp. 334—42）をはじめ、*EJ*. Vol. 4, Vol. 5. およびそれ以降にも、「日本の国債」その他、日露戦争時には日本の戦費調達・戦時経済についての通信（*EJ*. Vol. 14, pp. 473—78）を載せている。

（4）八時間制労働運動の略史については、藤本武『労働時間』岩波新書、一九六三年、第一章二節を参照。イギリスにおいては一八六七年に一〇時間法が五〇人未満の工場にも適用されることになって全面的に確立したが、八時間法に対してはクラフト・ユニオンのTUCが一八八九年大会で八時間労働法を否決し、第一次大戦前には炭坑八時間法（一九〇八年）を除いて、組合との協約にゆだねられることになる。

筆者のJ・レーは、*Contemporary Review* 誌の副主筆のジャーナリストで、イギリスの経済学会の初代理事のひとりでもあり、『アダム・スミス伝』（一八九五年）の著者としてわが国で知られるひとである。資本理論で知られる同名の経済学者とは別人。八時間労働制は、不思議にも植民地オーストラリアのヴィクトリア州メルボルンの建築労働者が一八五六年に獲得したのが最初である。レーの論文はそれをテーマにしている。

（5）同誌の掲載論文の多様性、幅のひろさは、同誌第一巻にS・ウェッブの「同種の労働に対して支払われる男女間のいわゆる賃金格差について」、同「個人主義の難点」があり、外国経済学者の寄稿も、タウシッグの「マッキンレー関税法」のほか、F・ヴィーザー「オーストリア学派と価値論」、ハスバッハ「ドイツにおける経済史への最近の貢献」（内容的には経済学史と経済史の双方がふくまれている）、G・アドラー「ドイツにおける社会主義的綱領の発展」などがあり、同誌第二巻には、C・メンガー「貨幣の起源」、ジェンクス「アメリカのトラスト」、同誌第三巻には、S・バウアー「ケネーの経済表」があることから知られるように、すくなくない。ただフランス、イタリアの経済学者の寄稿は、はじめのうちはあまりないようだ。書評はいっそう多様で内外の書物をとりあげている。ここでは、E・アヴェリングとエレアノール・マルクスの共著『アメリカにおける労働者運動』(Vol. 1) ボェームの資本の理論（Vol. 2)、K・ヴィクセルの『価値、資本……』(Vol. 4)、K・マルクス『資本論』(Vol. 5)、などもふくまれており、また「エンゲルス」(Vol. 5, pp. 490—92) は追悼文としての礼をつくした内容であることだけを伝えておく。

（6）*EJ*., Vol. 50 (1940), p. 406. *EJ*., Vol. 1 (1891) の学会創立大会議事の報告記事においてもこのマーシャルの発言要旨は書かれている（*ibid*., p. 7）が、速記録にもとづく言葉通りの印刷は、「学会五〇年記念」における記事においてはじめておこなわれたのである。

文献

〔1〕杉原四郎『イギリス経済思想史――J・S・ミルを中心として――』未来社、一九七三年。

〔2〕――『日本経済思想史論集』未来社、一九八〇年。

〔3〕橋本昭一「A・マーシャルの『産業経済学』（一八七九年）」(1)、(2)、(3)、(4)、(5)、関西大学『経済学論集』三一巻、一、三、四、五、六号、（一九八一年一月〜一九八二年二月）。

〔4〕藤塚知義『経済学クラブ――イギリス経済学の展開』ミネルヴァ書房、一九七三年。

〔5〕Coats. A. W., "The Historist Reaction in English Political Economy 1870-90", *Economica*, Vol. 21, (1954), 143-53.

〔6〕――, "Sociological Aspects of British Economic Thought (ca. 1880-1930)", *Journal of Political Economy*, Vol. 75, (1967), 706-29.

〔7〕――, "The Origins and Early Development of the Royal Economic Society", *Economic Journal*, Vol. 78, (1968), 349-71.

〔8〕――, "The Role of Scholarly Journals in the History of Economics ; An Essay", *Journal of Economic Literature*, Vol. 9, (1971), 24-44.

〔9〕Dorfman, J., "The Role of the German Historical School in American Economic Thought", *American Economic Review*, Vol. 45, (1955), 17-28.

〔10〕 Edgeworth, F. Y., "An Introductory Lecture on Political Economy", *Economic Journal*, Vol. 1, (1891), 625-34.

〔11〕 Foxwell, H. S., "The Economic Movement in England", *Quarterly Journal of Economics*, Vol. 2, (1888), 84-103.

〔12〕 Hayek, F. A., "The London School of Economics, 1895-1945", *Economica*, Vol. 13, (1946), 1-13.

〔13〕 Hill, Z. D., "Statistical Society of London, the First 100 Years", *Journal of the Royal Statistical Society, Series A : General*, Vol. 147, (1984), 132-39.

〔14〕 Hobson, J. A., *Confession of an Economic Heretic*, 1938. 高橋哲雄訳『異端の経済学者』新評論、一九八三年。

〔15〕 Hutchison, T. W., *A Review of Economic Doctorines 1870-1929*, 1953. 長守善他訳『近代経済学史』上・下、東洋経済新報社、一九五九年。

〔16〕 Jevons, W. S., *The Theory of Political Economy*, 1871. (2nd ed., 1879)、小泉信三・寺尾琢磨他訳、日本評論社、一九七一年。

〔17〕 Kadish, A., *The Oxford Economists in the Late Nineteenth Century*, 1982.

〔18〕 Keynes, J. M., *The Collected Works of John Maynard Keynes*, Vol. 10, (1972).『ケインズ全集』一〇（人物評伝）（大野忠男訳）、東洋経済新報社、一九八〇年。

〔19〕 Marshall A., *Principles of Economics*, 1890, 8th ed., 1920. 馬場啓之助訳『経済学原理』一～四。（ただし、C. W. Guillebaud 編の九版に拠る）。

〔20〕 ——, *The Early Writings of Alfred Marshall, 1867-1890*, ed. and intro. by J. K. Whitaker, Vol. 1, 2., 1975.

〔初出　『甲南経済学論集』第二五巻第四号、一九八五年三月〕

第四章　社会主義像と思想の問題

この稿は、経済学史学会関西部会大会、一一九回例会（同志社大学、一九九二年六月六日）において、共通論題「マルクス経済学と現代」というシンポジウムの報告者の一人に推されて報告した内容に、若干加筆したものである。当日の他の報告は、正木八郎「貨幣的価値論の可能性」、梅沢直樹「マルクス経済学と近代化論」、総合司会は松岡利道氏であった。

I

現在の状況のもとで、『マルクス経済学と現代』という共通論題の一翼を担う報告をすることは容易ではありません。しかし皆が報告を辞退すれば学会は成立ちませんから、喜んでではなく義務として報告を引受けた次第です。わたくしのテーマは「社会主義像と思想」ですが、わたくし自身の研究歴をふりかえることによって、それを考えてみたいと思います。

状況がいかに変っても、自分の青春の思想を生涯抱えこんで、立場の一貫性をあくまで守る人がいます。他方、状況の変化によって目まぐるしく立場を変える人もいます。また、自分では終始一貫しているつもりでいるが、思想の内実が微妙に変化している人もいます。わたくし自身は、思想の変化を経験したものであり、そのこと自体を肯定するものです。しかし、あのような状況であったからあのように考えたのはやむをえない、ということで済むのなら、およそ個人の思想責任という問題は存在しないことになります。それではいつまでたっても、個人の思想的主体性、研究者の市民社会的個人としての責任は確立しないでしょう。わたくしは社会科学の根っ子には思想があると考えています。そして思想責任というものは戦争の思想責任だけには限りません。人に説き、印刷物で主張した思想が、もしも実現していたら、おおいなる不幸を産むにいたったたろうことを、ひとごととして通り過ごすことはできないと思います。(1)

そういうことを念頭において、わたくし自身を振り返ってみたいと思います。わたくし自身のことを話すのですが、同時に、同世代人として同じ状況を似た経歴で共有したもののひとり、という面を色濃く帯びずにはいません。わたくしが研究者としての同世代人として意識するのは、一五年戦争の末期あるいは敗戦後に学生であり、戦後に研究者としての歩みをはじめたひとびとです。したがって、戦争中にすでに印刷物を公表していた人たちは、わたくしたちよりも先輩の世代です。また六〇年安保こそわが青春という人たちは、研究者としてわたくしたちより若い世代に属します。このような世代区分は、世代という語義からは狭きに失しますが、それに代る適当な言葉がないので、ひとまずそうしておきます。

わたくしは一五年戦争のなかでも太平洋戦争がはじまった翌年に旧制第三高等学校に入学し、京都大学経済学部在学中に、現役入隊し、半年の後に敗戦によって復学しましたので、学生時代は戦中と戦後にまたがっています。旧制三高時代は、戦争の激化にもかかわらず、わずかに残された「自由」の園を体験しました。当時、マルクス主義は姿を消してしまっており、わたくしたちは教養主義の伝統の末尾に位していました。ゲーテ、ニーチェ、トルストイ、ドストエフスキイ、カント、歎異抄、西田・田辺哲学、万葉集、和辻哲郎、漱石、芥川、志賀、トーマス・マンその他をわかってもわからなくてもどんどん読み、互に読書の質と量を競い合うという雰囲気でした。西欧憧憬の気に満ちていました。マルクス主義はまったく姿を消していたことは大学へ進んでからも変りませんでした。ただし、マルクスを読むことはできませんが、マルクス批判を読むことはできました。わたくしの記憶に刻みつけられているマルクス批判のひとつは、マルクスは階級をふかく把握したが歴史における民族の意義を知らなかった、という、歴史哲学の視点からの批判であり、いまひとつは、周知の労働価値説は論証できないという経済学上の批判でした。わたくしはそれらの批判を相当根拠のある批判として読んだことを覚えています。

戦後は状勢が一変しました。マルクス主義が異常な勢いで復活し、思想界のリーダーになりました。わたくしがマルクス自体を初めて読んだのはこの雰囲気のなかにおいてでした。マルクスの体系は相当な迫力をもっていました。しかし、さきに読んでいたマルクス批判はそれなりに生きていて、わたくしは喉に小骨がささっているような感じを払拭しきれませんでした。

他方、わたくしは高校生のときから、何となくカントにあこがれていて、新カント派の認識論は受容れやすく、マックス・ウェーバーには抵抗なく入ってゆけました。けれども、ウェーバーには固有の経済学（経済理論）はありません。そして時代が大きく動いているときに、ウェーバーの立場はペシミスティックに過ぎるように思われました。わたくしはウェーバーに強く惹かれながらも、ウェーバーとマルクスの二本建ての勉強をし、歴史としての現在の把握と経済学においては、マルクスに傾いてゆきました。そういう風に傾いていったのは、「資本主義から社会主義へ」が「世界史の基本法則だ」という思想（今から思えば幻想）を共有したからです。[2]

敗戦後約一〇年間くらいの学界状況について二つのことを述べておきます。ひとつはスターリン主義の影響、いまひとつは、内田義彦『経済学の生誕』の衝撃であります。

戦後のマルクス主義がマルクス・エンゲルス・レーニン・スターリン主義であったことは知られています。スターリン主義がとくにマルクス主義の学問の俗化をもたらしたことも知られています。じつ、スターリン論文の名で知られる『ソ同盟における社会主義の経済的諸問題』（一九五二年一〇月）のいわゆる「最大限利潤の法則」やスターリン論文を範とする『経済学教科書』（初版一九五四年）などがもてはやされ、岩波の『日本資本主義講座』（一九五三―一九五五年）がその害毒のゆえにたちまちのうちにダメになったことは事実です。しかしスターリン主義の学問的弊害は一過性のものだったといえます。それはフルシチョフのスターリン批判によってスターリンの権威が失墜したことにもよりますが、戦前から継承した日本のマルクス学の水準がスターリン的学問よりも水準が高かったことに主としてよると思います。とりわけ、経済学史の分野においては、スターリニズムは大きな傷を残したとは思えません。

これに反して内田義彦氏の仕事は経済学史学会に大きなインパクトを与えました。[3]わたくしは内田氏のインナーサークルには属しませんでしたが、『経済学の生誕』はまさに鮮烈でした。経済学史というものはまさにやり甲斐のある仕事だと思わせてくれたのは『生誕』です。『生誕』は強力でした。『生誕』の学問的魅力が大きいために、『生誕』の立場のコミュニズムまでが光ってくるように思われ、その方向にひっぱられるという作用もありました。ただしわたくしはコミュニストになったことはありません。これだけのことを言って、自分の学問的経歴にもどりましょう。

わたくしの師の出口勇蔵先生がミネルヴァ書房から『経済学史』という編著を出されることになり、わたくしはその第八章マルクス主義経済学の執筆を割当てられて引受けました。同書の第四章古典経済学は、『生誕』がうまれる直前の内田義彦氏がスミス、吉沢芳樹氏がリカードウ、行沢健三氏がJ・S・ミルを執筆、ただし第四章全体が内田氏によって編成されていました。わたくしは第八章の執筆に大いに苦しみました。マルクスはスミスを超えるものとして書かれねばならぬのに、回覧されてきた内田氏のスミスの原稿に比べて、わたくしのマルクスは何とも生気に欠ける。このことがひとつ。いまひとつは、さきに申しましたように、わたくしはマルクスに完全に傾倒していたのではなく、労働価値説の論証の問題など疑問の小骨が喉にささったままであるのに、概説として統一的な像を描かねばならぬというジレンマがありました。結局のところ、戦後のマルクス研究で開拓された初期・中期マルクスを織りこんで形成史を書き、『資本論』は価値＝再生産論という講座派系として標準的な押え方をし、マルクス以後は、レーニンを最高位におくという、いわば「無難な」マルクス主義経済学を書き終えたのですけれども、大変苦いものが心に長く残りました。今想えば、わたくしがマルクスから Das Wahre ist die Wahrheit というウェーバーのにらみを感じざるをえませんでした。今想えば、わたくしがマルクスから一定の距離を保って（Abstandsnahme）マルクスに対することができなかった未熟が、マルクス像を平板ならしめ、わたくし自身の知的誠実にかげりを生じさせたのでした。『経済学史』はその後長く諸大学でテキストとして通用した書物であるだけに、いっそうその思いがします。出口勇蔵編『経済学史』は一九五三年一月に刊行されました。内田義彦『経済学の生誕』は同年一一月の刊行です。ここで一言申しますと、内田義彦氏のばあい、労働価値説の正しさを論証するのではなく、正しさを前提として、「ふくらませたスミス」を媒介として、「マルクスをふくらませる」という手法であり、労働価値説という難物を迂回する道を、エピゴーネンに提供する、ということをふくんでいました。内田氏の仕事の輝かしいメリットについては論じるに及ばないでしょう。

「マルクス主義経済学」を書いたあと、テーマの選定に迷いながら、一方ではウェーバーを翻訳したり、ウェーバーの農政論、政治論についての論文を書き、(4) 他方では、「マルクス主義経済学」のマルクス以後の発展史の部分とくにロシアにおけるマルクス主義を追求しはじめました。そして結局は後者の方に集中することになりました。「レーニンの市場理論について」(『経済論叢』七四巻五号、一九五四年一一月）がその端緒です。

(1)　本稿で思想というのは、イデオロギーといわれる次元のものを意味する。マルクス主義とか自由主義など。当面の問題はマルクス主義である。日本でかりにマルクス主義革命が実現していたら、日本の人民はどうなっていただろうか、ということを考えられたい。

思想責任が発生するのはいつからか、ということについて、暫定的につぎのように言えるであろう。印刷物によって自己の考えを発表したり、教師になって人を教えるようになってからであると。

(2)　大学院生時代の処女論文「因果性を中心とするウェーバー方法論の研究」(『経済論叢』六三巻五・六合併号、一九四九年六月、後に安藤英治・内田芳明・住谷一彦編『マックス・ヴェーバーの思想像』、新泉社、一九六九年六月、所収〔本書に第一部第一章として収録〕）はウェーバーに内在的な論文であって、マルクスよりもウェーバーを採っている。わたくしが『資本論』原典に取りくみ始めたのは、この論文完成後であった。にもかかわらず、学生時代に学部が公募した懸賞論文に応募して入選した「資本主義の将来」――この原稿はわたくしの手許にある――は両極分解の進行と恐慌の拡大再生産に資本主義の終末を論定する構図の、つまらない論稿であった。このような論稿が入選したところに、一九四六〜七年ごろの雰囲気がどのようなものであったかが知られるであろう。また、わたくしがマルクスとウェーバーとに引きさかれながら二兎を追っていたことが思い浮かぶであろう。

（3）　経済学史学会の創設（一九五〇年）から数年間は、その後に学界をリードする人たちが、初々しく登場した時期である。小林昇氏はリストと重商主義研究を携えて、水田洋氏はホッブズとスミスを携えて姿をあらわしていた。内田義彦『経済学の生誕』について、両氏はいずれもその業績をたたえながら、疑問点をも提出していた。それについての当時の私見は書評「内田義彦編『古典経済学研究』上巻」（『商学論集』二六巻三号、一九五七年一二月〔本書に第二部書評1として収録〕）に述べられており、内田氏一辺倒ではなかった。しかし、内田氏のインパクトがもっとも強かった。

（4）　「ウェーバーの政治的立場」（出口勇蔵編『経済学説全集』第六巻七章、河出書房、一九五六年一月、所収）。マックス・ウェーバー『国民国家と経済政策』（未来社『社会科学ゼミナール』22、一九五九年五月〔新版は未来社「転換期を読む」4、二〇〇〇年五月〕）翻訳と解説。「ドイツ社会政策学会の農政論とその思想的背景」（『経済論叢』八三巻三号、一九五九年三月）。「マックス・ウェーバーにおける農政論の構造――歴史学派的見解の継承と批判――」（『経済論叢』京都大学経済学部創立四〇周年記念号、一九五九年五月）〔本書に第一部第二章として収録〕。

II

「レーニンの市場理論について」は、市場形成理論（社会的分業と農民層の両極分解）の表式を再生産表式的状態成立への理論的媒介環として把握したもので、レーニンに内在的な理論的論文です。このような論文の陥りやすい誤りは、レーニンの書きものによって、レーニンの時代を説明し、ついでレーニンの理論をもってくるために、レーニンは、現実を正しく把握したというトートロジーになってしまうことです。研究の名に値する仕事であるためには、これはどうしても避けねばならない。そのためには、レーニン以外の現実認識との対比においてレーニンをそのなかに置いてみなければなりません。わたくしは決心してロシア語を学びはじめ、ロシア経済思想史の研究に乗出しました。当時すでに、スターリニズム史学から脱却したロシア史の研究が始まっていました。わたくしが加入して受益したのは京都の「ロシア研究会」と東京の「ロシア史研究会」です。

「ロシア研究会」の中心的存在であった松田道雄氏は「会報」第一号に、つぎのように書かれています。

「いまある社会主義が、人間の疎外をなくしようとして一世紀以上たたかってきた社会主義の当然到達すべきものであるのか、あるいは今の社会主義は多少ともひずみをもっていて、将来はもっとちがったものになるのか。この問題は私にとって大きい問題である。……社会主義のいまある姿が、西側の指摘する多くの〈不自由〉をもっていることは否定できない。この〈不自由〉は社会主義に固有のものではなく、社会主義がロシアという地域に最初に生れたからであるのか。それとも社会主義固有の精神的風土に、わたくしたちがなじまない皮膚をつくりあげられてしまっているからか。……上の問題を解くためにはロシアの歴史と人間を知らなければならない。しかしソビエトの刊行物もアメリカのロシア論もイデオロギーの電圧が非常にたかい」。わたくしたちは「手持ちの資料のまずしさにめげず、何とかロシアについての百科全書的知識の獲得に踏みだそう」と。（「ロシア研究会会報」第一号、一九六一年一二月）

東京の「ロシア史研究会」は、たまたまフルシチョフのスターリン批判の日（一九五六年二月二五日）に発会しました。この会もスターリン主義的でありませんでした。しかし、一九一七年革命を世界最初の「社会主義革命」として、その史的必然性の解明を課題とする共通意識が、会のまとまりをつくっていたようです。そして、おそらくただひとりを除いて[1]、ロシア史研究会ではすべてのメンバーが、欧米史学の主流をなす「近代化論」に批判的でありました。ロシア史研究における近代化論には、政治史的なそれと経済史的なそれとがあります。政治史的視点からの近代化論とは、欧米の民主主義、具体的には議会主義的政治制度を基準として、ロシア史を測定する見方であり、経済史的視点での近代化論とは、欧米の産業化を基準としてロシアの経済的進歩を裁定する見方であります[2]。近代化論が敵視された理由は想像するのに難くありません。近代化論は西欧の社会発展を基準としているのに、ロシア史研究会のメンバーは、ロシア・ソビエト史の歪みを認めながらも、資本主義を越えるものとして社会主義を掲げていたからです。「資本主義から社会主義へ」という「歴史の法則」を信じていたからです[3]。これに比べると、さきに引用した京都ロシア研究会の松田道雄氏の言葉にはすでに「歴史の法則」への懐疑がみられます。しかし、この時期においては、ソビエト史学に対する西側の史学の圧倒的優位（学問的性格）はまだ十分に認識されていなかったといわねばなりません。

さて、わたくしは初発においてはうえのような傾向をもつ「ロシア研究会」と「ロシア史研究会」からおおいに刺激をえて受益しつつ、わたくし自身の仕事を進めました。わたくしはおよそ一〇年間その仕事に没頭して、『ロシア経済思想史の研究――プレハーノフとロシア資本主義論史――』（ミネルヴァ書房、一九六七年八月）を書き上げました。わたくしはこの書物を全面的に否定する気持はありません。ロシア資本主義分析＝論争という局面でナロードニキ、合法マルクス主義（自由主義）、マルクス主義（プレハーノフとレーニン）の政治経済思想史をとらえた原典研究のメリットは残ると思うし、時期尚早の革命は「東洋的専制主義への逆転」をうむというプレハーノフの警告が、革命後のロシアに対する批判として的を射ていたという判断にも真実はあります。しかしわたくしの仕事では、プレハーノフが結局はレーニンに吸収されることになっているのも事実です。そして時期尚早の革命を否定することは、十分にブルジョワ社会が成熟した後のマルクス主義革命ならばよい、という判断を含んでいます。だがこの命題は、現在のわたくしの考えでは誤りです。ソビエトの失敗をロシアの後進性のせいだけとして、マルクス自身を免罪することはできません。発達したブルジョワ社会ではマルクス主義革命は不可能になるといわねばなりません。

わたくしの書物が刊行された一九六七年はロシア革命五〇年、『資本論』第一部刊行一〇〇年に当っていました。東京のロシア史研究会は大冊の江口朴郎編『ロシア革命の研究』をその翌年に刊行しました。ロシア革命の世界史的意義はゆるがないが、ボルシェヴィキの権威はゆらいできます。マルクス主義よりもナロードニキ、左派エス・エルをより高く評価する動きもでてきました。ただし、ともかくも社会主義でなければならぬ、という信条は生きていました。

他方、経済学史学会は一九六七年に『資本論』刊行一〇〇年記念講演会をおこない、わたくしはそこで「資本論とロシア」というテーマで講演しました。経済学史学会はまた、学会編『資本論の成立』を同年に刊行しました。この書物はきわめて手堅い手法で『資本論』の成立史を追求した論稿から成立っており、『資本論』に対する理論的疑義はまったく存在していません。むしろその前年一九六六年に刊行された内田義彦『資本論の世界』が、全体として忘れ去られようとする『資本論』を活性化しようと試みているところに、このころ、マルクス学がむしろ防御に転じていることが示されているように思われます。

マルクス主義の解体の過程には、まずレーニンは正しかったがスターリンが誤った、という段階がありました（スターリニズム批判の段階）。ついで、レーニンがマルクス主義を誤らせた、レーニンがマルクスを正しく理解しなかったのがいけない、といわれ出す段階がきた。すくなくともレーニンの相対化がはじまりました。これはほぼ大学紛争のころからです。平田清明『市民社会と社会主義』はその代表的著作でしょう。経済学史学会の一九七三年のシンポジウム「帝国主義論」、一九七四年のシンポジウム「レーニン」などには、レーニン相対化の傾向がつよく出ていました。一九七五年の和田春樹『マルクス・エンゲルスと革命ロシア』は、マルクスの真の継承者として、レーニンよりも左派エス・エル（チェルノーフ）を措定するにいたっています。

レーニンが相対化される、あるいは落ちるということは、同時に「真のマルクス」探しが始まっているということでもあります。「真のマルクス」探しは、レーニン相対化の以前から、マルクスとエンゲルスとの違いの問題として議論にのぼっていましたが、レーニンの相対化は、「真のマルクス」＝「真の社会主義」探しとして、真の社会主義像模索という切迫感を伴いました。中国の文革やユーゴの労働者自主管理体制に熱い眼差が向けられたこともまだ記憶に新しいことです。

このこととの関連で、「ロシア論」が一時期おおいに盛んであったことが想いおこされます。ここでいうロシア論とは、ロシア革命はなぜ失敗したのかを、ロシア社会の体質から説明しようとするものです。それによって、マルクスの無謬性を救おうとする論文もあれば、マルクスよりもウェーバーのロシア論に拠る論文、晩年のマルクス書簡に啓示をみるものなど一様ではありませんが、ロシアとロシア・マルクス主義を特殊なものとみる点では、ほぼ共通した傾向がみられます。くわしくは、小島修一氏とわたくしとの共同執筆「学界展望：経済思想史におけるロシア論——共同体の問題を中心として——」(『経済学史学会年報』第一九号、一九八一年一一月)を参照して下さい。そこではマルクス・レーニン主義の解体過程における現象としてロシア論の盛行を位置づけています。「それ(＝ロシア論)は、マルクス・レーニン主義の衰弱過程における思想状況と密接に結びついていた」(同、一八ページ)と。

(1)　わたくしの記憶する限りでは、そのひとりは倉持俊一氏であった。

(2)　ミール共同体は当然に近代化の阻害物としてのみ視られ、ストルィピン改革は進歩的政策である。また、ケレンスキイの臨時政府の倒壊は、近代化のいたましい挫折であり、ロシア人民の幸福はケレンスキイ政権の確立にあったとされる。経済的には、五ヶ年計画をウィッテの産業化政策の遺言執行として位置づけるなど。

（3）東京ロシア史研究会でも「現在では社会主義に代わって西欧的、市民社会的な〈自由〉が尺度になりつつあるように思われる」（倉持俊一「戦後一〇年、ロシア史を始めるまで」『歴史学研究』第六三一号、一九九二年四月）。

III

時間的にはすこしあと戻りしてわたくしのマルクス経済学との取組みのことを述べます。

わたくしは『ロシア経済思想史』を完成したあと、学部でマルクス経済学の原論の担当を予定されていた人が急逝したこと、学外からの人選難の結果、経済原論の講座を担当させられることになりました。これはそれを依頼する方もそれを引受けたわたくしの方も大きな誤りをおかしたことが間もなく明らかになりましたが、そのときのわたくしとしてはおおいに自らをあやぶみながらも、ひとつの仕事をしおえた気負いもあって、年来疑問をいだきながら解きえずにいたマルクス経済学の理論体系に取組むことがやり甲斐のある仕事に思えたのでした。マルクス経済学の経済原論の講義をする上で、難問は二つありました。

ひとつは、『資本論』において述べられている資本主義展開の理論・記述と現実の展開とのギャップです。わたくしは自分が原論を担当することになってはじめて真剣に宇野理論を研究しはじめました。それまであの叙述スタイルもふくめて面白くないと思っていたのですが、さて、経済原論を自分で講じようとすると、宇野弘蔵氏が『資本論』の全域にわたって検討して、採りえないところを捨て、自らの力で三段階論の基底部に純粋資本主義論としての独自の原論を構想した力に感心しました。感心はしましたが、わたくし自身はやはり経済原論は宇野氏のような純粋資本主義論ではなくて、直接に現在の現実に根を下ろしたものであるべきだという考えを変えませんでした。わたくしのような考えに立つと、『資本論』の両極分解説・窮乏化法則をそのまま認めるわけにはゆきません。マルクスにはそのように見えたのに、すくなくとも先進資本主義諸国においてはなぜに「ゆたかな社会」が出現したのかを説明しなければなりません。わたくしはこのギャップを埋めるために、蒸気が動力であったマルクス時代と電力が動力になって中小企業が動力面での不利を脱したというような技術進歩を指摘し、現代の「工場」のイメージを中岡哲郎氏の仕事を借りて述べることを試みたりしました。そして「ゆたかな社会」の説明としては、生産諸力の進展による相対的剰余価値の一部が労働者の労働力価値に組みこまれるように分割されてゆく可能性を説いたりしました。ともかく、かなりに弥縫的ではありますが、いろいろと工夫はしました。しかし、工夫すればするほど、マルクスの資本主義のイメージとは異なったものになってしまい、なぜマルクス経済学でなければならないかが分からなくなってくるのを、どうしようもありませんでした。

第二の問題は、『資本論』の内在的な論理的構造、コンシステンシーの問題です。労働価値説の論証問題は古くからのアポリアです。宇野理論は結局労働価値説を論証しえず、実体ではなく形態規定性の一方的重視の方向に進んでゆきました。労働価値説と生産価格（平均利潤率）の法則とのあいだに、ある条件下では対応関係を確認できるという数理的展開の手法は、あくまで一種の対応関係が数理的にみいだせる、ということにすぎず、価値が実体（源泉）で生産価格がそれと矛盾しない現象だと全面的に説明できたわけではありません。しかし、もっとも根本的な難点は、労働価値説が労働すべてを単純労働の倍数として考えるところにあります。智慧の働きといったものが、いよいよ重要な要因になってくると、そういう還元操作の不合理性はどうしようもなくなってくる、といわねばなりません。

わたくしは経済原論の講座を担当しているあいだじゅう、このような問題になやまされつづけました。そして次第に悲観的になってゆきました。学園紛争が起きて、学生から追求される立場になり、京都大学経済学部の特殊な事情で紛争がこじれにこじれ、わたくしは身心ともに憔悴してダウンし、辞表を提出し甲南大学に迎えてもらったのは、ちょうどそういう時期でした。

わたくしは経済原論講座担当の重荷を解かれ、凋落の感じを味わいましたが、徐々に、自分の学問のあり方を反省する余裕もでてきました。マルクス経済学はどうしても身につかない、というのが実感でした。わたくしは論文を書くためにではなく、自分自身を確かめるために、スミス、ロック、ホッブズなどを読みはじめました。一九七四〜七五年ごろのことです。そして、マルクスよりもスミスを根柢において思考すべきだ、というマルクス→スミスへの道を歩みはじめました。もっとも中心をなすのは、人間性の理解においてマルクスには無理がありすぎるという点です。マルクスは階級を廃絶する革命とともに、人間の社会的資質がトータルに展開して利己的個人という疎外態からの回復がおこなわれる、と考えています。全面的疎外の揚棄は全面的に社会的な人間への生まれかわりだと考えています。しかし人間の本性は、たとえ革命的英雄行為をうみ出すにしても、日常性において人間はそんなに変りうるものではない、というのが真実でしょう。スミスを継承するミルやマーシャルが、人間性の変化可能性、すくなくともあるがままの人間がそんなに急に変化しうるものではない、という認識に立って社会主義の無理を主張したのは健全だったのです。物象化論にしても、マルクスは物象化的世界が解消すれば、労働は無媒介的に社会的になり、社会的総労働の編成が可能になると考えています（商品形態の解消を将来社会の経済形態と考えていたことに疑問の余地はありません）が、それはとんでもないことになり、経済計算の可能性が喪失され、個人の自由は消失してしまいます。物象化されているからこそ助かっているのです。

いま申したことはマルクス思想の空想性に関わっていますが、それと必ずしも同じことではないが関連することとして、マルクス経済学にある形而上的エレメントの問題があります。労働価値説における、「共通の第三の実体」という考え方や、価値形態論の展開にもみられる形而上学的な発想の問題があります。それらは、そう信じる人にはそう思えるかも知れませんが、万人を納得させる合理的な推論とはいいかねます。

わたくしは経済原論講座を担当しながら、思い悩むのみで何の成果もえませんでした。ただひとつ、経済原論で思いなやんだこととの産物として、経済原論担当を離れてかなり後になって書いた「貨幣生成の論理」（『甲南経済学論集』第二二巻第四号、一九八三年一月〔本書に第二部第一章として収録〕）があります。この論文は、できるだけ忠実にマルクスの価値形態論（＝貨幣生成の論理）を、自分に理解できる形に再編整理したものです。いわば常識の立場に立って、マルクスの論理を整理したものです。その内容は、相対的価値形態からの働きかけによって等価形態が生成するという論理を一貫して考え抜き、左辺と右辺との転倒（入れ替え）を認めず、価値形態を四形態から三形態にして、ペーパー・マネーの成立可能性にまで及んだもので、わたくしとしては長年にわたる苦心の作でした。ところで書き上げてみてわかったことは、マルクスの価値形態論から形而上学的なもの（ついに合理的に理解しえないもの）を排除して再構成してみると、マルクスの貨幣生成の論理は、メンガーやスミスの貨幣生成論と十分に対話可能なもの、基本的に同質的なものとなることでした。たしかに、マルクスでは商品形態が歴史的に出現し、やがて歴史的に消滅すべきものとしてとくに形態規定性に特殊な重点が置かれていて、この点はメンガーやスミスと異なるところです。しかし歴史的出現はともかく歴史的消滅の点はおおいに疑問というより、おそらくは決定的な謬想として斥けられねばなりますまい。その点を考慮にいれてみると、マルクスの等価形態はメンガーの財の販売能力 Absatzfähigkeit、市場流通性 Marktgängigkeit に相等します。そして、どのような商品が貨幣になってゆくかについては、世故にたけた人は「自分自身の勤労の特定の生産物のほかに、ほとんどの人がかれらの勤労の生産物と交換するのを拒否しないだろうと考えられるような、なんらか特定の商品の一定量を、いつも手許にもっているというふうにする」（『国富論』第一篇四章）というスミスの説明のなかに、素朴ながら本質的な点が要約されています。

わたくしは以上のような論文の体験から、マルクス経済学から空想性と形而上性を排除すれば、古典派その他と相互に共通の土俵に立つ存在になることを確信しました。だから、スミスからマルクスへ、というのではなく、むしろマルクスからスミスへと、合理性と経験性を基礎にした視座を確保したうえで、マルクス経済学についての取捨選択をしなければならない、と考えるのです。わたくしの経済学における基礎教養はマルクス経済学であり、マルクス経済学を全面的に拒否するものではありません。再生産表式にせよ、市場生産価格論にせよ、あるいは生産諸力視点にせよ、マルクス経済学においては、濾過して使用すべき武器が多くあります。しかしどうしても合理性・経験性という思考テストを濾過しないといけないと思うのです。古典派を批判的に再構築したマルクスではなくて、古典派の眼で批判的に再構成されたマルクスでなければならないと思うのであります。

Ⅳ

わたくしはマルクスを基礎にして考えることをやめた後、さきほど少し触れたように、ホッブズ、ロック、スミスに親しみましたが、そうした古典だけでただちに現代の問題がすべて見えてくるわけではありませんから、ガルブレイス、フリードマン、ボールディング、エコロジストの諸書などを読み漁りましたが、それらのなかでとくに刺激的で興味をそそられたのはハイエクでした。ハイエクの『隷従への道』がかつて邦訳されたとき（原一九四四、一谷藤一郎訳一九五四年）、わたくしだけでなく多くの人たちは、ナチスとマルクス主義とを一括して全体主義として扱うこのハイエクという人は何たる反動であるか、と思ったのでした。しかしそれから三〇年、ハイエクのいうところに真実が宿っていたことを否定できなくなりました。わたくしは田中秀夫氏と共訳でハイエクの論文集を編訳し（ハイエク『市場・知識・自由』、ミネルヴァ書房、一九八六年）、かつその解説を書いた責任がありますから、一言しておく必要を感じます。わたくしはハイエクの全体主義批判をまことに根源的で透徹したものと考えます。

ハイエクといえば、社会主義経済計算論争が想起されます。それについて二点だけ指摘しておきたいと思います。ひとつは、ハイエクは、ロシア（ソ連邦）の現実過程とは無関係に経済計算問題という抽象的議論を展開していた、とするのは謬説です。ハイエクは、ボリス・ブルックス[1]を通してロシアの現実過程を知っていました。いまひとつ指摘しておきたいことは、計画経済に対する市場経済の優越性についてのハイエクの決定的な議論は経済計算論争の過程においてよりも、論文「社会における知識の利用」（一九四五年）にみられることです。ここでは日々変化する「現場」の知識（情報）は、現場にいる当事者にしか知られず、中央計画当局がそれを完全に集約することは不可能であり、情報伝達システムとしての市場メカニズムの優越性がそこにあることが説得的に展開されています。それではお前はハイエクを全面的に信奉するのか、と問われると、わたくしは一〇〇パーセントのハイエキアンではない、と申さねばなりません。

第一に、ハイエクのイギリス思想史の理解の仕方について。自生的秩序を第一義に置くことには異論ありません。しかし自生的なものだけで、歴史が調和的に進展するとは思えません。ベンサム、J・S・ミルらの合理主義的な改革をすべてニセの個人主義として排斥してしまうことには異論があり、わたくしはベンサム、J・S・ミルらをポジティヴにみたいと思います。つぎに、ハイエクによれば、設計的構築物である「福祉国家」は個人の自由を窒息させる装置であり、否定さるべき存在です。しかし、ロビンズの「社会保障制度は、若干の自由を制限し、わるい習慣を育てはしたけれども、相当な積極的善を達成したと思わざるをえない[2]」という言葉に賛成したい。わたくしはハイエクの議論の徹底性に大いに啓発されたけれども、ハイエクには「裏返しにしたマルクス」のような、マルクスとは対極的な方向への、一種の教条主義的な偏向があると認めなければならないと思われます。わたくし自身は現在、スミス、J・S・ミル、マーシャルの線を中心に考えています。

「資本主義から社会主義へ」という「世界史の法則」は消滅しました。いまや「社会主義から資本主義へ」が旧社会主義諸国の課題になっているのが現実であります。しかし社会主義は資本主義に対して何の寄与もしなかったのか、というと、そうは言えないと思います。わたくしはさきほど、先進資本主義諸国における社会保障制度の充実（「福祉国家」）をポジティヴに評価すると申しましたが、社会主義の資本主義に対する歴史的インパクトはまさにその点にありました。それはマルクス主義だけのインパクトではなく、一九世紀末以降の諸種の社会主義的諸潮流の合成案というべきではありますけれども、マルクス主義のインパクトは相当に決定的であり、社会主義諸国に対する対抗の必要からも民生が重視されたことは事実です。

さて最後にマルクス経済学はどこへ行くのでしょうか。これは「資本主義から社会主義へ」の法則とともに全面的に否定されて、「歴史の屑籠《かご》」に捨てられるのでしょうか。

わたくしはそうは思いません。マルクス経済学が商品形態の消滅すべき将来社会を予想し、前提して組立てられている限りにおいて、その空想性は否定されねばならず、諸カテゴリーの意味変化が起きずにはすみません。発想法における形而上学的要素が抜き去られねばならないことも先に申した通りです。しかしそのように洗浄されたマルクス経済学は、いわば経済学史上における一平民となったマルクスは、相当に強力な概念装置として力を発揮できるのではありますまいか。とくにマルクス経済学の特色は制度間の移行過程の概念にあり、さしあたり『資本論』は、資本主義成立（原始的蓄積）過程理解の強力な概念装置を与えたのですが、いま社会主義から資本主義への移行という、いわば歴史上かつて経験のない歴史的移行過程に対して、第二次原始的蓄積というカテゴリーが成立するかどうか、わたくしには興味あるところです。マルクス経済学には、ひろい意味でリカードウ経済学の系譜に属する側面と、ひろい意味での制度派経済学に通ずる側面とがあり、わたくしはとくにその後者の側面（といっても前者とつながるものが当然あります）に注目したいと思うのです。しかし現在においてはこれ以上を語ることはできません。

（1） cf. *Collectivist Economic Planning*, edited by Friedrich A. Hayek, 1933, p. 34―35. *Социалистическое хозяйство. Теоретические мысли по поводу русского опыта*, 1923. その独訳 *Die Lehren des Marxismus im Lichte der russischen Revolution*, 1928. ハイエクはその独訳版に序言を書いている。ブルツクス Бруцкус, Б. Д. については小島修一『ロシア農業思想史の研究』一七三―七五ページ他を参照。かれはロシア農民経済の専門家であった。

（2） L. Robbins, "Hayek on Liberty", *Economica*, Vol. XXIII, No. 109, Feb. 1961, p. 76.

書評１　内田義彦編『古典経済学研究』上巻

一

ひさしく公刊の待たれていた『古典経済学研究』が、上・下二巻にわけられることになり、まずその上巻の発表をみた。上巻に収められたのは、羽鳥卓也氏「ルソー経済理論の構成」、田添京二氏「ステュアート蓄積論の基本構成」、富塚良三氏「スミス蓄積論の基本構成」、内田義彦氏「タッカーとスミス」の四編である。

本書の各論文に共通する研究視角については、内田氏が「編者あとがき」において氏一流の筆致で要点をしるしておられ、それは本書の理解にとって欠くことのできないものであるが、『経済学の生誕』の読者にとっては馴染みぶかいものである。(1)執筆者の研究視角がこれほど統一されている論文集は、経済学史関係にはこれまでなかったと思われる。この点が本書の第一の特色であるといえよう。もっとも、研究視角の統一ないしは斉一性の反面では、各論文のたがいのあいだの連繋が案外わるいといわねばならないが、論文集としてはやむをえないことかもしれない。しかしながら、この論文集だけをとりあげると各論文のつながりがよくわかりにくいにしても、それらは内容的には『生誕』を結節点ないしは起点としてたがいにつながっている。すなわち、羽鳥氏の論文はルソーとスミスとの関係についての『生誕』における指摘(2)を起点として、ルソー→スミスという考えかたをルソー研究において具体化しようとしたものであるし、田添氏の論文は、『生誕』のスミスを前提して、ステュアートからスミスへの経済学の転回の意義を、ステュアートのがわから明らかにしようとしたものであるし、富塚氏の論文は、『生誕』後編「国富論体系分析」を起点として、スミス蓄積論をいっそう掘り下げようとしたものである。つづめていえば、『生誕』の方法論だけではなく、『生誕』におけるスミスとその時代についての理解の仕方が、右の三つの論文のいずれにおいても継承せられている。そして、本書に付論のかたちで収められた内田氏の論文は、小林昇氏の『重商主義解体期の研究』の書評のかたちをとって、スミスとその時代についての氏の考えかたを補足展開したものなのである。行論の都合上、まず内田氏の論文をとりあげよう。

『生誕』が、スミス研究者だけでなく、ひろく学史研究にたずさわる若い世代に与えた鮮烈な感銘については、もはや語る必要もない。だが、『生誕』に対する書評のうちには、『生誕』の問題点を突いていると思われるものがあらわれたし(3)、『生誕』刊行後四年を経た現在になると、『生誕』のスミス像を意識しながら、それに限定をくわえるような、あるいは、それと対立するようなスミス像をうち出そうとする諸研究が、ようやく熟しつつあるといえる。スミスの重商主義批判の一面性・限界を強調し、スミスがマルクス化されることをいましめるとともに、スミスにおける経済的自由主義と政治上の保守主義との結合を説く小林昇氏の見解(4)、広汎な資料的研究にもとづいて、急進主義と保守主義との二系列へのスミスの継承をたしかめつつ、スミスに迫ろうとする水田洋氏の研究(5)、さらに、海外のことであるが、ロイ・パスカル、ミークらの「スコットランド歴史学派」のなかにスミスを位置づける研究(6)、それらは、スミスの思想体系・スミスの時代について興味ぶかい論点をしめしており、今後のいっそうの発展に期待をよせてよい内容をそなえている。『生誕』のスミス像は、これらの諸研究のなかで依然として基本的な妥当性を保持しうるのか、一見対立するかにみえる諸研究の成果を織りこんで発展するのか、それとも基本的な諸点で大きく限定を受けねばならぬのか――本書に収められた内田氏の論文は、そうした問題に一挙に答えようとするものではないが、小林氏の見解を紹介・批判しつつ、氏の論理と時代把握の要点をしるしたものである。

内田氏の諸論点のうち、スミスは保護主義の歴史的意義を解さなかったにしても、小生産者の解放というういっそう基底的な過程の意義をおさえており、イギリス重商主義の本質・近代的生産力の起点について(タッカーよりも)いっそうすぐれた洞察をしていたのだという主張は興味ぶかい。だが、おそらくもっとも重要なのは、小生産者の解放の段階と保護・統制の段階との機械的二分論に反対して「むしろ、歴史においてはこの二つの側面がからみあっている。すなわち、小生産者の解放は原始的蓄積過程とオーヴァ・ラップしてあらわれてくるとみるのが正しいのではないか。問屋から解放された小生産者が、この時代を通じ、あらたに独立の小生産者として発足し急速に大工業の段階にはいりこんでゆく。就中、ふるい地帯から新興の・より自由な地帯(北部・ミッドランド!)へと移動をおこないながら」(三〇二ページ)という理解の仕方であろう。スミス時代の基礎過程についての内田氏の理解がただしいとすれば、スミスにおける独立生産者の意義が基礎過程と直結して生きてくるし、スミスとラジカルズとの密接な結びつきの主張に対する強力な支えもえられるというわけである。いま、『生誕』前篇付論を読みかえしてみると、内田氏のスミス時代の基礎過程把握はやはりすぐれたものであるという感をふかくする。スミス時代におけるイングランド北部（＝独立生産者の両極分解の地帯）と南部（＝問屋制が強固に残存する地帯）とを対照し、スミスを北部と結びつける内田氏の着眼はするどい。ただし、それだけでは、スミスの思想とラジカルズとの関係についての問題に決着がついたわけではもちろんない。スミスをあまりにもラジカルズに近寄せて考えるのは誤りだという小林氏の主張は、たしかに正しい面をもっているように思われる。内田氏は「スミスの保守的側面は、スミスの進歩的側面を十分に考慮にいれたうえで始めて考えらるべき問題である」（三〇五ページ）といわれるが、これまで発表された内田氏の論文のなかでは、スミスの保守的側面は完全に姿を消している。氏の今後の展開をまつべきであろうか。いまひとつ、スミスにおける独立生産者の経済理論的意義については、わたくしは内田氏のように考えるのが基本的に正しいと思う。すこし比較の対象がとぶが、ミークのように『国富論』における独立生産者を「悪しき残滓」とする見解(7)には賛成できない。スミスにおける価値論（投下労働価値論）は、たしかに、独立生産者の織りなす社会的分業を体系構成の基点に据えていることにもとづいているし、剰余価値の発生についてのスミスの洞察は、独立生産者的思考様式があるからこそ可能であったのだ。紙数の制限のために小林・内田両氏の考えかたを立ちいって紹介する余裕がない。しかし、内田氏の論文は以前に発表のものに加筆されたもので、その原形はすでに多くのひとに知られているであろう。ともあれ、このいわゆる「内田・小林論争」(8)は、今後のスミス研究の進展にとって、大きな意味をもつものと思われる。さて、本書の本論をなす三つの論文に入ろう(9)。

（１）内田氏はつぎのように述べられている。およそ経済学史が通史として講ぜられるには、一定の分析基準がなければならない。本書はもとより通史ではないけれども、通史化への試みの一過程ともいうべきものであって、基本的には分析基準を同じくする論文の集成である。本書の諸論文に共通な分析基準はなにかといえば、「本書においてほぼ一貫しているのは、――さしあたり学説の経済学的分析の面からいうと――取扱われる経済学者が人間と自然との物質代謝過程をどういった視角で、どういう風にとりあつかっているかを見極めた上で、貨幣や資本やがその物質代謝過程をどのように媒介するものとしてとらえられているかを問題とし、それを価値論↓剰余価値論↓再生産論という観点から批判的に再構成しようとする立場である」（三一〇ページ）。そして、このような分析基準のもうひとつおくにある問題意識は、生活の生産の経済理論的把握が歴史分析にもつところの基礎的重要性への着目であり、重商主義から古典経済学への旋回をとらえるさいに、同時につねに古典経済学からマルクス経済学への旋回が念頭におかれているのである、と。本書のとびらには、共通の問題意識を集約的に表現するために『ドイツ・イデオロギー』からの引用が、かかげられている。

（２）『経済学の生誕』七七―九五ページを参照。

（３）小林昇氏の書評（『経済評論』一九五四・一）と、水田洋氏の書評（同氏著『アダム・スミス研究入門』所収）とは、いま読みかえしても興味ぶかい。とくに水田氏のものには、断片的ながら、重要な問題がたくさん提出されている。スミスおよびその近傍にくらいわたくしが、『生誕』（および『生誕』系）のスミス像に対して抱いたし、そしていまも抱いている疑問をなまのまま表現すると、スミス自体を読んで感じるところの So-wohl-als-auch 的なもの、漸進主義的なものが、『生誕』のスミス像では消えていて、あまりにもスミスが鋭角的な姿をとりすぎてはいないか、ということである。小林氏や水田氏の研究は、ある意味ではわたくしの疑問があながち根拠のないものではないことを示してくれているように思われる。

（4）小林昇『重商主義解体期の研究』二七四—二八六ページ参照。小林氏が氏独自の構想をもって、重商主義→スミスの研究に着手されたのは、もとより『生誕』以前であるが、最近になってようやくスミス理論を正面からとりあつかう論文に接することができた。「アダム・スミスにおける賃銀」（同氏著『経済学史研究序説』所収）を参照。

（5）水田洋『社会思想史の旅』九、一七—一八、六七—七四、一三四ページ以下等を参照。

（6）ミークが、スミスの歴史観の「唯物論的」性格を力説する点では、『生誕』と同じ方向をもっており、ある意味では『生誕』を側面から基礎づけるものであるといえよう。しかし、モンテスキュウを祖とする思想的系譜においてスミスをみる点では、ちがっている。Cf. Ronald L. Meek, The Scottish Contribution to Marxist Sociology (in *Democracy and the Labour Movement*, 1954)（水田氏の前掲書にその紹介がなされている。）わたくしは、わが国でこれまで普通に考えられていたように、ホッブズ→ロック→スミスという、自然法思想の経験主義化過程を単線的にみることは問題だと思う。自然法思想の段階的発展だけではなくて、自然法思想のなかでも契約説にたつものとそうでないものとの型の区別が、十八世紀の歴史主義的潮流を理解するために、とくに必要なのではないかと思う。

（7）Cf. Ronald L. Meek, *Studies in the Labour Theory of Value*, 1956, Ch. II.

（8）註（4）であげた小林氏の「アダム・スミスにおける賃銀」は、内田氏のこの論文以後に発表されたもので、「再生産論」の意味の規定やスミスにおける独立生産者の問題について、内田氏との意見のちがいがみられる。

（9）この論文集であつかわれている対象は、わたくしのテーマとしているものと年代もかけはなれているし国別もちがい、わたくしの知識はたいへん不十分である。書評に手を染めてみて、その任でないことを知ったが、とりあえず、わたくしの知識のかぎりで書いておく。

二

〔I〕『ルソーの経済理論』――羽鳥氏は氏の前稿「ルソー歴史理論の構成」（『商学論集』第二四巻第四号）において、ルソーのいう自然人は人類史の発端に存在したとだけ考えられているのではなく、文明社会の腐敗のなかにおいても存在すると考えられていること、文明社会における自然人とは「下層のひとびと」であり、かれら「社会における自然人」こそがルソーの文明批判の基準であること、この「社会における自然人」とは労働の主体であり「労働による所有権」の主体であることを結論された。氏が前稿でのこの帰結を出発点として本論で展開されている点はつぎの三つである。(1)これまでルソーは経済学者としては無視されてきたが、ルソーには（稚拙ながら）経済理論があり、しかもスミスの前段階とみなすべき古典学派的な経済理論がある。(2)ルソーの歴史認識はかれの経済理論を基礎としている。(3)ルソーの自然法的歴史認識はスミスに継承せられ、スミスの経済学体系はそれによってはじめて可能となった。そして、羽鳥氏の右のような主張の基幹をなすのは、ルソーがアンシャン・レジームのもとにおける「下からの資本主義のイデオローグ」であったという、氏のルソー観である。

まず(1)の論点について。ルソーの経済思想について語られることはこれまでにもあったが、ルソーを古典学派経済学者として位置づけるという試みは、羽鳥氏のこの論文をもって最初とするであろう。(1)羽鳥氏は、ルソーの経済理論の成立期を『不平等起源論』（一七五五年）以後と考え、『エミール』『新エロイーズ』を中心に、ルソーの経済理論を構成されているのであるが、そのあらすじはつぎのとおりである。――ルソーは「社会における自然人」の存在構造を追求して、社会的分業＝商品生産の分析にむかう。かれは価値の根拠を効用に求めた点で、古典価値論とはちがっていたけれども、貨幣数量説の古典的定式はルソーの貨幣観から必然的に導きだされるし、富を「生活の必需品」とするかれの見解は重商主義から古典経済学への転回をしめしている。だが、それだけではない。ルソーは「事実上、資本の蓄積と再生産の問題を取扱っている」（二五ページ）のであって、『新エロイーズ』のヴォルマール家の経済分析においてそれがみられる。そこでは、「利潤」を剰余労働の対象化としてとらえるとともに「利潤を資本家が資本家自身に前貸しした生活維持費の回収」と考えるところの、あのスミス的な利潤把握（利潤の二重的把握）がでているし、資本蓄積を節約論の視点からとらえようとしていることも、スミス的な考えかたである。要するに、ルソーはときに痛ましいほどの稚拙さをまぬがれなかったとはいえ、また、古典的価値論・剰余価値論を欠いていたにしても、古典経済学成立史上の重要な一環であり、とりわけスミスにちかい経済学者だ。これが羽鳥氏の主張である。

右の主張はまことに野心的であるけれども、わたくしには、種々の疑問が湧く。ヴォルマールがはたして産業資本家と規定されてよいかいなかは、ルソー研究家によって論じらるべき問題と思われるが、わたくしはそこまでは立入れない(2)。しかし、羽鳥氏のルソー解釈のしかたには、過剰解釈と思われる点が多い。たとえば、高賃銀が「労働者を勤勉かつ熱心ならしめ、結局そのためにかける費用以上の収益をもたらす」（二八ページ）という文から「ルソーが事実上利潤範疇をとらえていた」、「事実上、利潤を剰余労働の対象化として把握していた」という結論をなされているのはその一例である。

もしそういう推論ができるのなら、高賃銀と収益率の向上との結びつきを説く経済学者はすべて、「事実上、利潤を剰余労働の対象化として把握している」わけである。だがそのことによっては、それぞれの経済学者の理論内容を明らかにすることにはならない。事実上という言葉は、羽鳥氏以外にもこの論文集においてかなり見受けるのであるが、それが過剰に用いられるとそれこそ事実上の過剰解釈を産むおそれがある。第二に、経済学的な意味で蓄積論といえるためには、個別経済ではなくて社会的な再生産過程が分析の対象となる必要がありはしないか。たとえ個別経済が当面の対象となるにしても、個別経済が社会的再生産過程のなかに明確に据えられていなければならぬのではないか。この点、わたくし自身どうも的確な表現ができないのだけれども、蓄積論（資本蓄積論）といいうるためには条件があると思う。第三に、富＝貨幣という重商主義的観念の批判をもって古典派への旋回とはかならずしもいえない。富＝生活の必需品という思想は、たとえばマブリにもみられるところであって、啓蒙期の共産主義をふくむ反重商主義陣営に共通のものである。

さて、ルソーの経済理論がルソーの歴史認識の基礎をなしているという羽鳥氏の主張（(2)の点）に移ろう。羽鳥氏はこういわれる――ルソーは、自然人→文明人という堕落のコースに対抗するものとしての、自然人→「社会における自然人」というコースの可能性と条件とを経済理論的に分析した。「社会における自然人」の経済的な存在構造は、「労働による所有」を基盤とする資本主義である。ところでこの社会が経済理論的に超歴史的＝自然的なものとつかまれている（生産がつねに私的生産と考えられている）がゆえに、結局ルソーは資本主義を自然的な社会と認め、ブルジョワ的人間性を永遠的な人間性と考えたのだと。わたくしは、ルソーの経済理論がルソーの歴史認識の基礎をなすという命題にはどうにも納得できない。むしろ、ルソーが文明批判の基準として構想した社会の考察過程のなかで、萌芽的な経済的考察がでてきたとだけ考えるほうが、妥当なのではなかろうか。ルソーが「労働による所有」を基準としたことについては、わたくしも異議はない。そして「労働による所有」を根幹とする社会が、一定限度内での資本主義的分化をふくむことも事実である。だが、ルソーの思想は、一定限度内でのというところにアクセントがあるはずであって、羽鳥氏のばあいには、一定限度内でのという点が、述べられてはいても考察の中軸には据えられていない。わたくしは、ルソーを貧農のイデオローグと考える見方には賛成できないが、羽鳥氏のようにスミスにちかい思想をもった産業資本のイデオローグとすることにも賛成できない。ここでさきに列挙したうちの第三点、すなわち、ルソーとスミスとの関係にふれるわけだが、ルソーのばあいには、基本的には独立生産者の世界と資本主義的階級分化の世界とが断絶的・対立的にとらえられており、文明化すなわち堕落へのコースと社会契約論的世界への道とが、あくまでも Entweder-oder をなし、その点でルソーの思想の構造はスミス的な富裕の体系という性格を本来もちえないのではないか。独立生産者の世界と資本主義的世界との基本的な対立的把握のわく内で、独立生産者の世界がときには復古的色彩を帯び、ときには資本主義的分化を一定限度内で容認するかたちをとったというのが、ルソーの思想の実体であったように思われる。(3) ルソーがジャコバンに継承せられ、客観的に「下からの資本主義」のイデオローグの役割を果したということは、ルソーの思想がスミス的であったということをすこしも必要としない。

羽鳥氏がルソー研究の焦点を「社会における自然人」の存在構造に置かれたことは正しいし、あたらしいルソー像を打ち出そうとされた試みは意味あることと思うが、羽鳥氏のスミス的ルソー像を受け入れることは困難である。

(1) 羽鳥氏が『政治経済論』(一七五五年)をなぜとりあげられなかったのかという疑問がうかぶが、おそらくルソー経済理論の成立期を右の年代において考え、『政治経済論』では経済理論がでていないという見方によるのであろう。

(2) 河野健二氏はヴォルマール家を、「かなり豊かな自営農民」とされている(桑原武夫編『ルソー研究』二一一ページ)。羽鳥氏の分析によると自営農民よりはたしかにうえである。だが、産業資本家とハッキリ規定できるかどうか。むしろ中小地主の自家経営とは考えられないか。しかしいずれにせよルソーの思想を解釈するさいにヴォルマール家(小説のなかの設定)がなにであるかということにあまりにもウェイトがかかりすぎるのは危険である。

(3) 「ルソーは……社会における自然人の行動の動機をかかる『利潤』追及においている……」(二八ページ)というのは、一面的な解釈過剰だと思う。また、ルソーの自然法は資本主義を維持するための法であり、「自愛心とれんびんの情とは、ルソーにとっては資本主義的社会関係に照応する法としての自然法の構成原理にほかならなかった」(六九ページ)というのも納得しがたい。

〔II〕「ステュアート蓄積論の基礎構造」――田添氏のこの論文は、スミスの蓄積論との対照を念頭におきながらステュアートの蓄積論をとりあげ、ステュアートが重商主義の最高形態としてもった意義と限界を明らかにしようとしたものである。そのさい、田添氏が批判の対象としているのは小林氏の「ジェイムズ・ステュアートの経済学説」(『重商主義の経済理論』所収)であって[1]、小林氏が貨幣・

有効需要の側面におけるスミスの感覚喪失をとりあげ、ステュアートとスミスとの「抽象的対立」を強調されるのに対して、田添氏は物質的再生産過程の把握におけるステュアートからスミスへの飛躍・転回を、ステュアートのがわから明らかにすることに、本論の焦点を置かれる。論文は、ステュアート研究の基準について述べた「まえがき」のほか、「『原理』の二重構造」「『自由社会』における物質代謝過程」「蓄積の攪乱と均衡条件」「ステュアートの『経済表』」の四章から成っていて、そのすべては、ステュアートの「流通主義の視角に立つ生産過程把握の実体」（八五ページ）の究明のための諸段階をなすというのが大すじである。

『原理』の篇別構成にかんする論文第一章の論点は、『原理』第一篇と第二篇以下とのつながりかたを中心に置いて、ステュアートの歴史意識の意義と限界とを、かれの「発生史的方法」においてとらえるところにある。行論はまことに方法論的に微細であるが、ステュアートが直接にマルクスを基準としてみられすぎているきらいがあるように思われる。しかし、ステュアートの歴史意識が、歴史的に生成したものをたんに事実として受けとり、事実なるがゆえに合理的なものと考える性質をもっていたこと、したがって、ステュアートは「当の歴史そのものがいかに歪曲されていたとしても、その歪みを検出すべき独自の論理的基準を持ち合わしていない」（九九ページ）という指摘は重要であり、その点でのスミスとの対比は、大切な点を突いている。

論文第二章ではステュアートの人口法則が蓄積論としてとりあげられ、「自由社会」における人口法則の特殊歴史的な在り方が問題となっている。人口法則そのものの理解について田添氏と小林氏とのあいだに若干のちがいがあるようだが、それよりも注意すべきことは、田添氏が人口法則を蓄積論として把握していられることであろう。論文第三章は、農・工の均衡的拡大を保証すべきものとしてステイツマンに割り当てられた役割（本源的蓄積の起動のためのはたらき）が、貨幣の導入による条件の付加とともにとりあげられている。第三章の本文はステュアート経済学のビルトをえがくことに主点を置き、付註において「インダストリー」範疇の分析がおこなわれている。「かれのインダストリー論は、重商主義の視角に立つ限りで最大限に労働一般に肉迫したものといえる」、「ステュアートにあっては、主体的活動の一般性、財の商品性はまず生産そのものの中で、そしてまた生産と流通の総過程の内部でつかまれるのでなしに、いわば外側から、譲渡・有効需要の側から眺められている。それぞれの労働自体、商品自体は……貨幣の反映によって、等質性と価値性を附与されているにすぎない」（二一七ページ）。この付註はその他重要な論点をふくんでいる。

さて、田添氏は、この論文の結末に、『原理』第一篇の総括であるとともに第二篇以下の分析の前提をなすものとして、「ステュアートの意を汲んで」経済表を構成されている。これは田添氏の苦心されたところであろうが、もっとも問題のあるところでもあろう。ステュアートは、たとえ重農主義のボーダーラインにあるといわれるにせよ、本質的にケネー的なかかる経済表を頭にえがいていたか。またもし、かれがかかる経済表を頭にえがいていたとするならば、ステュアートの理論の根幹は「流通主義の視角にたつ生産過程把握」といわれる以上のものであったことになりはしないか。

（1）田添氏は、小林氏の論文を「マルクスとケインズとの幸福なる結合の主張を学史のうちにもちこんだ見解」（傍点……田中）（八四ページ）といわれるが、わたくしは田添氏のこの意見に全面的には賛成できない。

〔III〕「スミス蓄積論の基本構成」——富塚氏のこの長大な論文は、『生誕』のスミス像を基本的に継承して、スミス蓄積論のめんみつな検討をおこない、内田氏の論点をいっそう掘り下げようとしたものであって、若干の点で内田氏への疑問を投げかけている。論文は、㈠基礎視角（1・分業論　2・「ストック」としての資本把握）㈡基礎範疇（1・商品把握　2・剰余価値把握）㈢「生産的労働」の理論（1・「生産的労働」概念の二重規定＝「利潤」把握の二重性　2・「永続性」についての重商主義的表象への復帰＝《可変資本》把握）㈣スミス蓄積論の基本構成（1・《資本関係の再生産》把握　2・《資本制蓄積》の一般法則）という構成をとり、その間に、ほぼ論文の一節にひとしいような補論や補註が挿入されていて、実のところ、わたくしは読み通すだけに難渋した。(1)富塚氏の行論を追うだけのスペースはないから、恣意的になるが、わたくしの関心をひく点だけを書きつけておく。

⑴　富塚氏が、『国富論』一・二篇を蓄積論という視点によって総括し、スミス理論のいたるところにあらわれる二重性を、「年々の労働しかも分業としての労働こそが富の本源的な供給ファンドであるとする視点と、富とは労働に対する社会的な支配力を意味するとする・ブルジョワ的に顚倒した表象」（一五六ページ）との二様の観点の交錯を起点としてとらえ、かかる二様の観点がスミス理論の各階梯でいかにあらわれてくるかを検討しておられる点、その視角はかならずしも氏の独創とはいえないが、スミス理論の理論的分析の詳細さということにかけてはまったく異数のものであり、労働ファンドの問題を導入されたのはあたらしい（ただし、この点について、わたくしは十分理解できない点があったが）。

(2)　スミスの「利潤」把握の二重性と「生産的労働」把握の二重性との関連を指摘している（一九〇ページ以下）のは、『生誕』後篇の一部を内在的に一歩すすめたものであるといえよう。また、スミス蓄積論の節約論的側面が節欲説・待忍説となり、シーニアを経てマーシャルにいたるという展望は興味ぶかい。

(3)　「資本制蓄積の一般法則」の項において、スミスとリカードゥとの比較をおこない、「労働生産力発展の成果を労資相分つとするスミスの想定は、かれの蓄積論を、リカアド……のそれと根本的に相異せしめる基本点をなす」（二五三ページ）と指摘しているのは正しいし、その点からの内田氏に対する批判は的を射ているように思われる。

ところで、富塚氏の論文の全体から受けた感想をいうならば、たしかに『国富論』の理論の内的関連に対して、むしろしつようなまでの追跡がおこなわれているにもかかわらず、そしてマルクスを基準とする分析・再構成にたいへんな努力がはらわれているにもかかわらず、論文からうける感銘は、氏の労力につりあわなかったと、告白しなければならない。そして、それは富塚氏の論文のみならず、羽鳥・田添両氏の論文にも共通する問題につながっているのであるから、最後にそのことをすこしく考えてみたい。

（1）　わたくしは、富塚氏のねばりづよい理論的思考力を尊敬するがゆえに、氏の論文がもっと読みやすい形で書かれることを切望する。

三

羽鳥・田添・富塚三氏の論文について、意をつくさぬ短評をくわえてきた。そして、いささか疑問や批判のほうが多きに失したうらみがあるが、論文の水準のたかさという点では、各論文とも水準のたかい論文である。このことは認められねばならぬ。にもかかわらず、一読し再読するうちに、満たされぬ気持がむしろつよくなった。それはつぎの点にかかわっている。すなわち、すくなくとも経済学史の研究が理論を中軸にしておこなわれるかぎりにおいては、研究者自身の依拠するところの理論そのものに対する問題意識があってほしいということである。[1] もとより、ルソーやステュアートの研究そのものから直接にマルクス経済学の諸問題の解決を求めるのは見当ちがいである。だが、研究者がマルクス経済学の立場にたち、マルクス経済学が現在はらんでいる諸問題に対していきいきとした関心をもっているのならば、それがなんらかのかたちであらわれなければならぬのではないか。[2] 羽鳥氏が、ルソーには「生産力と生産関係との統一としての経済的土台」（七一ページ）という考えかたがないといわれるとき、「土台」とはなにか、「上部構造」とはなにかについての氏自身の思索を、片りんだけでも聞かせてほしいと思う。わたくしは、『マルクス主義と言語学の諸問題』以来主流をなしてきたかにみえる見解（「土台」＝生産関係とし、生産力を土台のなかにいれない見解）に同調して羽鳥氏を批判するのではない。むしろ、わたくしは、いまのところは、羽鳥氏の表現のほうが真にちかいのではないかと思っている。問題は、唯物史観の既成命題に安住するかいなかにある。田添氏のばあいにしても、有効需要は経済学においてどの理論階梯で導入さるべきものか、あるいは、『資本論』だけでいいのか、この点について、方向だけでも示されるならば、小林氏ももっと納得されるだろうと思うのだが。一般に、われわれの理論的現況に対する素朴で率直な問題意識があまりにも稀薄になり、あるいは背後におしやられ、細部に粋をこらした名品を仕上げるためにあまりにも多大の労力が費されているように思えてならない。(3) そして、それは、たんに個人的な問題ではなく、経済学史研究にたずさわるわかい世代が、真剣に考えてみなければならない問題なのである。

（一九五七・一〇・二九）

(1)　経済学史研究の重点がどこにおかれるべきかということは、ここでの問題ではない。ただ、基礎過程との照応や思想史的側面ではなく、理論そのものの分析を中軸にするばあいには、このことがとくに要請せられると思う。

(2)　内田氏の『生誕』および「スミスとマルクス」(河出書房版『経済学説全集』2所収)からは、マルクス理解についても教えられるところがあった。だが、本書における諸氏のマルクス理解の仕方は、スミス理解と同じくまったく内田氏の型にはまりすぎていて、そこから一歩を踏み出そうとする意欲のみられないのが残念だ。わたくしは、マルクス経済学の現在の諸問題というばあい、たとえば独占利潤の問題というようなものだけを指しているのではない。マルクスそのものの理解をふくめたひろい意味でいっているのである。

(3)　富塚氏のばあいには、この言葉はあてはまらない点がある。しかし、氏のスミス研究がどういうふうにマルクス経済学の前進の一礎石となるのか、この論文だけでは分らなかった。以上の言葉は、わたくし自身の自省でもあること、そして、わたくしのほぼ同年輩ないしは先輩の俊秀である三氏に対するわたくしの大きな期待から発した言であることを書きそえておく。

〔初出　『商学論集』第二六巻第三号、一九五七年一二月〕

書評2　新しいマルクス伝を読む

一九七〇年、わたくしがロンドンにいたとき、テレビでロンドンにおける外国人シリーズという連続ものがあり、マルクスについてはケント大学のマクレランという政治学者が解説していた、ということを聞いた。マクレランはその前年に処女作を発表、矢つぎばやに仕事を出し、邦訳もされたが、わたくしは、かれが文献にくわしいひとという感想しかもたなかった。しかし、このマルクス伝は相当な力作だと思う。わたくしにとって印象ぶかいマルクス伝はメーリングとカーの著書だが、メーリングはもとより、カーもふるすぎる。その後に発見されたマルクスの書きもの、知られた伝記的諸事実、さらには厖大な研究文献を消化して、現代の研究水準での標準的なマルクス伝を書くことは、容易でないわざだが、本書はまず研究文献調査の広汎さにおいて、その資格を充たしていると思われる。

著者は、一九七二年までの英・独・仏（とごくわずかのイタリア）語の関係文献を、マルクスの生涯の各時期にわたって、よく調べている。ソビエトその他のものは、著者の読める言語に訳されていて、意味のあるもの（たとえばウローエヴァ）には言及している。日本語を習得して日本のマルクス研究を検討してから書くべきだ、という要求は無理だろう。世界のマルクス伝、マルクス研究が、英・独・仏語で書かれたものだけではない、ということを確認しても、著者の文献的基礎がしっかりしていることは、認めねばならない。

本書のタイトルは『カール・マルクス、その生涯《ライフ》と思想』となっている。序文では、「個人的(personal)、政治的(political)、および知的(intellectual)という三つの主要な側面をあますところなく述べるようにこころがけた」という。しかし、著者がそれらについて同等の成果をあげているとは思えない。生涯と思想という分けかたならば生涯、三つの側面でいえば個人的側面が、断然すぐれている。マルクスはどのように生き、どのような性格の人であったか。どのように生きたか、という点についていうと、著者はマルクスの家計費しらべを丹念におこなっている。そして、マルクスの貧乏暮しのすくなくとも一因は、収入の不足からではなく、家計管理能力の欠落、体面保持欲からの無理にあったという。東と西の問で事実かいなかの争いのある例の有名なマルクスの隠し子事件については、著者は事実とする見解だが、それにはあまり深入りせずに、マルクスのかねの使いかたという、持続的、生活基底的なことがらと、それに関連する人間関係に眼を据えているのを、わたくしはひとつの見識だと思う。ラッサールに対するマルクスの二重的な態度の分析も説得的だし、マルクスの異常な執着心が、特異の頭脳を駆って、壮大な理論の原動力となると同時に、つまらぬ争いに厖大なエネルギーを浪費させたこと、マルクスのけたはずれなところ、幼稚で抜けたようなところなど、著者は悪のりせずに、手堅く、事実によって物語らせている。亡命者集団の雰囲気やマルクスのかれらとのかかわりかた、晩年のマルクスの生活等々、個々の点はマクレランの新見解ではなくて、文献の利用によるにしても、その取捨と配列の手並みはやはり相当なものだと思う。

第二の政治面というのは、共産主義者同盟、四八年革命(「新ライン新聞」)、国際労働者協会、パリ・コミューン、ロシア革命論などにおけるマルクスの思想と行動を指すのであろう。晩年のロシア論を除いて、多くの新しい知識をえた。著者には、マルクスの世界史像の深化と革命論の熟成というような視点はない。それがないのは、著者は政治面においてマルクスの真理性を認めていないのだから当然のことである。著者の関心は、変転する状勢に対し、マルクスがいかに対応し、いかに事態を誤認し、目測を誤ったか、ということにあって、伝記として第一の側面につながる点が多い。

第三の側面すなわち思想あるいは知的側面について。著者がそもそもマルクス伝を書くにいたったのは、マルクスという人物に惹かれたり、マルクス聖人伝を批判しよう（それはカーがすでにしている）というようなことではなくて、『パリ草稿』『要綱』に新鮮な関心をもったことに始まっている。かれはいわば手稿世代の研究者であり、本書においても、そこに中心を置いている。『要綱』における時間の経済論、オートメーションの予見などに、かれはマルクスの思想の精華をみる。かれは、疎外論が五〇年代以降においてもマルクスの鍵《キー》概念だと考え、そこに現代への貴重な遺産があるとする点で、断絶説のアルチュセールに対立するのだが、アルチュセールがマルクスからヘーゲルを追い出すことによって科学としての真理を確定しようとするのに対して、マクレランはマルクスは根柢的にあくまでヘーゲル的だと考える。では、マクレランはそうしたマルクスに科学の原理を認めるのかというと、そうではないのであって、ヘーゲル的なものに対して、「同情的批判」の立場だという以上には出ない。かれ自身の根柢は、イギリス経験論である。イギリスでは誤謬の体系としてだけみられてきた、体質的に馴染めぬヘーゲル＝マルクスに、体系としては受容できないが、貴重な知的刺激が宿されていることを明らかにしたい、というのが著者の意図である。『資本論』第一巻を理論の部分と歴史の部分にわけて、後者を推賞し、第二巻以降には関心を示さないのも、著者は政治学者で、経済学者ではない、ということだけでなく、著者自身におけるマルクスに対する関心の在り方によるのだと思う。こうした点については、わが国の研究者には種々の異論・批判があるにちがいない。わたくしとしては、マルクスが抜きがたくヘーゲル的だという解釈は正しいと思うし、「イギリス経験論の限界」説に同調したくはない。しかし、マルクスの思想・理論の側面の叙述が、伝記的側面にくらべて劣ることは否定しがたい。

すぐれた伝記を書くには、成熟した人間知を要する。三〇歳台で本書を書いた著者の力量は敬服に値する。しかし、本書の成立の背景には、多くのすぐれた伝記（自伝をふくめて）を産んできたイギリス政治学の伝統がある。近いところでは、マルクス、バクーニン、ゲルツェンを書いたカーがあり、バーリンもマルクス伝を書いている。もちろん、すぐれた伝記がイギリス産に限られるわけではないが、イギリスが伝記のぶあつい伝統をもつのは、human nature 論の思想史的伝統、政治的教養の土壌に関係があるのであろう。

他方、本書が現代の標準的なマルクス伝でありうることに、現代のひとつの反映を見ずにはいられない。メーリングはマルクス主義者としてマルクス伝を書いた（一九一八年）。カーは、中途半端なマルクス・シンパに対するきびしい対立意識をもち、自由主義の信念をもって批判的マルクス伝を書いた（一九三四年）。いずれも、著者の思想的緊張に貫かれている。それに対して、マクレラン「バランスのとれたマルクス像」「同情的批判の立場」（a sympathetically critical standpoint）には、そういう思想的緊張はみられない。国際的なマルクス学の成立は、マルクスが古典として定着したこと、現代の世界観としてのマルクス主義の風化ということと表裏をなしているのではなかろうか。本書は、イギリスの土壌で育った勤勉な秀才が、国際的なマルクス学の成果を選びわけ、手堅く、要領よく（わたくしは本書に要領のよすぎる長編の単調さを感じた面もある）書いたマルクス伝である。

〔初出　マクレラン『マルクス伝』栞、ミネルヴァ書房、一九七六年一一月〕

書評3　杉山忠平編『自由貿易と保護主義——その歴史的展望——』（法政大学出版局）

わが国における経済学史研究の現役高齢者から四〇歳未満の若手まで八人、杉山忠平、津田内匠、小林昇、杉原四郎、服部正治、西沢保、熊谷次郎、玉置紀夫にA・W・コウツも加わっての共同研究の所産であって、各人一篇の論文がこの順序に並べられている。『自由貿易と保護主義』の内容はこの邦語の普通の意味よりも広い。フリー・トレードが独占貿易への参入の自由であった一七世紀後半から、通商政策を超えた一定の社会観としてのフリー・トレードがその母国イギリスにおいても揺るがされる二〇世紀初頭にいたるまでの時期を対象とする。主としてはイギリスの経済思想の研究であるが、通史ではなく、それぞれの論文の独立性がつよく、各研究者が共通テーマへの参与を意識しつつ各自の研究の軌道上で書いた論文集であり、フリー・トレードと管理（統制、干渉）といってよいほどの内容である。総じて論文の質が高く、わが国における経済学研究のひとつの前線を示す書物であり、教えられるところ極めて多いが、各論文の独立性がつよいこともあって、書評者泣かせの書物でもある。片寄るおそれはあるけれども、紹介的叙述を端折って感想的批評を述べるほかない。

杉山は王政復古期と一部は名誉革命期にわたる諸文献をひろく検討して、S・フォートリ、J・ホウトン、フィランガスからR・コウクにいたる過程で、トレードへの自由な参入という意味での独占批判および国家によるトレード規制への批判という二つの面をあわせもつフリー・トレード論が、時局的諸問題に触発されて多様に発現し、重商主義的思考と時代に制約されながらも、フリー・トレードの原型と称しうるものに達したことを主張している。杉山のこの主張は当然のことながら、スミスにいたるフリー・トレードの系譜をトーリー・フリートレーダーにみる説と名誉革命以降の産業保護主義にみるいわゆる固有の重商主義論に対する両面批判を指向する新説の提起である。杉山説は前者に対してはフリー・トレード論の原型成立期を遡らせ、かつフリー・トレードの意味規定においてョリ周到であり、後者に対しては学説がどのような資本あるいは地主利害を表現するかという関連の問題をいちおう絶っているところに特色がある。フォートリ等は現在のわたくしたちには馴染みがないけれども、マカロック（一八二四年）がとりあげられていたり、ロンドン経済学クラブ刊行の復刻選集（一八五六年）に入れられたりしているから、杉山説は温故知新の面をもつのかも知れない。竹本洋の論文などをあわせ考えて、一七世紀のイギリス経済学史研究が本格化してきたという感銘を受ける。

津田はイーデン条約の交渉経緯と結果をくわしく紹介したあと、条約をめぐるフランスにおいての論争を商工会議所の陳情書や全国三部会をめぐる文書を駆使して、条約推進の主役たるデュポン・ドゥ・ヌムールの自由放任とグルネ、フォルボネの「自由と保護」の思想とを、両者に共通な面を視野にいれつつ対照している。津田の第一次資料の卓抜な調査力が十分に発揮されていて、歯切れのよい行論とあいまって密度の濃い秀作である。この論文は諸産業の利害と政策的要請との関連を密着取材して、フランスにおける固有の重商主義をフランス大革命以前に遡らせるものとして受取られる面をもつが、その図式のなかに収める解釈は津田の本意ではあるまいし、じじつ保護と自由の微妙な絡みの分析がこの論文のメリットである。ただ、業界の悲鳴や訴えはオーバーに表現されるのが普通だから、条約による打撃の度合、凋落の原因を条約に全面的に帰する傾向については留保の必要なところがあるのではないかと思う。津田によってフランス経済学生成の多彩な形姿が明らかにされつつある。

小林論文は、J・ステュアート研究の一環であって、田島恵児のハミルトン体制研究を利用してアメリカにおけるステュアートにまで視野を拡げている。ハミルトン体制の基軸は保護主義ではなく公信用→国立銀行→紙幣制度の構想であったという田島の研究に接続して、小林はそこにハミルトンがステュアートにつながるゆえんを見る。小林はステュアートの経済学を「経済法則の把握の上に立つ、ステイツマンの広汎な管理の体系」と性格づけ、保護主義（リスト）の先駆とする解釈をナショナリズムの不在と保護の主張がステュアートの全体系上において比較的に微弱であるという理由で斥けている。小林のステュアート研究の歴史は長いが、『小林昇経済学史著作集』（ステュアート）以後の研鑽においてステュアート経済学の像が鮮明の度を加えてきたことは敬服のほかない。ステュアートとスミスの二つの経済学の、両者によって論争されなかった異質性・対抗が、後の経済学の歴史を大きく制約したという小林の大きな構想が、ステュアートそのものを読んでいないわたくしにもそれなりに了解される説得性を帯びてきている。

小林はこの論文で固有の意味での重商主義論の要点を再掲し、重商主義という語を警戒して原始蓄積（期）の経済理論に換え、ステュアートを「原始蓄積の一般理論」と規定する自説の要点を再説している。この点にかんして私見をあえて挟むと、固有の重商主義論はその使命をほぼ果たし終えたと思う。固有の重商主義論の原型は大塚史学（の資本主義成立史論）の経済学史支店の観があり、それはそれとして成果を産んだのであるが、経済学の成立史が理論形成史としての独自性をもたなければならないことは小林自身が説いてきたところであり、重商主義という語を原始蓄積に換えている小林のステュアート論は、固有の重商主義論の延長にではなくてむしろそれから離岸したところに成り立っている。「原始蓄積の一般理論」についていうと、わたくしの気になるのは独立小商品生産の分解過程を理論的視野に入れていない理論が原始蓄積の一般理論の名に値するのか、分解過程が同時代のどの経済学者によっても理論的視野に入っていないとすれば（もちろん古くへイルズやモアはエンクロージャーを問題にした）、それはなぜか、理論にはならない重要な基礎過程があるということとなのか、あるいはマルクスやウェーバーの資本主義成立史論に史実との大きなズレがあるのか、という諸点である。

杉原論文はJ・S・ミル『原理』の第五篇の諸章を中心にして保護主義と植民論についての見解を検討し、ミルの思想の特色に注目するとともに、「自由貿易帝国主義」の政策思想として位置づける意図で書かれている。急ぐので問題点と感じたことだけを記すことを許してもらう。(1)ミルの「幼稚産業保護論」はかれの国際価値論と矛盾するのかいなかは慎重に検討されねばならない。この点はミルの『原理』におけるリカードウとスミス（→ウェイクフィールド）的要素との問題でもあり、ミルにおける自由と国家干渉の問題にもつながる。(2)ミルがケアリの保護主義の主張のなかに含まれた首肯できる点を合理的に実現しうるとして推奨するウェイクフィールドの植民論は、国家が植民地の地価を高くに設定して移民に土地取得を困難にさせ、移民に相当期間は賃労働者として働くことを余儀なくさせて、移植資本と結合させる政策であるから、国家による管理設計的な原蓄推進策であって、ケアリの意を実現するものではあるまい。(3)ミル独自の思想とされているもののなかには、リカーディアンに共有な思想が相当にあるのではないか。世界的規模での資源の最適配分・効率の極大化は比較生産費説に含意されているし、また経済的進歩が知的・道徳的洗練の基礎であるという思想はマカロックなども主張しているなど。しかし杉原論文にはさらに展開さるべき重要な示唆が多くふくまれている。

服部論文は、W・ジェイコブという経済の実情に詳しいエコノミストを中心にして、一八一四～三〇年代のイギリス農業の実態について多くの知識を提供していて、経済学史の講義において、講じる余裕はなくても心得ておくべきことがらを教えられた。西沢論文も同様で、一八四〇年代におけるマンチェスター対バーミンガム、後者の産業保護主義（国内市場主義）について知識をえた。ただし、この段階での反金本位制の主張は学史的に先駆的であるよりは当時の現実に対して空想的であると思われる。熊谷論文からはマンチェスター学派とその基礎について知らされ、リカードウ、J・S・ミルとの異同をヨリ具体的に考える必要を感じた。玉置論文は西沢・熊谷両論文とも関連する発券銀行にかんする論争史で、一八四〇年代と一八九〇年代をとりあげ、フリー・トレード対独占の一面の研究として位置づけられている。西沢論文についてと同じ疑問を感じたが、研究史上におけるこの論文のメリットの評価は評者の知識不足のためにできない。

コウツ論文は、フリー・トレードの母国のイギリスにおいてそれが挑戦を受ける一八八〇～一九一四年を対象としている。コウツは一九〇三（―〇五）年の関税改革論争における経済学者の動向について、かれの一九六四年論文の後半部と一九六八年論文で詳論しているが、この論文は一八八〇年代から筆を起していることと、政治的側面をひろく述べている点に特徴をもつ。マーシャル研究のために必要な知識をコウツは豊富に提供してくれている。この局面の歴史研究は相当におこなわれてきているのだが、経済学史としてはH・W・マクリーディによるマーシャルの書簡公開（一九五五年）が最初で、その後はコウツの独占状態であると思う。コウツは経済学の社会史的研究を特徴としているので、コウツを吸収するとともに、この局面の経済学の体系の研究、ややひろくいえばミルからマーシャルへの研究が急がれる。わが国の経済学史研究が、経済学成立期に比べて一九世紀末以降が手薄であることは本書においても明らかである。

〔初出『経済研究』第三八巻第二号、一九八七年四月〕

あとがき

わたくしが長い年月にわたって主として専門誌に発表してきた論文のうち、今なお愛着をもっている諸論文に、学界で報告したが印刷はしなかった論稿を加え、まとめたのが、この論文集である。各論文の初出はそれぞれの末尾に記してあるが再掲し、かんたんなコメントを書き加えておきたい。

1 「因果性問題を中心とするウェーバー方法論の研究」(『経済論叢』第六三巻五・六合併号、一九四九年六月。この論文は文体にすこし手を入れて安藤英治、内田芳明、住谷一彦編『マックス・ヴェーバーの思想像』新泉社、一九六九年九月、に収められた。この論文集に収めたのは後者である。もとドイツ語のまま掲げたエピグラフを今回邦訳した。)

わたくしが旧制大学院二回生のときに書いた処女論文で、この論文集のなかで年代的にもっとも旧い。

その後のウェーバー研究では、ウェーバーの学問的展開を前期・中期・後期に分けるのが普通であり、後期は『経済と社会』『宗教社会学論集』を中心とする時期である。その区分から言えば、この論文で「後期ウェーバー」と書いているのは、「中期ウェーバー」を中心にして、「後期ウェーバー」をも若干射程にいれたものである。

「中期ウェーバー」は、歴史的個体の因果関係をもっとも重視している時期であって、この論文の因果性問題を中心とする所説の内容は今日でも訂正する必要をみないとわたくしは考えている。この論文に原典から引用しているものの多くは、その後邦訳されているが、この論文を書いた時期の現状を示すために、そのままの形にしておいた。

2　「マックス・ウェーバーにおける農政論の構造」(『京都大学経済学部創立四十周年記念経済学論集』京都大学経済学部、一九五九年五月五日)

発表時には「――歴史学派的見解の継承と批判――」というサブ・タイトルを付けていた。

わたくしはウェーバーの農政論については他に、M・ウェーバー『国民国家と経済政策』(未来社、社会科学ゼミナール22、一九五九年五月)の長文の訳者解説で論じている。また「ドイツ社会政策学会の農政論とその思想的背景」(『経済論叢』第八三巻第三号、一九五九年三月)はこの論文にふかい関連がある。

この論文の背景は、若い世代にはすこし説明しなければならないであろう。戦後の農地改革とレーニン「いわゆる市場問題について」の邦訳は、講座派マルクス主義の、土地制度の在りかたが資本主義の類型を規定するという命題とあいまって、農業・土地制度に対する関心を燃え上らせていた。わたくしがウェーバーの農政論の研究に向かったのも、そのような情熱を共有していたことが根抵にある。

当時わたくしと同年輩者によるウェーバー農政論――これはウェーバー研究の新分野であった――の性格づけには、ウェーバーの農政論はドイツ社会政策学会の主流の農政論と基本的に同じであるという見解と、ウェーバー農政論を根抵からの近代変革の思想として――当時、わたくしたちに共有されていたレーニンの「二つの道の理論」に拠ればプロシャ型の道からアメリカ型の道への転轍の意図をもつという解釈があった。わたくし自身の見解は論文のなかで述べている通りである。一八九三年と九四・九五年の間にウェーバーのドイツ社会政策学会の見解からの離脱が見られること、それは改革の質的転換ではあるが、レーニン理論が適用されうるような質のものではない、というのがその要旨である。

3 「ウェーバーのロシア論研究序説」（『甲南経済学論集』第一八巻第二号、一九七七年十一月）

この論文は、ウェーバーの浩瀚なロシア二論 "Zur Lage der bürgerlichen Demokratie in Russland" (*Archiv für Sozialwissenschaft u. Sozialpolitik*, Bd. 22, 1906), "Russlands Übergang zum Scheinkonstitutionalismus" (*ibid.*, Bd. 23, 1906) を読んで、その研究序説として書いたものである。ウェーバーのロシア論は未開拓分野であった。

ウェーバーのひろい意味でのロシアへの知的対応を時局的な政治論の次元、人生観の次元、類型論および比較史の素材としての次元、ドイツの対ロシア論から一応離れたロシアそのものの自由主義の運命の次元等の諸相に分けて展望したことと、ロシア二論の資料的ソースを究明したことが、論文の主内容である。

この論文に続くべき、ロシア二論の内容分析を志しながら遂に果たせなかった。ロシア二論の邦訳の完成も近いと報ぜられている。『ウェーバー全集』(*MWGA*) は全約三二巻の予定と告げられているが、現時点での既刊は計一二巻、そのなかにロシア二論もふくまれており（第一部第一〇巻、一九八九年）それには多くの編者注が付いている。

4「マックス・ウェーバーの貨幣論新資料」（『甲南経済学論集』第一八巻第三号、一九七八年二月）

この稿の成立の事情は本稿のはじめの部分に記したとおりであるが、本稿のテーマであるウェーバーのクナップ宛書簡は、『マックス・ウェーバー全集』第二部第五巻（*MWGA*, Abt. II, Bd. 5: Briefe 1906—1908, Hrsg. von M. R. Lepsius u. W. J. Mommsen, 1990, S. 115—17.）に印刷化された。それとわたくしの読解を比較してみると、細かい点でわたくしが間違っていたと思われる点が数ケ所あり、それらは『全集』版に準じて改めた。ただ一箇所、納得しかねるところがあり、そこはわたくしの読み通りにしておいた。

『全集』版には詳細な註があり、そのほとんどはわたくしの解説註と重なっているが、ただひとつ、つぎの註は目新しく、かつ、ウェーバー研究においても問題となりうると思われるので、その要点を紹介しておきたい。

編者註（*ibid.*, S. 116, Anm. 6.）によれば、ウェーバーが「バビロンの楔形文字銘刻のなかに、X商館の刻印のある五分の一シェケル片で支払う約束があり、それは国定鋳貨が存在する以前のことです」と書いているその根拠が見つからないというのである。ウェーバーはおそらく、中期アッシリア時代（紀元前約千三百年）のいわゆる“Kappadokischen Urkunden”に拠る記憶なのであろうが、検べたところ、「X商館の刻印のある五分の一シェケル」というのは見つからず、ウェーバーの記憶違いではないかという。ウェーバーはこの例を、私が解説（⑫）で指摘したように多くの著作のなかで使用している。

5 「ウェーバーの貨幣論」(行沢健三、田中真晴、平井俊彦、山口和男編『社会科学の方法と歴史』、ミネルヴァ書房、一九七八年所収)

この論文は直接には前掲4.にはじまる問題意識の線上で書かれた。そして、次の6.を産みだす副線にもなった。ウェーバーは貨幣価値論、一般的には交換価値論には立ち入らず、かれの考察は制度論に集中しているが、本稿はかれの貨幣論を手がかりにして、ヨリ広汎な諸問題の提起をふくんでいる。

6 「貨幣生成の論理」(『甲南経済学論集』第二三巻第三号、一九八三年一月)

わたくしは京都大学教授としては経済原論講座の担当であった。『資本論』の諸問題の説得力のある解決を目指して数年のあいだ苦心したが、なかなか成果は出て来なかった。この論文は、京都大学を辞して甲南大学に移ってから、ようやくひとつの筋を見出して書きあげたものである。わたくしは超越的ないしは深刻すぎて理解の困難なことがらを排して、自分自身に納得できる貨幣生成の論理を『資本論』を手がかりにして構築しえたと思っている。ご批判をいただきたい。

7 「ヒュームの死とスミス」(『甲南経済学論集』第二二巻第四号、一九八二年三月)

一九七〇年代からわたくしはスミス、ヒューム、ロック、ホッブズなどを、論文作成のためにではなく、自分の思想の基礎を作り直すために集中的に読んだ。この論稿はそのひとつの副産物である。わたくしの関心はここでは、スミスとヒュームが、死という実存的問題に対してどのように対処したかということに向けられている。

この稿から註を省いてヨリ読みやすく書きなおしたものが、同じタイトルで、アダム・スミスの会編『続アダム・スミスの味』（東京大学出版会、一九八四年）に収められた。

8　「一八九〇年代初頭の経済学界――イギリス――」（『甲南経済学論集』第二五巻第四号、一九八五年三月）

わたくしは前記7．に記したように、一九七〇年代には一七、一八世紀の古典の読みまたは読み返しをおこなったのであるが、一九八〇年代に入ってからは別の機会に記したように（F・A・ハイエク著、田中真晴・田中秀夫編訳『市場・知識・自由』ミネルヴァ書房、一九八六年、解説、二五八ページ参照）、ハイエクとその他の現代思想の読みに時間をかけた。そして当面の研究対象としてはA・マーシャルを選んだ。この論文は、まずマーシャル『経済学原理』登場頃のイギリス経済学界の状況を展望するために書かれた。他方、マーシャル自体についての微視的研究の成果は、マーシャル自身によって公刊された全著作（『新聞』への投稿をふくむ）の解説付目録（『甲南経済学論集』第二九巻第四号、一九八九年三月。同、第三〇巻第二号、一九八九年三月。同、第三〇巻第四号、一九九〇年三月）である。

9　「社会主義像と思想の問題」（未発表原稿、経済学史学会関西部会大会、一九九二年六月六日、報告要旨）

ソ連の解体とロシア・東欧における社会主義の全面的な崩壊という現実は、マルクス主義に拠る、またはマルクス主義経済学に親近的な研究者が多かった経済学史学会としては避けて通るわけにはゆかない問題であった。この報告はそれをめぐって設定された共通論題のひとりの報告者になることを受諾しておこなったものである。この報告の方向は、その後、わたくしの編著『自由主義経済思想の比較研究』(名古屋大学出版会、一九九七年)の「序章　自由主義の経済思想序説」(同書、一—五二ページ)において展開されている。

一九九八年九月一八日

著者しるす

田中真晴先生の学問、思想と人柄

――解説に代えて――

田中秀夫

1

本書の著者、田中真晴先生は、昨年六月二一日に逝去された。二年余りの闘病生活を乗り越えてやっと退院された先生は、さほど日の経たないうちに再入院されてほどなく肺炎で忽然と逝かれた。本書は刊行が遅れ、したがって遺稿集となってしまったが、著者の「あとがき」末尾の日付が示すように一九九八年九月には、このような形で出版するという結論をひとまず先生自身が出しておられたものである。にもかかわらず、さらに出版まで二年半以上もかかってしまったのは、先生自身が本書は未完成であって、なお改善の余地がおおいにあると認めておられたことと、先生自身の長い闘病生活のためである。本書の出版のいきさつと、著者の研究歴やひととなりについて、本書を手に取られる読者のために、解説に代えて少し紹介しておこう。

先生は大正一四年（昭和元年、一九二五年）に京都市にお生まれになり、一九四四年に旧制三高から京都大学経済学部へ進まれた。著名な経済学者であった看板教授の高田保馬はすでに経済学部を去り、戦時下の時局便乗派の支配する季節となっていた。半年間の陸軍生活を経験して戦後を迎えられた先生は、一九四七年秋に大学院に進まれた。二年半の大学院時代に、先輩の森島通夫さんに刺激されつつ、先生は出口勇蔵先生の指導のもとで、青山秀夫さんのウェーバー研究の影響もあって、ウェーバー研究を始められた。その最初の成果が、本書に収録された「因果性問題を中心とするウェーバー方法論の研究」であり、二四歳の時の作品である（ただし、レーヴィットの『ウェーバーとマルクス』の書評がさらに一年早い）。

一九五〇年秋に二五歳で講師となられた先生は、当初、モレリやマブリといったフランスの初期社会主義者の研究を行われたが、一九五四年に助教授に昇格された頃から、ウェーバー研究とともにレーニン研究に力を注がれ、いくつかのウェーバー論とレーニン論を五〇年代半ばから六〇年頃にかけて書かれている。そして最初の学会報告は「レーニンの『市場理論』について」（一九五四年十一月）であったが、最初の出版物は翻訳ウェーバーの『国民国家と経済政策』（一九五九年）であった。この翻訳に関しては出口先生が熱心な指導をされたと先生から聞いている。ウェーバーとレーニンを同時並行的に追いかけるという営為は、ナショナリズムとインターナショナリズム、市場経済と社会主義、国家と革命といった二十世紀の大トピックにどう迫るかという問題意識とともにあったはずである。このような問題を視野におさめつつ、ドッブ、ミーク、ルフェーブルなど西欧マルクス主義者の著作をも読んでいた若き日の経済学者は、鋭敏な知性と感性を次第に経済学史、社会思想史に向けていくことになる。

レーニン研究はプレハーノフという研究対象との出会いに繋がった。こうして六二年から六六年にかけて先生は、プレハーノフを中心とするロシア・マルクス主義に関する優れた一連の論文を『経済論叢』（京都大学経済学会）に次々に発表され、それが翌年集成されて名著『ロシア経済思想史の研究』（ミネルヴァ書房、一九六七年）となった。こうしてプレハーノフ、レーニンとロシア・マルクス主義の専門家として学界に地位を確立された先生は、レーニン研究の完成を次の課題に設定されていたのであるが、それは結局、果たされなかった。また、マルクス主義がどの程度、先生の信奉される価値体系であったかは微妙であるが、この時期の先生は社会科学としては基本的にマルクス主義を自らの立場とされていたように思われる。しかし、それがマルクスの思想を絶対化するものではなかったことは確かである。ところで、前述の著書によって学位を取得して教授に昇進された先生は、マルクス経済学の経済原論を担当されることになった。イデオロギーとしてのマルクス主義とマルクス経済学を峻別し、後者の完成を目指すというのが、マルクス経済学原論担当者としての先生のスタンスであったように思う。その後、七四年までの間は、原論教授としての先生にとっては理論家としての真価が問われる時期であり、いわば檜舞台にたたれたのであったが、しかしながら折悪しく学園紛争の時代と重なり、先生にとっても苦難の時期となっていった。

この頃までの経済学部は、大塚史学や宇野学派とは無縁であったが、逆に少壮教授や助教授が優れた独創的な研究を生み出しつつあった。わたしが初めて先生にお目にかかったのは、大学院を目指そうと思って大学院の授業に参加させていただいた時が最初であったから、たぶん七〇年の秋か七一年の春のことだったと思う。大学紛争は去り、学園に再び学問の季節が戻ってきたような印象のある時期であった。そのときの先生の鋭い眼差しと鬼気せまる激しい気迫に圧倒されたような記憶がある。しかしやがてもうひとつの大学紛争の嵐が先生の研究生活と人生を大きく左右することになる。

すなわち、一九六八年に始まる大学紛争ではなく、その後に発生した京都大学での有名な竹本問題、すなわち反体制の闘士であった竹本信弘（滝田修）助手の反権力闘争を名目とする長期欠勤を学部としてどう扱うかという問題を争点とする紛争のなかで、先生は評議員として問題解決にあたられたが、成果をみることができずに、事態は膠着していった。全学的な激しい処分反対運動が続き、それに対して処分を選ぼうとした経済学部は批判の嵐のなかにたたずむことになった（『京都大学経済学部八〇年史』参照）。処分反対派の糾弾運動が激しくてゼミが学内で開けなくなった学園は、相互不信が渦巻く混迷した状況となり、先生はもはや京都大学に残ることに希望をみいだすことができずに辞職され、最後の選択として自らの研究生活を継続することを求めて甲南大学へ移られた。

先生は同門の後輩である竹本信弘助手の研究者としての能力と可能性を高く評価されていた。そのローザ・ルクセンブルク論を誉めておられた。滝田修として彼が出版した著作も読んで、理解しようと努力されていた。しかし、不運にも先生は評議員であった。先生は、文部省と処分反対派の間に板挟みとなっていた学部のなかで分限免職処分を学部として上申するという学部の決定を全学に訴える説明文を起草された。説明文はその明晰な文体からその執筆者が誰であるか、容易に判明した。決定は学部の総意で行われた。しかし、攻撃の矛先は、とりわけ先生に向けられたのである。「先生はスミスの同感論をわたしたちに教えて下さった。人々の同感に正義は支えられていると。先生の同感論は欺瞞的ではないですか」と、ある大学院生は団交で決めつけた。「第二の河上事件にしてはならない。」反対派にはこのような大義名分があった。学園だけをみていると形勢は明らかに処分しようとした学部にとって不利であった。

先生は、その結果、学園を去らざるを得なくなるとは思っておられなかったであろう。しかし、処分反対派の院生、学生そして教官の攻撃は激しくなるばかりであった。攻撃は家庭にも向けられたから、先生の打撃は大きかった。孤立感を深められた先生は辞職を決意された。ウェーバー研究に魅力を感じていたわたしが、その時に先生からいただいたアドヴァイスは、ウェーバリアンばかりが増えるよりも、イギリス経験論をしっかり勉強することがよいかもしれないというものであった。先生の辞職と甲南大学への転出は、一部のひとには裏切りにみえたようであるが、先生自身にとってはある種の挫折であり、文字どおり苦渋の選択であった。甲南に移られた先生は、しばらくは学生の子供っぽさをしばしば嘆いておられたが、平凡に堪える根気をもたざるをえなくなり、やがてより柔軟、寛容になっていかれたように思う。しかし先生の才能が教育への努力に費消されていったとすれば、残念であり、複雑な思いを禁じ得ない。

竹本処分問題自体は、その後、総長預かりという措置がとられ、時の経過するなかで冷却して行った。やがて朝霞自衛官殺害に関連する強盗未遂を容疑とする滝田修への逮捕状は時効となり、滝田修は姿をあらわした。容疑も晴れた。そして竹本信弘氏はかつての自らの新左翼運動は間違っていたと自己批判したと報道された。もしそれが事実なら京大の竹本問題とは何だったのか、改めて検証する必要があるだろう。わたしはそうは思いたくないが、竹本問題の犠牲者のひとりは先生であったかもしれない。しかし、先生は以後、竹本問題についてはあまり話題にされることがなかった。最後の入院となったときのある日、先生は、出口先生が竹本氏に和歌山大学の助教授に行かないかと勧められた時に、竹本氏が「いいえ、わたしは京大が必要としていますので、京大に残ります」と厚かましくも言い放ったというエピソードを話された。「あいつはほんとうに悪人だ」とも言われたが、その顔には笑みがこぼれていた。

先生の京大時代までの主な活動の場は経済学史学会と原論研究会であったが、甲南時代には経済学史学会と方法論研究会が中心となった。後者は、京都大学の前述の紛争によって学内で大学院ゼミが行えなくなった時から、楽友会館においてそれに代わるものとして始められた研究会である。方法論研究会と名づけられたのは、現代の経済学と社会科学が直面している諸問題を学問方法論を意識しつつ研究しようという趣旨からであったように思う。当初の中心メンバーは大津定美（龍谷大学、現在神戸大学）松島敦茂（滋賀大学）、高橋正立（京都大学、現在福井県立大学）、加来祥男（滋賀大学、現在九州大学）などと年少の大学院生たちであったが、田中ゼミの卒業生である後藤郁夫（ミネルヴァ書房、現在大阪商業大学）さんも参加されていた。この研究会は最初から門下生の研究会というより広かったが、その後長く続くあいだに、いっそう門下生の研究会という色彩を薄め、京都に拠点をおくある程度開かれた経済理論、経済学史と社会思想史の研究会となって行った。

方法論研究会で取上げた様々な著者の様々な著作のなかからやがて、ハイエクの論文の翻訳選集である『市場・知識・自由』（ミネルヴァ書房、一九八六年）も生まれたし、いくにんかの若い研究者も育っていった。ハイエクの翻訳選集は、当時はまだハイエク全集もなく、ハイエクの経済学史的な自由主義研究の核心を日本の学界や読書界に紹介することが必要であるという認識から企画されたものである。当初は前述の高橋正立さんを含む三人で分担するという考えだったが、最終的には先生とわたしとの共訳となった。この仕事で、わたしは先生に翻訳を鍛えていただいたことは言うまでもない。

先生はハイエクに手紙を書いて企画の承認を求められた。ハイエクからはもちろん好意ある返事が来たが、ただし日本での企画については西山千秋教授（立教大学）が代理人なので了解を取ってほしいということであった。ハイエクのシガゴ大学時代の教え子であった西山教授はもちろん了承をされたが、こういうものかという印象であった。しかし、ハイエクの紹介は誤解も招いた。「田中さんが反動のハイエクなどを担ごうとはどうしたことですか」と伊東光晴さんが難詰したことがある。自分はハイエキアンではないが、批判的紹介という仕事もあるというのが、先生のお考えであった。伊東さんに言わせれば、自分はケインジアンとして一貫している。自分より左にいたはずの田中さんも、他の多くの研究者と同じく、今では右になってしまった。情けないではありませんか、というのであった。

2

ハイエク翻訳選集は、戦後のハイエクの経済思想、社会思想のエッセンスを知りたいという読者の要求に応えたという意味で、時宜にかなっていたように思われるのであるが、実際よく読まれた。それはレーガノミックスやサッチャリズムが主流となっていた一九八〇年代の時流に迎合する意図はまったくなかった。ところで、何刷か重ねたときに、出版元のミネルヴァ書房から手紙が届き、わたしたちの翻訳が欠陥翻訳として槍玉にあがっていることをしらされた。先生から相談があり、英文学者などの意見も求め、対応を検討したが、批判されたからといって、翻訳を撤回する必要はないだろうという結論となった。批判の自由はもちろんあるが、翻訳については皆が同じ意見になるのは難しいし、わたしたちの翻訳は幸い今も読まれている。確かにわたしたちの翻訳には疑問の余地はありうるだろうが、しかし、市場の審判を生き残っていることで品質の証明になるであろうというのが、わたしの見解である。翻訳の権威を自認する人物が居て、その人物の判断で出版物が影響を受けることは、必ずしもよいことではないであろう。現にこの場合、出版社に圧力がかかっているのである。雑誌で批判したのだから、それで十分ではないかと、わたしは考える。自由な批評は難しい。

先生の編著『自由主義経済思想の比較研究』（名古屋大学出版会、一九九七年）も方法論研究会のメンバーの論集であるが、先生は編者として多くの論文に眼を通して、改善を求められただけではなく、出版経費についても尽力していただいた。ハイエクの翻訳には編集者として後藤郁夫さんが寄与され、後者は後藤さんの後継者である橘宗吾さんが世話をしてくれた。後に述べる「アダム・スミスの会」に関係のある出版物が名古屋大学出版会から出るようになったのは、後藤、橘さんの努力による。

先生が未来社からウェーバー研究を出されるという話はずいぶん昔からあった。わたしがまだ甲南大学にいた頃に、そのようなお話を伺っているから、十数年も前のことである。その頃の先生は、マルクス研究から古典派とマーシャルの研究に次第に力点を移そうとされていた。そのような研究対象の移行はそれなりに大変であった。したがって、ウェーバー、クニース、メンガーの貨幣論などについての研究が成果としては早くに論文となったのに対して、マーシャル研究を中心とするイギリス経済思想史研究の成果が出るのが後れたことも理解できるであろう。この頃の先生は、マルクスの思想と学説に深くコミットしていればいいるだけ、転身が難しいと、マルクス研究者に同情されていた。八

○年代はかつてのマルクス経済学者が足場を他に求めて努力していた時期であったように思われる。ゴルバチョフの「ペレストロイカ」と八九年の東欧の革命は、最終的に、マルクス経済学の価値を根本から疑問に晒すことになった。この頃の先生は、フィールドワークをもとにしたロシア情勢についての大津定美さんの報告に強い関心を示されていた。

マルクス経済学者にとって無理のないひとつの道は、エコロジーや環境を視野に入れた社会経済学の構想にあったように思われる。もうひとつの有力な立場はレギュラシオンであった。しかし、先生はとりわけ前者には関心を持っておられたし、その方向の文献をある程度は読まれたが、研究としてこうした方向を追求されることにはならなかった。先生はエントロピー概念の経済学への導入者として知られるソディーの経済学の可能性を見極めるべく原典を紐解かれたが、大きな魅力を感じられず、結局、先生はイギリスの自由主義経済思想の本流を改めて掘り下げるという道を選ばれたのである。

甲南では社会思想史を講義する必要もあったので、先生はミルやマーシャルの研究とともに、同時にマキャヴェッリ、ホッブズ、ヒューム、モンテスキュー、スミス、ルソー、カント、ベンサム、ミルなどの社会思想についても改めて勉強されていた。「ヒュームの死とスミス」(一九八二年)(本書に収録)はそのような勉強の副産物であった。そのような時期にあってウェーバー研究の出版が計画だけに終わったのは、「ウェーバーの貨幣論」(一九七八年、本書に収録)という、独創的な仕事が結実したとはいうものの、あとがきにも述べられているように、ウェーバーのロシア論を十分に扱いたいという気持ちがあり、そのためにはまだ時間がかかるという事情と、他方で御自身の若い日のウェーバーの方法論や農政論についての論文が時代遅れになっているのではないかという不安とが妨げとなったように思われる。

先生が自らの研究に対して常に厳しかったことは、親しく接した者がみな感じていたことであり、それが先生の有名な遅筆の理由でもあった。他方、先生は囲碁も将棋も早手だった。「原稿用紙を碁盤と思うたら早う書けますな」と対局相手の河野先生が言われたことがあったと聞く。先生はまたわたしたちにも、つまらない文章や安易な教科書は書くべきではないと、しばしば諭された。世に「公害論文」が多すぎるというのが、先生の持論であった。自他に対するダブル・スタンダードというのは、よく見られるものであるが、先生はそれを退けられた。したがって、壮年期の先生は、いっけん弟子に対しても厳しかったが、それは「まっとうな研究者になれ」という学問的な愛情の表現であることは、明らかであった。思えば、先生はまだ大学院生であったわたしたちに、「大学の先生になることはそれほど難しいわけではないが、研究者になることは難しい」と諭されていたことを思い出す。二日で論文を書いたなどという話を耳にしようなら、先生は途端に不機嫌になり、毒舌を発されるのが常であった。先生は寸言の名手であった。「きみは一晩で論文を書くらしいですね。」ユーモアの持ち主ではあったが、こういう時の先生の寸評は、ユーモアやウィットというよりエスプリ、いな毒舌に近かったように思われる。先生の人懐っこい笑顔は皆を魅了したが、そのエスプリや毒舌は皆を楽しませた。

先生が四〇歳代半ばで京都大学から甲南大学へ移られたことは、京都大学にとって惜しまれたが、しかしその後の甲南大学での先生の伸び伸びした活躍を思うと、よかったのではないかという思いも禁じ得ない。甲南大学で先生は学部長を二期三年つとめられたが、たんなる義務的な運営に満足されることなく、学部の改革のためにリーダーシップを発揮された。羽鳥卓也さんを引き継いで、経済学史学会の代表幹事を努められたのも甲南時代のことである。代表幹事としての先生は、大会報告申込に事前レジュメを添えることをはじめとしていくつかの改革を導入された。昭和天皇崩御に際しての過剰な自粛ムードに対して学史学会は声明を出したが、先生はその文案に苦心されるということもあった。総じて、甲南大学が先生に期待したものは、学園の指導者になることではなく、高い水準の研究の遂行と見識であったように思われる。

「方法論研究会」は先生を主宰者として二五年以上続いてきた。ここでの報告と討論は、ホーム・グラウンドでの練習にたとえることができよう。先生はしばしば舌鋒鋭く激しい論争を展開されることもあったが、元気なときはいつも愉快そうであった。先生はとりわけ鋭い問題提起を得意とされる研究者であった。自らの鋭い切り込みにわたしたちが返答できずに窮しているのを、内心で楽しんでおられたか、あるいは情けないと嘆いておられたかは、わからない。研究会の雰囲気は、いつも新鮮で、緊張感が漲り、堕落した空気になったことがないのは、先生の人柄の影響であった。

方法論研究会の例会は二三〇回を超えるが、先生は少なくとも二〇〇回は参加されている。この会でわたしたちが先生との討論から教わった事の大きさは計り知れないものがある。しかし、この研究会が、京都を拠点とする研究会として地味ながら、存在価値を持ち続けている理由は、他にもあって、たとえば松島敦茂、八木紀一郎、梅澤直樹、小島修一さんなどが先生との討論に情熱を燃やしてきたことをあげなくてはならない。

方法論研究会で研究生活にアクセントをつけながら、後進の成長を楽しみつつ、もう少しフォーマルな「アダム・スミスの会」や「ロシア研究会」、「ウェーバーの会」などへ出かけたり、趣味の謡曲と囲碁の会に出かけたりしておられた頃の先生は、学者としての最盛期であったように思われる。先生は研究と趣味、そして談論をこよなく愛されていた。

京都大学時代の先生にとっては、内田義彦さんが学問的模範であった。先生はとりわけ『経済学の生誕』を評価されていた。渓内謙さんのソヴィエトとスターリニズムの成立史の仕事も意識されていた。原論を担当されてからは、宇野弘蔵さんの仕事が吸収しつつ対決すべき対象となった。そして甲南に移られてからのことであるが、マルクス経済学原論が次第に先生にとって満足できないものであることが明確になるにつれて、小林昇さんの学史研究に対する評価が高まっていったという印象をわたしはもっている。また宇野派では中野正さんの仕事に注目されていた。しかし、批判精神の固まりのような先生は、無批判的でいることができないひとであり、批判を率直に述べられるのが常であった。先生はリストの『国民的体系』と『農地制度論』との関係についての小林さんの解釈には無理があると主張されていた。

杉原四郎先生に対して田中先生は、尊敬する先輩として対してこられたが、杉原さんのテーマが一貫して「ミル、マルクス、河上肇」であることには納得し難いものがある、というのが田中先生の批評であった。なぜ三人が同列に並ぶのか分からないというのである。先生はミルの『自由論』をとりわけ評価されるようになっていたが、河上肇に、内田さんや、杉原さんが惚れ込むほどの魅力があるというのはわからないという見解だった。内田さんは河上肇に「市民社会青年」という人間類型を求められたが、杉原さんは何といってもマルクス学者として、また師匠（柴田敬）の師匠として河上を尊敬されているところがあるようにわたしには感じられる。杉原先生が田中先生をどうみておられたか、わからない。

3

先生はロシア研究者としての松田道雄さんと、思想史家としての丸山真男さんを尊敬されていた。こうした人たちは先生によれば、とても真似が出来ない立派なひとであった。七〇歳を過ぎてなお批判精神の旺盛な先生が、「丸山さんの学力には隔絶したものを感じる」と言われたことがあった。「ウェーバーの会」で丸山さんの報告を聞かれた直後のことだったと思う。わたしたちからみると、先生は研究者として隔絶した能力をもっておられた——それが著作となって実ることは必ずしも多くなかったかもしれない——が、この言葉に、先生の謙虚さがにじみ出ているであろう。晩年の先生は、『丸山真男座談』を愛読されていた。先生は、卑屈なところのない人であった。傲慢も戒められていた。真実に対して、また自分の気持ちに対して、つねに正直なひとであった。その実直さは、先生独特の行動ともなるのであるが、そのような先生の一面を関係者は愛すべきものとみていた。「田中先生はモーツァルトのようなひとだよ。いつまでも少年の心をもっておられる。」

先生の交友圏は相当に広く、小林昇先生と親しくなられる一方、学史学会の中心となっていた人たちと親しくされていた。京都大学を辞職し、甲南大学へ移られるにあたって、先生は小林先生の意見を求められたと聞く。真偽のほどは確かめていないが、それは納得できることである。また先生に確かめたことはないけれども、わたしの印象では、この頃から先生はますます小林先生を信頼されるようになったように思う。前述のように先生は甲南時代に経済学史学会の代表幹事をつとめられた（八七―八九年）が、小林さんの幹事会での発言には、学会を思う老婆心がにじみ出ていたし、学史学会の将来のために二人が手を握っておられたということのように思われる。甲南時代に先生は奥様を亡くされた。先生から小林さんに連絡してほしいということで、大学から電話したことを思い出す。

小林昇先生が会長の時代には先生も元気にしておられたので、「スミスの会」の例会に熱心に参加されていたように思う。わたしは専攻が幸いして、若い時分から、今は壊された「ル・レ・オカザキ」で開かれた京都での例会によく誘っていただいたが、いつも出るのなら会員になったほうがよいというので、会員にしてもらった。小林会長を挟んで出口、河野先生が並ばれ、水田、杉原、田中、久保芳和、真実一男、溝川喜一、相見志郎先生等という具合に集まられた例会は、話題も報告も若いわたしにはきわめて興味深いものであった。

印象記に過ぎないが、先生が親しくされていたひととして、羽鳥卓也、真実一男、吉澤芳樹、久保芳和、津田内匠、伊東光晴さんたち、ウェーバー研究との関係で、安藤英治、住谷一彦、折原浩さん、ロシア研究の関係で前述の松田道雄さんや渓内謙さん、保田孝一、和田春樹さんなどがすぐに思い浮かぶ。もっとも先生とこうしたロシア史家たちとの関係がどれほど親密であったのか、その程度いかんについては、遠くからうかがっているにすぎないわたしには判断のすべがない。住谷さんとの関係は独特のものがあったように思われる。自然的年齢で同期であった先生は住谷さんのウェーバー研究には厳しかったが、住谷さんの人柄を大切にされていたように思われる。経験というものは、そしておそらくは老いというもののは、ひとを穏健かつ寛容にするもののようであって、京大時代の先生には学問と人格を切り離すということはできなかったであろう。先生はまた元同僚の菱山泉さんとも次第に親しくなっておられたように思う。晩年の田中先生は、菱山さんの優秀さをよく語られた。菱山さんが翻訳されたケネー全集は翻訳原稿の紛失によって途中までしかでなかったのだということも、先生から伺った。

水田洋先生との関係はアンビヴァレントであったように思う。水田さんから送られる多数の書物は先生には重荷になっていたようであって、「水田さんからまた本が届いたけれども、ますますお返しのしようがない。それでもう要らなくなったメガを送っておいた」といわれるようなことがあった。メガとはマルクス・エンゲルス新全集のことである。

平田清明さんに対しては先生はその学問も人柄もあまり好まれなかった。わたしたちの世代が学生時代に平田さんの学問に惹かれていたことはもちろんご存知であった。わたしの理解では、先生が平田さんに批判的であった理由は、平田さんの議論の曖昧さと人格の包容性によると思われる。先生が去られた京都大学の経済原論のポストに、やがて平田さんが着任されたのは皮肉なめぐり合わせであった。

先生には三高の同期の親友があった。とりわけ越智武臣（京都大学）さん、湖海昌哉（光華女子大学）さん、岩見宏（神戸大学）さんなどがそうであり、甲南三高会という集まりもたいせつにされていた。これはもちろん網羅的なものではなく、先生のひととなりの一端を紹介するために思いつくままにあげたものにすぎない。先生は非常に人懐っこいところがあった。

先生は外国の研究者との交友はあまりされなかった。先生は英語の他に、ドイツ語、ロシア語、フランス語を習得されていたが、その語学力は読解力にとどまり、会話はだめだった。そういうこともあって、ロンドン大学への留学も必ずしも実り大きなものとはならなかったようである。先生は森島教授と旧交を温められたようであるが、外国留学の話はあまりされなかった。けれども、外国の研究者との交友の乏しさを先生はとくに惜しがられることはなかった。その代わり、先生はこれという論文は徹底的に読んで、貪欲に知識を吸収された。先生の論文はいくつか英訳されている。わたしがまだ甲南大学にいたときに、甲南大学の社会科学系三学部共同で英文雑誌を出そうということになり、わたしは委員として創刊号を担当した。デザインを決め、最小限の記載事項を作文し、論文を募集して、どうにか第一号を刊行した——それがわたしの甲南での最後の仕事となった——が、それに先生は「貨幣生成の論理」（本書に収録）の英訳（その英訳は先生の京大時代の教え子が自発的に翻訳されたものがもとになったと聞いている）を発表されている（*Konan Journal of Social Sciences*, Vol. 1, 1988, 3）。雑誌は世界各国の主要な大学、研究機関に送ったところ、相当の反響があったのであるが、先生の論文がどう読まれたか（反響があったように記憶する）、今は確かめることができない。

今回、こうして先生のウェーバーと学史研究の一端がまとめられて出版されることになったことには、大野英二先生のお勧めと未来社への改めてのご推奨があった。大野先生にはあらためてお礼を申し上げたい。思えば大野先生と田中先生は学問的信頼を基礎とする友情で結ばれていた。

大野先生は京都大学にあって田中先生がつねにその学問を意識されていた先輩であり、ライバルであったようにわたしは感じている。師匠である出口先生は別として、田中先生が慕っておられたのは河野健二先生であり、尊敬されていたのは大野先生であった。大野先生とその仕事はおそらくは講座派の経済史研究を田中先生にとって身近なものにする役割を果たしたであろう。大野先生は田中先生の才能を評価されていたように思う。河野先生は田中先生をおそらくその鋭い批評精神をもった人柄ゆえに尊重されていた。「田中君はどうしていますか」と河野先生はわたしをみると決まってそう尋ねられた。わたしは同姓なので最初は戸惑ったが、河野先生には誰のことを言っているのか自明であった。マルクスを学問のベースにしているが教条的立場は排すというのが、同期の平井俊彦先生も含めた四人の立場であり、そのような立場の近しさと、他方での独立心とがそれぞれの学問の質を支えていた。

わたしが接した京都大学時代の田中先生は原論教授としての最後の時期であったが、当時の先生は凄まじい研鑽を積んでおられた。甲南大学に移られてからは、杉原四郎、山口和男といった先輩と友人に再会し、また高橋哲雄（イギリス鉄鋼業、ホブスン、イギリス紀行）、森恒夫（財政学）、柳田侃（国際経済学）、熊沢誠（労働経済論）、吉沢英成（貨幣論、ポランニー）、滝沢秀樹（韓国経済論）、藤本建夫（ドイツ経済史、レプケ）といった年齢幅のある後輩研究者たちとの自由な学問的交友を楽しまれた。杉原さんとの関係は、わたしなどには窺いしれない深いものがあった。杉原先生もまた京都大学の戦後の混迷の時期に、戦争責任を問うという大義名分のもとに、おそらくは意図せざる結果であったが、白杉庄一郎をはじめとする優秀な若手教官を学園から駆逐することになった、「総退陣」として知られる出来事によって、京都大学を去られたのであった。こうした戦後の京都大学経済学部の裏面史については、先生は博覧強記の語り部であった。

実際、あの時期の甲南は、「蚕食型」職員組合の横暴という問題はあったけれども、自由な学園という雰囲気があふれており、科学者の自由な楽園とでもいうべきものが存在していた。自由な学園での、それなりに自由な学問的模索の成果が本書に収録された論文の多くである。甲南では先生は杉原さん、高橋さんや村岡健次さん（ヴィクトリア朝の歴史）、松村昌家さん（英文学）たちと「ヴィクトリア朝研究会」を結成され、その例会は先生のマーシャル研究にとって刺激ともなった。先生は、他学部の人たちとも知的交友を楽しんでおられた。法学部の今は亡き小笠原弘親（ルソー研究）、文学部の山内昶（経済人類学）さんなどが思い浮かぶ。

4

先生の学問を紹介する以上に、交友関係について多くを語ってしまったが、本題に戻ることにしよう。本書に収録された個々の論文と書評はそれぞれに完成されたものであるが、しかし、書物としては、じつは本書は先生の本来意図されたものとは必ずしも言えず、本書はいわば妥協の産物であると言ってよい。なにとの妥協かといえば、病気との妥協であり、時間との妥協であり、将来との妥協であった。その意味では先生には断念があった。再入院された昨年春に、先生は弱気にもこうもらされたことがある。「わたしは必ずしも研究一筋の人生を送ってこなかった。囲碁や謡に時間を使い、必ずしも十分な研究をしてこなかった。このままもう帰れないと思うと悔いがのこる。」

しかし、先生は安易に妥協を選ばれたのではなかった。やむをえず先生がわたしに原稿を託されたのは、最後の入院の直前であった。そのとき自宅に電動式のベッドを据え、書斎のある二階には電動の昇降機を取り付けられて、やがてリハビリが順調に進み、身体が回復した時に備えて、研究を再開する体勢を取られていたのであるが、十分に満足のいく書物に仕上げるのは時間がかかりそうであるので、「原稿を御預かりしましょうか」と尋ねたところ、先生は同意されたのであった。

その意味で、本書は本来なら、一部は独立したウェーバー研究になり、また一部は別の自由主義経済思想史研究になるべきものであった。あるいはまた後者の一部はマーシャル研究として独立するはずであった。先生は我が国のマーシャル研究に不満を持っておられた。学史学会が実現したスミス研究とマルクス研究の手法をマーシャル研究に適用して、ミルからマーシャルへの経済学の展開のプロセスを明らかにしたいと先生は言われていた。再三の病気がそのような研究の遂行を妨げた。

したがって、大略二つの研究テーマが、未完成なまま本書を構成している。しかも、本書を構成する論文は一九五九年に刊行されたものから、一九九二年の原稿にまで広がっている。したがって、本書は、論文集として読まれるべきものである。個々の論文については先生自身が「あとがき」で説明を加えてもおられるので、個々の論文の解説は不要であろう。通読されれば分かるように、全体を貫いているものがあるように思われる。それは学問的真理にどこまでも迫ろうとする批判的精神、教条を排する自由な探求精神である。実際、先生は、学問的にじつに鋭い批評家であったと思う。その片鱗は随所に感じ取られるであろう。いたずらな批判ではなく、学問的誠実さに裏打ちされたこの批判精神は貴重である。

本書に収録された作品のなかのもっとも新しいものは、今述べたように一九九二年六月のマルクス経済学者の思想責任を問題にした学会報告であるが、これはかつてマルクス経済学者として仕事をされた先生にとっては、自らの身を切る行為という苦い側面をもたざるをえないものであった。ときに先生は一九九一年三月に甲南大学を定年で辞められ、龍谷大学に特任教授として移られていた。甲南大学での退職記念講演は「A. Marshall における資源と環境」であった。先生は京都大学に二四年間、甲南大学に一七年間在職されたが、さらに龍谷大学に三年間おられ、その後も二年ほどは龍谷大学の非常勤講師をされた。京大時代は別として、甲南でも龍谷でも研究者をそれぞれ育成されたことは、教育者としての先生の力量を物語るであろう。

その後の先生は、後に編著『自由主義経済思想の比較研究』（一九九七年）の序章に一部が結実するような自由主義経済思想史に力点をおいて研究を続けられた。研究課題の一部にはスコラ学派の経済思想もあった。ラテン語の原典に遡っての研究ではないけれども、これは一からの勉強であった。先生の書斎には、膨大な講義ノートのほかに、未完成の中断された多数の原稿が残されている。けれども、多様なテーマを手がけつつも、それらはけっしてバラバラではなく、自由主義経済思想の歴史という軸をもつ研究であったと言えるように思う。

先生は旧制高校でカントの人格主義にふれて自己形成されたほとんど最後の世代であった。やや長い一時期、先生はマルクス主義に相当深くコミットされたように思うが、しかし結局それはある種の使命感と時代状況の拘束によって強いられたものであったという側面が強く、ついにはその呪縛が解ける時が来て、先生が生涯追い求められたテーマは自由主義経済思想の研究に収斂したのであった。しかし、言うまでもないことであるが、先生が求められていたのは放縦な自由、身勝手な自由ではなかった。先生は安易な連帯、野合、付和雷同を嫌われた。競争が機能し、財も思想もその価値が正当に評価されることが、自由主義の精神でなければならないというのが先生の確信であった。そのためには社会を構成する各人は自立して自由を求めなければならないであろう。腐敗の源になる可能性をもつ依存をなるだけ排し、できるだけ自らの力で自由に生きるように求めること、先生がわたしたちに最後まで教えようとされたことはそれであったように思う。戦後の学界を支配したマルクス主義——それは少なくともわたしの世代まで捉えた——がどのような意味をもっていたのかについての究明は、これからの課題とならなければならない。

わたしが本書に対して行ったことは、最小でしかない。梅澤直樹さん（滋賀大学、経済原論、環境経済学）と小島修一さん（甲南大学、ロシア経済思想史）には校正をお願いしたが、お二人にはともに多忙な合間を縫って協力していただいたというにとどまらず、それぞれの校正は厳密をきわめたので、わたしの校正はずいぶん楽であった。僭越にも校正で手を入れさせていただいたのは、誤字、誤植のほかには、いささか古い表現と若干の人名の読みの修正および漢字表現のかな表現化の程度にとどまる。先生独特の表現は、無理がない限りで残した。「文は人なり」という諺は、著者の個性を反映した固有の表現をむやみに修正すべきでないことを教えるものだからである。

本書は、大野先生の慫慂をうけての未来社の西谷能英社長のご決断と田口英治さんのお手を煩わせて世に出ることになった。最後に読者には、本書から自由な、しかし粘り強い社会科学的思考を学び取ってほしいように思う。

（京都大学大学院経済学研究科教授　二〇〇一年一月二日記す）

田中真晴（たなかまさはる）

1925年生まれ。2000年逝去。京都大学経済学部，同大学院で学び，京都大学講師，助教授をへて，京都大学教授，甲南大学教授，龍谷大学教授を歴任。

元経済学史学会代表幹事，経済学博士。

著書　『ロシア経済思想史の研究』（ミネルヴァ書房）。

『自由主義経済思想の比較研究』（編著，名古屋大学出版会）。

『社会科学の方法と歴史』（共編著，ミネルヴァ書房）。

翻訳　ウェーバー『国民国家と経済政策』（未来社）。

ハイエク『市場・知識・自由』（共訳，ミネルヴァ書房）その他。

ウェーバー研究の諸論点——経済学史との関連で

2001年5月25日　初版第1刷発行

定価（本体3800円＋税）

発行者　西　谷　能　英

発行所　株式会社　未　來　社
〒112-0002　東京都文京区小石川3-7-2
電話03（3814）5521（代）振替00170-3-87385

本文・装本印刷＝精興社／製本＝富士製本
http://www.miraisha.co.jp/　Email: info@miraisha.co.jp
ISBN4-624-32164-2　C0033

●マックス・ウェーバー著

梶山力訳・安藤英治編　プロテスタンティズムの倫理と資本主義の《精神》　四八〇〇円

海老原・中野訳　理解社会学のカテゴリー　二二〇〇円

松井秀親訳　ロッシャーとクニース　二八〇〇円

田中真晴訳　国民国家と経済政策　一五〇〇円

レヴィット著　柴田・脇・安藤訳　ウェーバーとマルクス　一五〇〇円

モムゼン著　中村・米沢・嘉目訳　マックス・ヴェーバー　三二〇〇円

モムゼン著／安・五十嵐・田中訳　マックス・ヴェーバーとドイツ政治　I 五八〇〇円　II 六八〇〇円

モムゼン著　得永新太郎訳／官僚制の時代　二〇〇〇円

シュルフター著　嘉目克彦訳／近代合理主義の成立　五八〇〇円

アイゼンシュタット著　田中・柳父訳／文明形成の比較社会学　五八〇〇円

●マックス・ヴェーバー研究双書〔住谷一彦監修〕

コッカ著　住谷・小林訳／ヴェーバー論争　一二〇〇円

テンブルック著　住谷・山田訳／マックス・ヴェーバー方法論の生成　一八〇〇円

テンブルック著　住谷・小林・山田訳／マックス・ヴェーバーの業績　二五〇〇円

シュルフター著　住谷・樋口訳／価値自由と責任倫理　一八〇〇円

（価格は税別）

安藤英治著　マックス・ウェーバー研究　四八〇〇円
安藤英治著　ウェーバー歴史社会学の出立　七八〇〇円
中村貞二著　〔増補〕マックス・ヴェーバー研究　五八〇〇円
住谷一彦著　リストとヴェーバー　五八〇〇円
山之内靖著　ニーチェとヴェーバー　三二〇〇円
前川輝光著　マックス・ヴェーバーとインド　三八〇〇円
折原浩著　危機における人間と学問　二八〇〇円
折原浩著　マックス・ウェーバー基礎研究序説　四五〇〇円
橋本努・橋本直人・矢野善郎編　マックス・ヴェーバーの新世紀　三八〇〇円
シュルフター・折原浩著　『経済と社会』再構成論の新展開　二八〇〇円

（価格は税別）

田中真晴著　一経済学史家の回想　一八〇〇円

ウェーバー著　田中真晴訳　国民国家と経済政策　一五〇〇円

アダム・スミス著　米林富男訳　道徳情操論（上・下）　各三八〇〇円

J・ロージアン編　宇山直亮訳　アダム・スミス修辞学・文学講義　四二〇〇円

水田洋著　アダム・スミス研究　五八〇〇円

羽鳥卓也著　『国富論』研究　三〇〇〇円

内田義彦著　経済学史講義　二八〇〇円

内田義彦著　〔増補〕経済学の生誕　三八〇〇円

W・スターク著　杉山忠平訳　経済学の思想的基礎　三八〇〇円

杉原四郎著　イギリス経済思想史　一八〇〇円

杉原四郎著　日本経済思想史論集　四八〇〇円

大野英二著　ドイツ資本主義論　三八〇〇円

肥前栄一著　ドイツ経済政策史序説　四八〇〇円

肥前栄一著　ドイツとロシア　六五〇〇円

＊　＊　＊

小林昇経済学史著作集（全11巻）　＊第Ⅷ巻のみ品切　四八〇〇円〜五八〇〇円

（価格は税別）